令和5年度版

中小企業向け特例税制・適用検討のポイントと手続き

公認会計士・税理士　伊原 健人 著

税務研究会出版局

令和5年度版　改訂にあたって

　令和5年に入って少しずつコロナウィルス感染症の影響が減り、政府が令和5年5月に分類を2類から5類へと移行したことを契機として企業や人々のコロナウィルス感染症に対する意識も徐々に変わり始め、感染症拡大前の状況へと戻りつつあると感じます。企業活動についても、コロナウィルス感染症前の状況にほぼ戻っていると思われます。

　中小企業向け特例税制については、令和5年度は大きな税制改正はありませんでした。ただし、毎年、何らかの改正が行われています。今年度の改正としては、コインランドリー業や暗号資産マイニング業への投資については中小企業経営強化税制や中小企業投資促進税制の適用対象外とされたことなどが挙げられます。

　このような状況の下、本書の令和5年度版の改訂を行いました。税制改正に伴う内容の追加・修正等を行うと共に、図などを追加して内容の把握がし易いようにしています。また、法人税申告書の別表や各制度の手続きに必要な申請書等の書類に関しては、最新のものを掲載して、可能な限り実務において使い易いものとしています。

　本書が少しでも皆様の実務のお役に立てることを願っております。

令和5年8月

公認会計士・税理士　伊原健人

はしがき（初版）

　中小企業には、設備投資や賃上げなどを行った場合にいろいろな優遇税制が設けられていますが、それを使いこなせていない企業も多いように思われます。せっかく設けられた優遇税制ですから、適用ができる場合には是非とも利用をしたいところです。実務の現場では、自分の会社が果たして適用できるのか、あるいは適用を受けるための手続きは煩雑なのか、といった疑問が少なからず生じて、最終的に適用することなく終わってしまうこともあるのではないかと思います。

　ほとんどの優遇税制には、事前に申請や認定等の手続きが必要になります。事前の手続きが全く要らないのは中小企業投資促進税制などごく僅かです。したがって、実務担当者としては、日頃から、どのような優遇税制があるのか、そしてどのような手続きが必要かをある程度は頭に入れておき、例えば設備投資の話が実際に挙がったときに、どの税制が適用可能なのかを判断できるようにしておく必要があるといえます。そして、事前準備が必要な税制を適用していく場合には、すみやかに手続きのスケジュールを組めるようにしておきたいところです。

　本書ではまず、第1章で優遇税制の対象となる中小法人等や中小企業者とはどのような法人なのかについて解説するとともに、優遇税制の概要を紹介しています。ここで、自社でどの税制の適用が可能なのかについて大まかに整理して欲しいと思います。

　第2章では、第1章で概要のみ紹介した優遇税制について、詳細な内容の解説をしています。設備投資などの具体的な話が挙がったときに、この第2章を見ながら税制の適用が可能か否かについて、具体的に検討をして欲しいと思います。

第3章では、いくつかのケースを用いて、適用する税制の選択、必要な手続き、法人税の軽減額、会計処理、そして税務申告手続きなどを解説していきます。実際にどのような判断をして適用する税制を決定し、そして適用を受けるためにどのような手続きを採る必要があるのかについて具体的にイメージできるようにして欲しいと思います。

　第4章では、事前の申請、認定等の手続きが必要な税制の申請手続き等について記載しています。作成が必要な計画書や申請書について、記載内容の解説や記載例を載せています。実際に税制を適用する際の手続の大まかな手順を把握するとともに、どのような書類をどのように作成するのかについて確認をして欲しいと思います。

　本書は、実務担当者ができる限り実務で利用しやすいようにと考えながら作成しました。本書を日頃から机の上に置いていただき、必要なときに随時本書を開いて確認・検討に利用していただくことで、少しでも実務に役立てていただきたいと思います。

　最後に、本書の出版にあたっては株式会社税務研究会出版局の知花隆次氏と若井麻理子氏に構成内容や記載内容について多大なるアドバイスと協力をいただいたことにより、よりわかり易い内容となったことに深く感謝申し上げます。

令和元年11月

公認会計士・税理士　伊原健人

目　次

第4章　申請手続き等 ・・・・・・・・・・・・・・・・・・・・・・・・・・・・・・・・・・・・・・・ **257**

```
─────── 凡例 ───────
法法……法人税法
法令……法人税法施行令
措法……租税特別措置法
措令……租税特別措置法施行令
措規……租税特別措置法施行規則
措通……租税特別措置法関係通達
```

※本書は、令和5年8月20日現在の法令・通達に基づいています。

第 1 章

概論

1 中小企業とは

　日本の企業のうち、いわゆる大企業といわれる企業はほんの一握りであって、そのほとんどは中小企業であるといわれています。中小企業に対しては、経営面、金融面、財務面などから、中小企業をサポートするための様々な制度が置かれており、その中には優遇税制も含まれています。ただし、一般的に「中小企業」といった場合に、明確な定義なく使われているように思われますが、優遇税制の対象となる「中小企業」については明確な定義付けがされています。

　税制上、中小企業として「中小法人等」と「中小企業者」が定義されており、優遇税制もこのいずれかを対象とする形で設けられています。優遇税制の適用対象法人として両者は明確に区別して規定されていますので、「中小法人等」と「中小企業者」を正確に把握しておくことが非常に大切になります。

(1) 中小法人等 (法人税法)

　中小法人等とは、普通法人のうち各事業年度終了の時において資本金の額もしくは出資金の額が1億円以下であるもの又は資本もしくは出資を有しないもの、その他一定の法人をいいます。ただし、各事業年度終了の時において次に掲げる法人に該当するものについては、中小法人等から除かれます（法法66②⑤）。

　中小法人等に該当すると、法人税額の計算において軽減税率の適用が可能となったり、また交際費の損金不算入額の計算においても定額控除限度額（年800万円）の使用が認められるなど、いくつかの優遇税制の適用を受けることができます。

① 大法人（次に掲げる法人をいい、①と②において同じ。）との間に
　その大法人による完全支配関係がある普通法人
　イ　資本金の額又は出資金の額が５億円以上である法人
　ロ　相互会社等
　ハ　受託法人
② 普通法人との間に完全支配関係がある全ての大法人が有する株式及
　び出資の全部をその全ての大法人のうちいずれか一の法人が有するも
　のとみなした場合においてそのいずれか一の法人とその普通法人との
　間にそのいずれか一の法人による完全支配関係があることとなるとき
　のその普通法人（①の法人を除く。）
③ その他一定の法人

　一般的な事業会社の場合、上記①と②が関係してくると考えられます。①のように資本金５億円以上の会社の完全子会社・完全孫会社など、完全支配関係がある法人は、資本金が１億円以下であっても「中小法人等」とは扱われずに「非中小法人等」とされ、中小法人等から除外されています。資本金が小さいとはいっても、大企業の100％子会社・孫会社については一般の中小企業と同様の優遇税制の適用を認める必要はないとする趣旨です。

　複数の企業がグループを形成している場合には、子会社・孫会社などの中に「非中小法人等」に該当する法人があると考えられますので留意が必要です。

ケース1

A社
(資本金5億円)
大法人

100%

B社
(資本金1億円)
非中小法人等

A社……資本金5億円以上のため大法人に該当します。

B社……資本金1億円以下ですが、A社（大法人）と完全支配関係があるため中小法人等ではありません（非中小法人等）。

　なお、A社の資本金が5億円未満の場合、例えば資本金が3億円の場合にはA社は大法人に該当しませんので、B社は中小法人等に該当します。

ケース2

A社
(資本金5億円)
大法人

100%

A社……資本金5億円以上のため大法人に該当
　　　します。

B社
(資本金1億円)
非中小法人等

100%

B社……資本金1億円以下ですが、A社（大法
　　　人）と完全支配関係があるため中小法人
　　　等ではありません（非中小法人等）。

C社
(資本金1億円)
非中小法人等

C社……資本金1億円以下ですが、A社（大法
　　　人）と完全支配関係があるため、B社と
　　　同様に中小法人等ではありません（非中
　　　小法人等）。

　この場合、B社だけでなくC社も非中小法人等に該当することに留意
が必要です。直接の株主だけでなく完全支配関係のある法人をすべて検
討する必要があります。

ケース3

A社
(資本金3億円)

A社……資本金5億円未満のため大法人に該当しません。

100%

B社
(資本金1億円)
中小法人等

B社……資本金1億円以下であり、大法人と完全支配関係はないため中小法人等に該当します。

100%

C社
(資本金1億円)
中小法人等

C社……資本金1億円以下であり、大法人と完全支配関係はないため中小法人等に該当します。

　この場合、B社及びC社はいずれも中小法人等です。これはA社の資本金が5億円未満であるためです。

ケース4

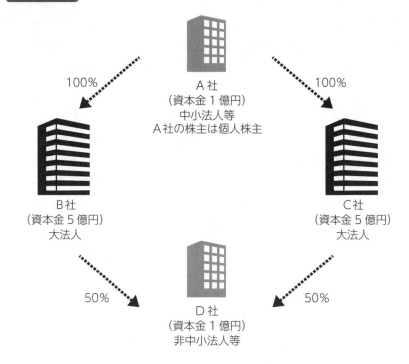

A社……資本金1億円以下で中小法人等に該当します。

B社……資本金5億円（大法人）で、A社と完全支配関係があります。

C社……資本金5億円（大法人）で、A社と完全支配関係があります。

D社……資本金1億円以下ですが、A社と完全支配関係がある大法人
　　　　であるB社とC社と完全支配関係がありますので、中小法人
　　　　等には該当しません（非中小法人等）。

　A社が大法人ではないにもかかわらず、D社は非中小法人等に該当する点に留意が必要です。

⑵　中小企業者（租税特別措置法）

　中小企業者は、資本金の額もしくは出資金の額が1億円以下の法人の
うち次に掲げる法人以外の法人又は資本もしくは出資を有しない法人の
うち常時使用する従業員の数が1,000人以下の法人（その法人が通算親法
人である場合には、③の法人を除く。）とされます（措法42の4⑲七、措令
27の4⑰）。

---

① 　その発行済株式又は出資（その有する自己の株式又は出資を除く。）
　　の総数又は総額の2分の1以上が同一の大規模法人（資本金の額もし
　　くは出資金の額が1億円を超える法人、資本もしくは出資を有しない
　　法人のうち常時使用する従業員の数が1,000人を超える法人又は次に掲
　　げる法人をいい、中小企業投資育成株式会社を除く。②において同
　　じ。）の所有に属している法人
　イ　大法人（次に掲げる法人をいい、以下①において同じ。）との間
　　にその大法人による完全支配関係がある普通法人
　　㋑　資本金の額又は出資金の額が5億円以上である法人
　　㋺　相互会社及び外国相互会社のうち、常時使用する従業員の数が
　　　1,000人を超える法人
　　㋩　受託法人
　ロ　普通法人との間に完全支配関係がある全ての大法人が有する株式
　　及び出資の全部をその全ての大法人のうちいずれか一の法人が有す
　　るものとみなした場合においてそのいずれか一の法人とその普通法
　　人との間にそのいずれか一の法人による完全支配関係があることと
　　なるときのその普通法人（イの法人を除く。）
② 　①のほか、その発行済株式又は出資の総数又は総額の3分の2以上
　　が大規模法人の所有に属している法人
③ 　他の通算法人のうちいずれかの法人が次に掲げる法人に該当しない
　　場合における通算法人
　イ　資本金の額又は出資金の額が1億円以下の法人のうち①②に掲げ

　　　る法人以外の法人
　　□　資本又は出資を有しない法人のうち常時使用する従業員の数が
　　　1,000人以下の法人

　中小企業者は、租税特別措置法の研究開発税制（措法42の4⑲）にお
いて定義されています。

　中小企業者は、中小法人等と同様に、基本的には資本金が1億円以下
の法人ですが、資本金1億円超の法人（大規模法人）の子会社や合弁会
社などは除かれています。

　なお、大規模法人は資本金1億円超の法人を指しますが、大規模法人
には大法人（資本金5億円以上の法人等）との間にその大法人による完全
支配関係がある普通法人を含む点に留意が必要です。

ケース1

A社
（資本金3億円）
大規模法人

100%

B社
（資本金1億円）
非中小企業者

A社……資本金1億円超のため大規模法人に該
　　　　当します。

B社……資本金1億円以下ですが、A社（大規
　　　　模法人）により株式を2分の1以上所
　　　　有されていますので中小企業者には該
　　　　当しません。

ケース2

A社
(資本金5億円)
大規模法人

100%

B社
(資本金1億円)
非中小企業者

100%

C社
(資本金1億円)
非中小企業者

A社……資本金1億円超のため大規模法人に該当します。

B社……資本金1億円以下ですが、A社(大規模法人)により株式を2分の1以上所有されていますので中小企業者ではありません。

C社……資本金1億円以下ですが、B社(大法人であるA社と完全支配関係があるため大規模法人とみなされる。)により株式を2分の1以上所有されていますので中小企業者ではありません。

　この場合、C社の株主であるB社は資本金1億円ですが、大規模法人とみなされる点に留意が必要です。

ケース3

A社
（資本金3億円）
大規模法人

A社……資本金1億円超のため大規模法人に該当します。

100%

B社
（資本金1億円）
非中小企業者

B社……資本金1億円以下ですが、A社（大規模法人）により株式を2分の1以上所有されていますので中小企業者ではありません。

100%

C社
（資本金1億円）
中小企業者

C社……資本金1億円以下で、大規模法人に株式を2分の1以上所有されていないため中小企業者に該当します。

　この場合、ケース2と異なりA社の資本金は5億円以上ではありません。したがって、B社は大法人との間に完全支配関係がないため、大規模法人とはみなされませんので、C社は中小企業者に該当します。

ケース4

A社
(資本金2億円)
大規模法人

B社
(資本金3億円)
大規模法人

C社
(資本金1億円)
非中小企業者

40%　　30%

A社……資本金1億円超のため大規模法人に該当します。

B社……資本金1億円超のため大規模法人に該当します。

C社……3分の2以上が大規模法人に所有されていますので中小企業
　　　　者には該当しません。

　A社とB社には資本関係がなくても、C社は中小企業者には該当しま
せん。

ケース 5

A社
(資本金 2 億円)
大規模法人

B社
(資本金 5 億円)
大法人

100%

40%

C社
(資本金 1 億円)
大規模法人
とみなされる

30%

D社
(資本金 1 億円)
非中小企業者

　C社は大法人であるB社と完全支配関係にあるため大規模法人とみなされます。D社は複数の大規模法人（A社とC社）に3分の2以上を所有されていますので中小企業者には該当しません。

⑶　中小法人等と中小企業者の関係

　中小企業者の範囲が、令和元年度税制改正によって縮小されました。それによって、令和元年改正前と改正後では、それぞれ中小法人等と中小企業者は下記のような関係になっています。

【令和元年度の税制改正前】

　資本金1億円以下の法人のうち、一定の要件を満たす法人が「中小法人等」や「中小企業者」に該当していましたが、下記のようにその一部が重なる関係になっていました。

<資本金1億円以下の法人>

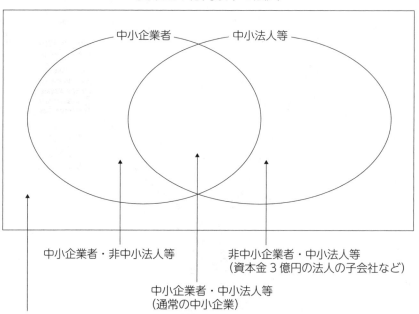

中小企業者・非中小法人等

非中小企業者・中小法人等
（資本金3億円の法人の子会社など）

中小企業者・中小法人等
（通常の中小企業）

非中小企業者・非中小法人等
（資本金5億円以上の法人等の100％子会社・孫会社）

【令和元年度の税制改正後】

　令和元年度税制改正によって中小企業者の範囲が縮小されたことにより、中小法人等の一部の法人が中小企業者となりました。下記の図から、中小企業者であるということは、必ず中小法人等にも該当することが確認できます。

<資本金１億円以下の法人>

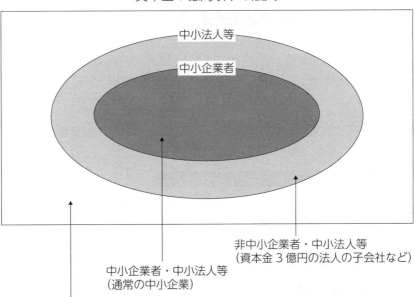

非中小企業者・中小法人等
（資本金３億円の法人の子会社など）

中小企業者・中小法人等
（通常の中小企業）

非中小企業者・非中小法人等
（資本金５億円以上の法人等の100％子会社・孫会社）

(4)　中小企業者等・特定中小企業者等

　中小企業者の定義については(2)で記載しましたが、措置法における優遇税制においては、「中小企業者等」や「特定中小企業者等」を適用対象としている制度が多くあります。中小企業者に「等」や「特定」が付いていますが、その内容はそれぞれの税制によって異なってきますので、十分に注意する必要があります。

中小企業者等が対象となっているケース

税　　制	中小企業者等の内容
少額減価償却資産の特例（措法67の5）	中小企業者＋農業協同組合等
中小企業経営強化税制（措法42の12の4）	（中小企業者＋農業協同組合等＋商店街振興組合）のうち中小企業等経営強化法の特定事業者等に該当するもの
中小企業投資促進税制（措法42の6①）	中小企業者＋農業協同組合等＋商店街振興組合

特定中小企業者等が対象となっているケース

税　　制	特定中小企業者等の内容
中小企業投資促進税制（措法42の6②）	中小企業者等のうち資本金3,000万円以下の法人

(5)　適用除外事業者

　適用除外事業者とは、以下の法人をいいます。

適用除外事業者

　適用除外事業者とは、その事業年度開始の日前3年以内に終了した各事業年度の所得の金額の合計額を各事業年度の月数の合計数で除し、これに12を乗じて計算した金額（設立後3年を経過していないことその他一定の事由がある場合には、その計算した金額に一定の調整を加えた金額）が15億円を超える法人をいいます（措法42の4⑲八、措令27の4⑱⑲）。

　次の中小企業向け特例措置について、適用除外事業者に該当するものは、適用対象から除外されています。

適用除外規定

①　中小企業者等の法人税率の特例（措法42の3の2）

②　試験研究を行った場合の法人税額の特別控除（措法42の4④⑤⑥）

③　中小企業者等が機械等を取得した場合の特別償却又は法人税額の特別控除（措法42の6）

④　中小企業者等が特定経営力向上設備等を取得した場合の特別償却又は法人税額の特別控除（措法42の12の4）

⑤　給与等の支給額が増加した場合の法人税額の特別控除（措法42の12の5②）

⑥　法人税の額から控除される特別控除額の特例（措法42の13⑤）

⑦　被災代替資産等の特別償却（措法43の2）

⑧　特定事業継続力強化設備等の特別償却（措法44の2）

⑨　特定地域における工業用機械等の特別償却（措法45②）

⑩　中小企業事業再編投資損失準備金（措法56）

⑪　中小企業者等の貸倒引当金の特例（措法57の9）

⑫　中小企業者等の少額減価償却資産の取得価額の損金算入の特例（措法67の5）

2 中小企業が使える特例税制の全体像

　中小企業向けの優遇税制は、「中小法人等」を対象とした制度と「中小企業者」を対象とした制度に分かれます。法人税法における優遇税制は「中小法人等」が対象となっており、租税特別措置法における優遇税制は主に「中小企業者」が対象となっています。

(1) 「中小法人等」に対する特例税制

　中小法人等に対しては、主として法人税法において、次のような特例税制（優遇税制）が置かれています。

中小法人等に対する特例税制の概要

特例税制	中小法人等	中小法人等以外
① 法人税率の軽減	年800万円まで　15% 年800万円超　23.2%	すべての所得　23.2%
② 欠損金の繰越控除	所得金額の100%控除	所得金額の50%控除
③ 欠損金の繰戻還付	適用可能	適用不可
④ 貸倒引当金	繰入限度額まで 損金算入可	全額損金不算入
⑤ 留保金課税	適用除外	適用あり
⑥ 交際費課税の特例 （定額控除限度額）	適用可	適用不可

① 法人税率の軽減（法法66、措法42の3の2）

普通法人に対して課される各事業年度の所得に対する法人税の税率は、原則として、23.2％とされています。一方で、中小法人等に対しては、所得金額のうち年800万円までの金額については15％（令和7年3月31日までの間に開始する事業年度については15％、その後は19％）の軽減税率の適用が認められています（適用除外事業者を除く。）。なお、800万円を超える部分の所得金額には23.2％の原則税率が適用されます。

法人税率の軽減

内容	中小法人等	中小法人等以外
法人税率	年800万円まで　15％ 年800万円超　　23.2％	すべての所得　23.2％

具体例

所得金額が、10,000千円の場合の法人税額

（中小法人等の場合）

　8,000千円×15％＋（10,000千円－8,000千円）×23.2％

　＝1,664千円

（中小法人等以外の場合）

　10,000千円×23.2％＝2,320千円

（差額）

　2,320千円－1,664千円＝656千円

② 欠損金の繰越控除（法法57）

青色欠損金は発生した事業年度から10年間[注]繰り越して、その後の事業年度において生じた所得金額から控除することができます。その場合、中小法人等以外の法人では、所得金額から控除する欠損金の額は所得金額の50％相当額が限度とされています。一方、中小法人等の場合には、所得金額の100％相当額まで控除することが認められています。

中小法人等以外の法人の場合、所得金額を超えるような多額の繰越欠

損金があったとしても、黒字になった場合には、所得金額の50％相当額が課税所得となってしまい、法人税の納税が生じることになります。

　一方で、中小法人等の場合には、所得金額の100％控除が認められていますので、所得金額以上の繰越欠損金がある場合には、課税所得はゼロとなり、法人税の納税は生じないことになります。

（注）　平成30年3月31日までに開始した事業年度に生じた欠損金については9年間。

欠損金の繰越控除

内容	中小法人等	中小法人等以外
欠損金の繰越控除	所得金額の100％控除	所得金額の50％控除

具体例

繰越欠損金が50,000千円ある場合で、所得金額が10,000千円生じたとき

（中小法人等の場合）

　課税所得　10,000千円－10,000千円＝0

　法人税額　0（ゼロ）

（中小法人等以外の場合）

　課税所得　10,000千円－5,000千円（10,000千円×50％）
　　　　　　＝5,000千円

　法人税額　5,000千円×23.2％＝1,160千円

（差額）

　1,160千円－0＝1,160千円

③ 欠損金の繰戻還付（法法80、措法66の12）

　青色欠損金が発生した場合に、その欠損金を翌期に繰り越すのが繰越控除制度ですが、翌期に繰り越すのではなく、過去1年間（還付所得事業年度）の所得金額と相殺することによって還付所得事業年度の法人税を還付請求できる「欠損金の繰戻還付」制度が設けられています。

　ただし、欠損金の繰戻還付制度の適用ができるのは、中小法人等に限定されており、中小法人等以外の法人は適用することができません。したがって中小法人等以外の法人では、青色欠損金が生じた場合には翌期以降に繰り越す繰越控除制度を適用することになります。

欠損金の繰戻還付

内容	中小法人等	中小法人等以外
欠損金の繰戻還付	適用可能	適用不可

具体例

前期が黒字で、当期に欠損金が生じた場合
前期の所得金額　10,000千円　前期の法人税額　1,664千円
当期の欠損金額　5,000千円
（中小法人等の場合）
　繰戻還付　1,664千円×5,000千円/10,000千円
　　　　　　＝△832千円（還付）
（中小法人等以外の場合）
　繰戻還付は適用不可
（差額）
　832千円－0＝832千円

④　貸倒引当金（法法52）

引当金の繰入は恣意性が入りやすいため、法人税では原則として認められていませんが、特例として、貸倒引当金のみ繰入が認められています（返品調整引当金の経過措置を除く。）。

ただし、繰入限度額までの損金算入が認められるのは中小法人等のみで、中小法人等以外の法人では、特定の業種の法人を除き損金算入は全く認められていません。一括貸倒引当金のみならず、不良債権（法人税法では、個別評価金銭債権という。）に対する個別貸倒引当金の繰入も認められないという厳しい取扱いとなっています。

したがって、中小法人等以外の法人では、不良債権に対する貸倒引当金の繰入は認められないため、貸倒損失となるまでは損金算入ができないことになります。

貸倒引当金

内容	中小法人等	中小法人等以外
貸倒引当金繰入額	繰入限度額まで 損金算入可	全額損金不算入

具体例

貸倒引当金繰入限度額10,000千円の場合
（中小法人等の場合）
　課税所得の減少額　10,000千円
　法人税額の減少額　10,000千円×23.2％＝2,320千円
（中小法人等以外の場合）
　課税所得及び法人税額の減少額はない
（差額）
　2,320千円－0＝2,320千円

⑤ 留保金課税（法法67）

特定同族会社が獲得した所得を配当しないで内部留保した場合には、不当な内部留保額に対して留保金課税を課すこととされています。ただし、中小法人等については、その適用が除外されています。

中小企業では、獲得した利益を株主に配当していないケースが多く、内部留保する結果となっているため、留保金課税が適用されると法人税額の負担が大きくなります。ただし、中小法人等に該当する場合には、留保金課税の適用はありません。

留保金課税

内容	中小法人等	中小法人等以外
留保金課税	適用除外	適用あり

特定同族会社とは、被支配会社で、被支配会社であることについての判定の基礎となった株主等のうち被支配会社でない法人を除外して判定するものとした場合においても被支配会社となるもの（資本金の額が1億円以下のものについては、非中小法人等に限る。）をいいます。

被支配会社とは、株主等の1人及びその同族関係者による株式の所有割合が50％超である会社をいいます。1つの株主グループが50％超の株式を保有している（支配している）会社です。

特定同族会社では、所有と経営が分離していないため（株主＝経営者）、獲得した利益を配当するか否かの判断は、株主＝経営者の意のままになることから留保金課税が設けられています。

⑥　交際費課税の特例（措法61の４）

　支出交際費のうち、接待飲食費の額の100分の50に相当する金額を超える部分の金額は、損金の額に算入しないこととされています（資本金の額等が100億円を超える法人を除く。）。ただし、中小法人等については、支出交際費のうち年800万円（定額控除限度額）までは損金算入が認められています。

定額控除限度額

内容	中小法人等	中小法人等以外
定額控除限度額 （年800万円）	適用可	適用不可

具体例

支出交際費が5,000千円（うち接待飲食費が2,000千円）の場合

（中小法人等の場合）

　損金不算入額　5,000千円－5,000千円＝0

　法人税額の増加額　0（ゼロ）

（中小法人等以外の場合（資本金100億円以下））

　損金不算入額　5,000千円－2,000千円×50％＝4,000千円

　法人税額の増加額　4,000千円×23.2％＝928千円

（差額）

　928千円－0＝928千円

(2) 「中小企業者」に対する特例税制

中小企業者に対しては、主として租税特別措置法において、次のような特例税制（優遇税制）が置かれています。

各制度の優遇税制の内容

制　度　＼　内　容	全　額損金算入	選択適用		固定資産税の軽減	準備金の積立て
		特別償却	税額控除		
① 少額減価償却資産の特例	○	-	-	-	-
② 中小企業経営強化税制	○（※）	○	○	-	-
③ 中小企業投資促進税制	-	○	○	-	-
④ 中小企業技術基盤強化税制（研究開発税制）	-	-	○	-	-
⑤ 賃上げ促進税制	-	-	○	-	-
⑥ 中小企業防災・減災投資促進税制	-	○	-	-	-
⑦ 地域未来投資促進税制	-	○	○	-	-
⑧ 中小企業等経営強化法による固定資産税（償却資産）の特例措置	-	-	-	○	-
⑨ 中小企業事業再編投資損失準備金	-	-	-	-	○

※中小企業経営強化税制の特別償却は即時償却であるため、全額損金算入となります。

①　少額減価償却資産の特例（⇨第2章1 P.54）

　青色申告書を提出する中小企業者等が取得等した取得価額が10万円以上30万円未満である少額減価償却資産について損金経理をしたときは、年間300万円を上限に損金の額に算入されます。

（中小企業者等の少額減価償却資産の取得価額の損金算入の特例）

根拠規定	措法67の5
適用法人	中小企業者等
適用期間	平成18年4月1日から令和6年3月31日
適用要件	取得価額相当額につき、事業の用に供した日を含む事業年度において損金経理をすること
適用対象資産	取得価額が10万円以上30万円未満である減価償却資産
優遇内容	取得価額の全額の損金算入ができる ただし、年間300万円が限度
事前手続	必要なし

　中小企業者等以外の法人では10万円未満の資産（又は使用可能期間が1年未満の資産）に限って経費処理が認められます（法令133）。

　中小企業では、広く一般に利用されている制度です。なお、この規定を適用した資産は、その明細を申告書に添付する必要があります。

ポイント

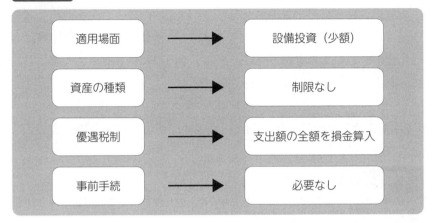

適用場面	→	設備投資（少額）
資産の種類	→	制限なし
優遇税制	→	支出額の全額を損金算入
事前手続	→	必要なし

②　中小企業経営強化税制（⇨第2章2 P.61）

　青色申告書を提出する中小企業等経営強化法の経営力向上計画の認定を受けた中小企業者等が、特定経営力向上設備等を取得等し、国内にある指定事業の用に供した場合に、その事業の用に供した事業年度において、特別償却又は税額控除が認められます。

（中小企業者等が特定経営力向上設備等を取得した場合の特別償却又は法人税額の特別控除）

根拠規定		措法42の12の4
適用法人		中小企業者等で中小企業等経営強化法に規定する経営力向上計画の認定を受けたもの
適用期間		平成29年4月1日から令和7年3月31日
適用要件		・経営力向上計画の認定を受けること ・指定期間内に特定経営力向上設備等を取得等し、指定事業の用に供すること
適用対象資産		・生産等設備を構成する機械及び装置、工具、器具及び備品、建物附属設備並びにソフトウェアで、一定の規模以上のもの（特定経営力向上設備等） ・生産性向上設備（A類型）、収益力強化設備（B類型）、デジタル化設備（C類型）、経営資源集約化設備（D類型）に該当すること
優遇内容		特別償却と税額控除の選択適用
	特別償却	取得価額の全額を償却することができる（即時償却）
	税額控除	取得価額の7％相当額（資本金3,000万円以下の法人は10％相当額）ただし、法人税額の20％が限度
事前手続		経営力向上計画の認定

　事前に中小企業等経営強化法による経営力向上計画の認定を受ける必要があります。また、税務申告に当たっては、経営力向上計画の申請書、認定書その他書類の添付が必要となります。

　令和2年度からデジタル化設備（C類型）が、令和3年度からは経営資源集約化設備（D類型）が追加されています。

　なお、令和5年度改正により、いわゆる投資用のコインランドリー業又は暗号資産マイニング業用の設備は適用ができなくなりました。

ポイント

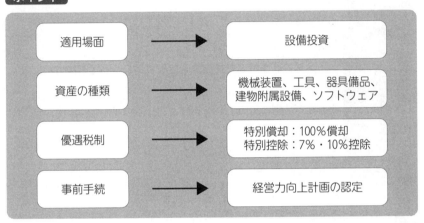

29

③　中小企業投資促進税制（⇨第2章3 P.87）

青色申告書を提出する中小企業者等が、特定機械装置等を取得等し、国内にある指定事業の用に供した場合に、その事業の用に供した事業年度において、特別償却又は税額控除が認められます。

（中小企業者等が機械等を取得した場合の特別償却又は法人税額の特別控除）

根拠規定		措法42の6
適用法人		中小企業者等
適用期間		平成10年6月1日から令和7年3月31日
適用要件		中小企業者等が特定機械装置等を取得等して指定事業の用に供すること
適用対象資産		機械及び装置、工具、ソフトウェア、車両運搬具、船舶で一定のもの（特定機械装置等）
優遇内容		特別償却と税額控除の選択適用
	特別償却	基準取得価額（取得価額×75%・100%）の30%相当額
	税額控除	資本金3,000万円以下（特定中小企業者等）のみ 基準取得価額（取得価額×75%・100%）の7%相当額 ただし、法人税額の20%が限度
事業手続		必要なし

中小企業経営強化税制のように、計画の認定等の事前手続きは必要ありません。

なお、中小企業の設備投資で多い器具備品は対象になっていないことに留意が必要です。

特別償却は中小企業者等に該当すれば適用できますが、税額控除の適用は特定中小企業者等（資本金3,000万円以下の中小企業者等）のみに限定されています。

なお、令和5年度改正により、いわゆる投資用のコインランドリー業用の機械装置は適用ができなくなりました。

ポイント

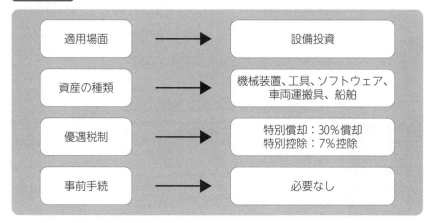

適用場面	⟶	設備投資
資産の種類	⟶	機械装置、工具、ソフトウェア、車両運搬具、船舶
優遇税制	⟶	特別償却：30％償却 特別控除：7％控除
事前手続	⟶	必要なし

④　**中小企業技術基盤強化税制（研究開発税制）**（⇨第2章 4 P.105）

　中小企業者等がその事業年度において損金の額に算入する試験研究費の額がある場合に、その試験研究費の額に一定割合を乗じた金額をその事業年度の法人税額から控除することが認められます。

（試験研究を行った場合の法人税額の特別控除）

根拠規定	措法42の4④
適用法人	中小企業者等
適用期間	期間の制限なし
適用要件	中小企業者等に試験研究費の額があること
選択適用	試験研究費の総額に係る税額控除との選択適用
優遇内容	試験研究費の額の12％相当額（一定の上乗せあり）の税額控除 ただし、法人税額の25％が限度（一定の上乗せあり）
事前手続	必要なし

　大企業でも利用ができる試験研究費の総額に係る税額控除制度も設けられていますが、中小企業技術基盤強化税制の方が税額控除額が有利になるように設定されています。

　社内において研究開発を行っている場合には、原材料費、人件費、経費などについて試験研究費を集計する必要がありますので、事前準備が必要になると考えられます。

ポイント

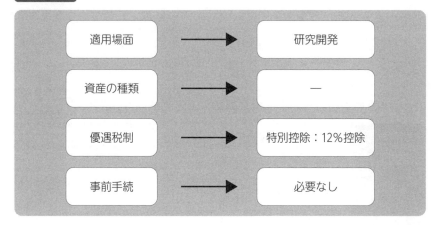

適用場面	→	研究開発
資産の種類	→	―
優遇税制	→	特別控除：12％控除
事前手続	→	必要なし

⑤　賃上げ促進税制（⇨第2章5 P.117）

　中小企業者等が各事業年度において国内雇用者に対して給与等を支給する場合において、適用対象年度の雇用者給与等支給額に基づく賃上げ率などの一定の要件を満たす場合に税額控除が認められます。

（給与等の支給額が増加した場合の法人税額の特別控除）

根拠規定	措法42の12の5②
適用法人	中小企業者等
適用期間	平成30年4月1日から令和6年3月31日までの間に開始する事業年度
適用要件	雇用者給与等支給増加割合が1.5％以上
選択適用	大企業向け賃上げ促進税制（措法42の12の5①）との選択適用
優遇内容	支給増加額の15％～40％相当額の税額控除 ただし、法人税額の20％が限度
事前手続	必要なし

　賃上げをした場合の税額控除制度として、大企業向けの賃上げ促進税制（措法42の12の5①）が別途設けられており、継続雇用者給与等支給額が前年度より3％以上増えている場合に適用を受けることができます。

　中小企業者等は大企業向けの賃上げ促進税制の適用を受けることもできますが、通常は、まず中小企業向けの賃上げ促進税制（措法42の12の5②）の適用を検討し、適用がない場合に大企業向けを検討します。

ポイント

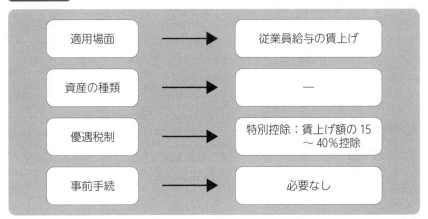

⑥　中小企業防災・減災投資促進税制（⇨第2章6 P.136）

　青色申告書を提出する特定中小企業者等が一定の期間内に特定事業継続力強化設備等を取得等し、その法人の事業の用に供した場合には、取得価額の18％相当額の特別償却が認められます。

（特定事業継続力強化設備等の特別償却）

根拠規定	措法44の2
適用法人	中小企業者等で中小企業等経営強化法に規定する事業継続力強化計画の認定を受けたもの（特定中小企業者等）
適用期間	令和元年7月16日から令和7年3月31日（認定）
適用要件	・事業継続力強化計画の認定を受けること ・認定事業継続力強化計画等に記載された特定事業継続力強化設備等であること ・認定日から1年以内に設備等を取得・事業供用すること
適用対象資産	認定事業継続力強化計画等に記載された機械装置、器具備品及び建物附属設備（特定事業継続力強化設備等）
優遇内容	取得価額の18％（令和7年4月1日以後取得は16％）相当額の特別償却
事前手続	事業継続力強化計画の認定

　この制度は中小企業者が単独で行う「事業継続力強化計画」や複数の中小企業が連携して行う「連携事業継続力強化計画」を経済産業大臣が認定する制度のもとで、防災・減災設備への投資に対して特別償却を認める制度です。

　令和3年度税制改正によって、感染症対策としてサーモグラフィ装置が、令和5年度税制改正によって耐震装置が対象資産に追加されました。

　なお、特別償却のみで税額控除はありません。

ポイント

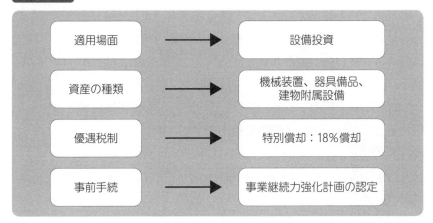

適用場面	→	設備投資
資産の種類	→	機械装置、器具備品、建物附属設備
優遇税制	→	特別償却：18％償却
事前手続	→	事業継続力強化計画の認定

⑦　地域未来投資促進税制（⇨第2章7 P.147）

　青色申告書を提出する法人で、指定期間内に承認地域経済牽引事業について特定事業用機械等を取得等しその事業の用に供した場合に、特別償却又は税額控除が認められます。

（地域経済牽引事業の促進区域内において特定事業用機械等を取得した場合の特別償却又は法人税額の特別控除）

根拠規定	措法42の11の2
適用法人	青色申告法人で地域未来投資促進法による承認地域経済牽引事業者
適用期間	平成29年7月31日から令和7年3月31日
適用要件	承認地域経済牽引事業者が指定期間内に承認地域経済牽引事業計画に従って特定地域経済牽引事業施設等を構成する特定事業用機械等を取得等すること
適用対象資産	特定地域経済牽引事業施設等を構成する機械及び装置、器具及び備品、建物及びその附属設備並びに構築物（特定事業用機械等）で、その取得価額の合計額が2,000万円以上のもの
優遇内容	特別償却又は税額控除の選択適用
特別償却	基準取得価額の20％・40％・50％相当額
税額控除	基準取得価額の2％・4％・5％相当額 ただし、法人税額の20％が限度
事前手続	地域経済牽引事業計画の認定

　適用対象法人は、地域経済牽引事業の促進による地域の成長発展の基盤強化に関する法律（地域未来投資促進法）に規定する承認地域経済牽引事業者です。承認地域経済牽引事業は地域の成長発展の基盤強化に特に資するものとして主務大臣が定める基準に適合することについて主務大臣の確認を受ける必要があります。

ポイント

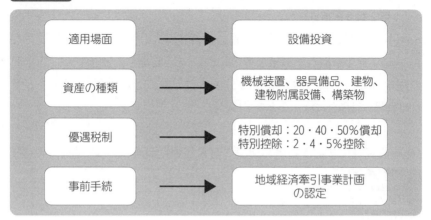

適用場面	→	設備投資
資産の種類	→	機械装置、器具備品、建物、建物附属設備、構築物
優遇税制	→	特別償却：20・40・50％償却 特別控除：2・4・5％控除
事前手続	→	地域経済牽引事業計画の認定

⑧　中小企業等経営強化法による固定資産税（償却資産）の特例措置
(⇨第2章8 P.161)

　中小企業者が、認定を受けた先端設備等導入計画に従って新規取得した一定の要件を満たす機械装置等について、取得した翌年度から3年間の固定資産税の課税標準額が2分の1に軽減（さらに賃上げ方針を従業員に表明した場合には、3分の1に軽減）されます。

（先端設備等に該当する償却資産に対する固定資産税の課税標準の特例）

根拠規定	地方税法附則15㊺
適用法人	中小企業者等
適用期間	令和5年4月1日から令和7年3月31日
適用要件	・先端設備等導入計画の認定を受けること ・先端設備等導入計画に従って先端設備等を取得すること
適用対象資産	先端設備等に該当する機械装置、工具（測定工具及び検査工具）、器具備品、建物附属設備
優遇内容	固定資産税の課税標準を3年間1/2とする さらに、賃上げ方針を従業員に表明した場合には、下記の期間について1/3とする。 ・令和6年3月31日までに取得した設備：5年間 ・令和7年3月31日までに取得した設備：4年間
事前手続	先端設備等導入計画の認定

　中小企業等経営強化法に規定する認定先端設備等導入計画に従って取得をした先端設備等に該当する機械装置等が対象となります。

ポイント

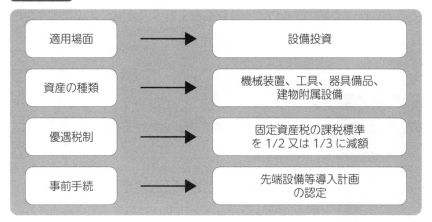

適用場面	→	設備投資
資産の種類	→	機械装置、工具、器具備品、建物附属設備
優遇税制	→	固定資産税の課税標準を 1/2 又は 1/3 に減額
事前手続	→	先端設備等導入計画の認定

⑨　中小企業事業再編投資損失準備金（⇨第2章9 P.165）

　事業承継によるM＆Aによって株式等を購入した場合に、株式等の取得価額の70％相当額を損金の額に算入することができます。

（中小企業事業再編投資損失準備金）

根拠規定	措法56
適用法人	中小企業者で中小企業等経営強化法に規定する経営力向上計画の認定を受けたもの
適用期間	令和3年8月2日から令和6年3月31日
適用要件	・経営力向上計画の認定を受けること ・事業承継等により他の法人の株式等の取得（購入による取得に限る。）をし、かつ、取得の日を含む事業年度終了の日まで引き続き有していること
優遇内容	（繰入額の損金算入） 中小企業事業再編投資損失準備金としてその積み立てた金額のうち株式等の取得価額×70％相当額を損金の額に算入する。 （取崩額の益金算入） 積み立てられた事業年度終了の日の翌日から5年を経過したものについて、5年間で取り崩して益金の額に算入する。
事前手続	経営力向上計画の認定

　事業承継によるM＆Aには、多額の資金を必要とし、一方で簿外債務や偶発債務などのリスクが潜んでいるため、そのリスクに対応する税制です。

　ただし、損金算入した準備金は5年間据え置き、据置期間経過後の5年間で均等取崩しがなされます。

ポイント

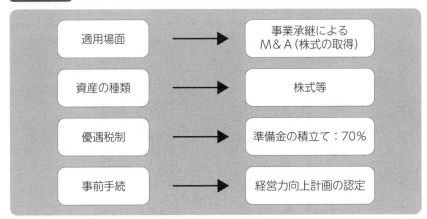

適用場面	→	事業承継による M&A（株式の取得）
資産の種類	→	株式等
優遇税制	→	準備金の積立て：70％
事前手続	→	経営力向上計画の認定

⑩　**その他中小企業が使える主な特例税制**

　イ　事業承継税制

　　　事業承継時の贈与税・相続税の納税が猶予される事業承継税制について10年間限定（平成30年1月1日から令和9年12月31日）の特例措置が設けられています。

　ロ　事業承継に係る登録免許税・不動産取得税の特例

　　　中小企業等経営強化法による経営力向上計画に基づき再編・統合を行った際に係る登録免許税・不動産取得税が軽減されます（平成30年7月9日～令和6年3月31日までの期間）。

　ハ　消費税の特例

　　　仕入税額控除制度／簡易課税制度

　　　その課税期間の前々事業年度（基準期間）の課税売上高が5,000万円以下で、簡易課税制度の適用を受ける旨の届出書を事前に提出している事業者は、実際の課税仕入れ等の税額を計算することなく、仕入控除税額を課税売上高に対する税額の一定割合とすることができる簡易課税制度の適用を受けることができます。

⑪　中小企業が使える主な補助金等

　中小企業、小規模事業者の生産性向上を支援するための中小企業生産性革命推進事業において、「ものづくり補助金」「小規模事業者持続化補助金」「IT 導入補助金」を受けることができます。

イ　ものづくり補助金

　革新的サービス開発・試作品開発・生産プロセスの改善を行うための設備投資を支援する補助金です。

ロ　小規模事業者持続化補助金

　小規模事業者が作成した経営計画に基づいて行う販路開拓の取組みを支援する補助金です。

ハ　IT 導入補助金

　自社の課題やニーズに合った IT ツールの導入を支援する補助金です。

（参考 URL）中小企業庁ホームページ「ミラサポ plus」

https://mirasapo-plus.go.jp/subsidy/

⑫　主な中小企業向け特例税制の適用件数と適用金額

　財務省ホームページに掲載されている「租税特別措置の適用実態調査の結果に関する報告書（令和5年2月国会提出）」によると、近年における各税制の適用状況は下記のとおりです。

税　　　制	税制内容	R2年度		R3年度	
		適用件数	適用金額（百万円）	適用件数	適用金額（百万円）
少額減価償却資産の特例	全額損金	643,069	360,680	665,130	375,101
中小企業投資促進税制	特別償却	22,894	199,865	23,201	193,433
	税額控除	26,166	16,265	28,656	18,587
中小企業経営強化税制	特別償却	15,742	474,222	16,266	488,498
	税額控除	7,337	9,617	7,653	11,499
中小企業技術基盤強化税制（研究開発税制）	税額控除	5,164	20,766	5,558	25,563
【参考】研究開発税制（大企業向け）	税額控除	3,504	473,720	3,556	612,037
賃上げ促進税制（中小企業向け）	税額控除	93,229	83,255	131,517	145,051
【参考】賃上げ促進税制（大企業向け）	税額控除	6,126	81,790	6,546	97,978
中小企業防災・減災投資促進税制	特別償却	26	106	20	34

（財務省HP「租税特別措置の適用実態調査の結果に関する報告書（令和5年2月国会提出）」より）
（注）　適用件数・適用金額は単体法人・連結法人の合計数

　少額減価償却資産の特例を除けば、設備投資関連では中小企業投資促進税制及び中小企業経営強化税制の利用が多く、それ以外では賃上げ促進税制の利用が多くなっています。

イ　中小企業投資促進税制

　……特別償却より税額控除選択している件数の方がやや多い。

ロ　中小企業経営強化税制

　……特別償却（即時償却）を適用している件数が非常に多い。

ハ　研究開発税制

　……適用件数は中小企業向けが多いが、適用金額は大企業向けが圧
倒的に大きい。

ニ　賃上げ促進税制

　……多くの中小企業が適用しており、1件当たりの適用金額は約
1,100千円（令和3年度）である。

(3)　「特別償却制度」と「税額控除制度」とは

　「中小企業者」に対しては、租税特別措置法において、様々な特例税制（優遇税制）を置いています。これらの制度の多くは、特別償却制度又は税額控除制度です。中小企業者に対する優遇税制である特別償却制度と税額控除制度について簡単に触れておきます。

①　特別償却制度

　減価償却資産は、その取得価額を耐用年数の期間にわたって減価償却（費用配分）していきます。これは、取得に要した支出を一時の費用とするのではなく、その使用期間にわたって費用配分するもので、収益と費用の対応関係からなされる手続きです。法人税法ではこれを「普通償却」と呼んでいます。これに対して、産業政策等の観点から、これとは別に、一定の要件を満たした場合に特別に償却が認められるのが「特別償却」です。使用期間にわたって費用配分するという考え方に基づくものではなく、その多くは取得価額に一定率を乗じた金額を普通償却に上乗せして償却を認めるものです。特別償却を適用することで設備投資をした年度の税負担が減少します。

　設備の取得年度の償却限度額は、主に下記のように計算されます。

> **償却限度額**
>
> 【普通償却限度額】
>
> 　　取得価額　×　償却率（月数按分計算あり）
>
> 【特別償却限度額】
>
> 　　取得価額　×　一定率（30％のケースが多い）
>
> 【償却限度額】
>
> 　　償却限度額　＝　普通償却限度額　＋　特別償却限度額

　特別償却は早期償却を行うことで法人税の支払い時期を遅らせる課税の繰延べという効果をもっています。ただし、特別償却を適用しても償却費の損金算入時期を早めるだけであって、トータルでは税額が減少しているわけではありませんので留意が必要です。

> **特別償却の特徴**
>
> ・投資年度の税負担が軽減される。
>
> ・課税の繰延べであるためトータルでは税額は軽減されていない。

②　税額控除制度

　税額控除は、一定の設備投資をした場合や賃上げをした場合、また試験研究を行った場合などに、法人税の一部を軽減する制度です。

　設備投資の場合、一定の要件を満たすと取得価額に一定割合を乗じた金額がその事業年度の法人税額から控除されます。ただし、控除される金額は、法人税額に一定率を乗じた金額を限度とします。

　設備投資をした場合の一般的な税額控除の計算は、下記のようになります。

> **税額控除額**
>
> イ　取得価額　×　一定率（7％のケースが多い）
>
> ロ　法人税額　×　一定率（20％のケースが多い）
>
> →　イとロのいずれか少ない額

　税額控除の場合は、特別償却の課税の繰延べ効果と異なり、実際に法人税額が軽減されることになります。

③　特別償却と税額控除の比較

　特別償却と税額控除を比較した場合、特別償却は課税の繰延べに過ぎないために、単純比較では税額控除の方が有利といえます。ただし、設備投資年度だけの税負担で判断する場合や、利益の状況や将来の業績見込みなどによって、判断が異なってくる可能性も考えられます。

```
特別償却と税額控除の比較

            ┌ 特別償却……課税の繰延べ
            │
            └ 税額控除……税額の軽減
```

```
        特別償却より税額控除の方が有利

    (ただし、状況により異なる判断をする可能性もある)
```

場面ごとの適用可能な税制

設備投資や賃上げ、事業承継など、各場面において検討すべき税制は下記のようになります。

場面ごとの適用税制

制　度 ＼ 場　面	設備投資	賃上げ	研究開発	事業承継	M&A
少額減価償却資産の特例	○	-	-	-	-
中小企業経営強化税制	○	-	-	○	○
中小企業投資促進税制	○	-	-	-	-
中小企業技術基盤強化税制（研究開発税制）	-	-	○	-	-
賃上げ促進税制	-	○	-	-	-
中小企業防災・減災投資促進税制	○	-	-	-	-
地域未来投資促進税制	○	-	-	-	-
中小企業等経営強化法による固定資産税（償却資産）の特例措置	○	-	-	-	-
事業承継税制	-	-	-	○	-
事業承継に係る登録免許税・不動産取得税の特例	-	-	-	○	-
中小企業事業再編投資損失準備金	-	-	-	○	○

設備投資を対象とした制度のうち、資産の種類ごとの適用対象は下記のとおりです。

各制度の適用対象固定資産

制　度 ＼ 対象資産	建物	建物附属設備	構築物	機械装置	工具	器具備品	ソフトウェア
少額減価償却資産の特例	○	○	○	○	○	○	○
中小企業経営強化税制	-	○	-	○	○	○	○
中小企業投資促進税制	-	-	-	○	○	-	○
中小企業技術基盤強化税制（研究開発税制）	-	-	-	-	-	-	-
賃上げ促進税制	-	-	-	-	-	-	-
中小企業防災・減災投資促進税制	-	○	-	○	-	○	-
地域未来投資促進税制	○	○	○	○	-	○	-
中小企業等経営強化法による固定資産税（償却資産）の特例措置	-	○	-	○	○	○	-

第2章

各制度の解説

1 少額減価償却資産の特例（措法67の5）

（制度の概要）

根拠規定	措法67の5
適用法人	中小企業者等
適用期間	平成18年4月1日から令和6年3月31日
適用要件	取得価額相当額につき、事業の用に供した日を含む事業年度において損金経理をすること
適用対象資産	取得価額が10万円以上30万円未満である減価償却資産
優遇内容	取得価額の全額の損金算入ができる ただし、年間300万円が限度
事前手続	必要なし

(1) 制度の内容

　青色申告書を提出する中小企業者等が、取得等して事業の用に供した減価償却資産で、その取得価額が30万円未満であるもの（その取得価額が10万円未満であるもの及び一定の規定の適用を受けるものを除く。以下「少額減価償却資産」という。）を有する場合において、その少額減価償却資産の取得価額に相当する金額につきその中小企業者等の事業の用に供した日を含む事業年度において損金経理をしたときは、その損金経理をした金額は、その事業年度の所得の金額の計算上、損金の額に算入されます。この場合において、その中小企業者等のその事業年度における少額減価償却資産の取得価額の合計額が年間300万円を超えるときは、その取得価額の合計額のうち300万円に達するまでの少額減価償却資産の取得価額の合計額を限度とします。

　中小企業者等では、この規定を適用して10万円以上30万円未満の資産については、取得・事業供用時に損金経理（経費処理）をしています。なお、「損金経理」とされていますので、「減価償却費」とする必要はな

く、「消耗品費」などの経費科目で処理することができます。

(2)　適用対象法人

　この規定の適用を受けることができる法人は、中小企業者又は農業協同組合等で、青色申告書を提出するもの（「中小企業者等」という。）です。

> ①　中小企業者（措法42の4⑲七）
> ②　農業協同組合等（措法42の4⑲九）

　農業協同組合等は、下記の法人です（措法42の4⑲九）。

> 農業協同組合、農業協同組合連合会、中小企業等協同組合、出資組合である商工組合及び商工組合連合会、内航海運組合、内航海運組合連合会、出資組合である生活衛生同業組合、漁業協同組合、漁業協同組合連合会、水産加工業協同組合、水産加工業協同組合連合会、森林組合並びに森林組合連合会

　ただし、次の法人は適用を受けることができません。

> ①　適用除外事業者に該当する中小企業者（措法42の4⑲八）
> ②　事務負担に配慮する必要があるものとして政令で定めるもの（常時使用する従業員の数が500人以下の法人）以外の法人（措令39の28）
> ③　通算法人

　①の適用除外事業者とは下記の法人です。過去3期における所得金額の合計額の1年当たりの平均額が15億円を超える法人については、適用を受けることができません（措法42の4⑲八）。

　その事業年度開始の日前3年以内に終了した各事業年度の所得の金額の合計額を各事業年度の月数の合計数で除し、これに12を乗じて計算した金額（設立後3年を経過していないことその他一定の事由がある場合には、その計算した金額に一定の調整を加えた金額）が15億円を超える法人をいう。

　また、②は「常時使用する従業員の数が500人以下の法人に限る。」とされているため、500人超の場合には適用できないことになります。資本金が小さく中小企業者等に該当するとしても、所得金額が大きい法人や従業員数が多い法人については適用が認められていません。

(3)　中小企業者等の判定時期

　「中小企業者等」に該当する法人であるかどうかは、原則として、少額減価償却資産の取得等（取得又は製作もしくは建設をいう。）をした日及び事業の用に供した日の現況により判定します。

　ただし、その事業年度終了の日において「事務負担に配慮する必要があるものとして政令で定めるもの」に該当する法人（通算法人を除く。）が、その事業年度の中小企業者又は農業協同組合等に該当する期間において取得等をして事業の用に供した少額減価償却資産を対象として少額減価償却資産の特例の適用を受けている場合には、これが認められます（措通67の5－1）。

(4)　適用期間

　平成18年4月1日から令和6年3月31日までの間に取得し、又は製作し、もしくは建設し、かつ、その中小企業者等の事業の用に供した減価償却資産が対象となります。

(5) 適用要件

　下記の適用要件を満たした場合に、取得価額相当額の損金算入が認められます。つまり、取得・事業供用時に経費処理が認められます。

適用要件

① 適用期間中に取得等し、かつ、事業の用に供した減価償却資産であること

② (6)の適用対象資産であること

③ 取得価額相当額につきその中小企業者等の事業の用に供した日を含む事業年度において損金経理をすること

　なお、この規定の適用を受ける資産の取得価額の合計額は、年間300万円までとされています。

適用制限

　その事業年度における少額減価償却資産の取得価額の合計額が300万円（その事業年度が1年に満たない場合には、300万円を12で除し、これにその事業年度の月数を乗じて計算した金額）を超えるときは、その取得価額の合計額のうち300万円に達するまでの少額減価償却資産の取得価額の合計額を限度とする。

　この場合の月数は、暦に従って計算し、1月に満たない端数を生じたときは、これを1月とします。

(6) 適用対象資産

　この規定の適用対象資産は、下記の資産です。

① 取得価額が10万円以上30万円未満の減価償却資産であること

② 貸付け（主要な事業として行われるものを除く。）の用に供したものでないこと

③ 取得価額の合計額は年間300万円を上限とする

　なお、主要な事業として行われる貸付けの例示として次のものがあります（措通67の5－2の3）。

---

(1)　企業グループ内の各法人の営む事業の管理運営を行っている中小企業者等がその各法人で事業の用に供する減価償却資産の調達を一括して行い、その企業グループ内の他の法人に対してその調達した減価償却資産を貸し付ける行為
(2)　中小企業者等が自己の下請業者に対して、その下請業者の専らその中小企業者等のためにする製品の加工等の用に供される減価償却資産を貸し付ける行為
(3)　小売業を営む中小企業者等がその小売店の駐車場の遊休スペースを活用して自転車その他の減価償却資産を貸し付ける行為
(4)　不動産貸付業を営む中小企業者等がその貸し付ける建物の賃借人に対して、家具、電気機器その他の減価償却資産を貸し付ける行為

---

(7)　事前手続き

　事前に必要な手続きは、特にありません。

(8)　申告手続き

　この規定は、確定申告書等にこの規定の適用を受ける少額減価償却資産の取得価額に関する明細書の添付がある場合に限り適用するとされています。具体的には、「別表16(7)少額減価償却資産の取得価額の損金算入の特例に関する明細書」を作成して提出します。

提出書類

別表16(7)
　少額減価償却資産の取得価額の損金算入の特例に関する明細書

【別表16⑺】

少額減価償却資産の取得価額の損金算入の特例に関する明細書			事業年度	・　・	法人名			別表十六㈦　令五・四・一以後終了事業年度分
資産区分	種　　　類	1						
	構　　　造	2						
	細　　　目	3						
	事業の用に供した年月	4						
取得価額	取得価額又は製作価額	5	円	円	円	円	円	
	法人税法上の圧縮記帳による積立金計上額	6						
	差引改定取得価額　(5)−(6)	7						
資産区分	種　　　類	1						
	構　　　造	2						
	細　　　目	3						
	事業の用に供した年月	4						
取得価額	取得価額又は製作価額	5	円	円	円	円	円	
	法人税法上の圧縮記帳による積立金計上額	6						
	差引改定取得価額　(5)−(6)	7						
資産区分	種　　　類	1						
	構　　　造	2						
	細　　　目	3						
	事業の用に供した年月	4						
取得価額	取得価額又は製作価額	5	円	円	円	円	円	
	法人税法上の圧縮記帳による積立金計上額	6						
	差引改定取得価額　(5)−(6)	7						
当期の少額減価償却資産の取得価額の合計額　((7)の計)		8					円	

【別表16⑺】記載の仕方

別表十六（七）の記載の仕方

1　この明細書は、青色申告書を提出する法人が措置法第67条の5《中小企業者等の少額減価償却資産の取得価額の損金算入の特例》の規定の適用を受ける場合に記載します。

2　「種類1」、「構造2」及び「細目3」の各欄は、減価償却資産の耐用年数省令別表第一から別表第六までに定める種類、構造及び細目に従って記載します。

3　「事業の用に供した年月4」の欄は、当該事業年度の中途において事業の用に供した年月を記載します。

4　「法人税法上の圧縮記帳による積立金計上額6」の欄は、法第42条から第49条まで《圧縮記帳》の規定の適用を受ける場合において、圧縮記帳による圧縮額を積立金として積み立てる方法により経理したときは、その経理した金額を記載します。

（国税庁ホームページより）

中小企業経営強化税制(措法42の12の4)

(制度の概要)

根拠規定	措法42の12の4
適用法人	中小企業者等で中小企業等経営強化法に規定する経営力向上計画の認定を受けたもの
適用期間	平成29年4月1日から令和7年3月31日
適用要件	・経営力向上計画の認定を受けること ・指定期間内に特定経営力向上設備等を取得等し、指定事業の用に供すること
適用対象資産	・生産等設備を構成する機械及び装置、工具、器具及び備品、建物附属設備並びにソフトウェアで、一定の規模以上のもの（特定経営力向上設備等） ・生産性向上設備（A類型）、収益力強化設備（B類型）、デジタル化設備（C類型）、経営資源集約化設備（D類型）に該当すること
優遇内容	特別償却と税額控除の選択適用
特別償却	取得価額の全額を償却することができる（即時償却）
税額控除	取得価額の7％相当額（資本金3,000万円以下の法人は10％相当額）ただし、法人税額の20％が限度
事前手続	経営力向上計画の認定

(1) 制度の内容

中小企業者等が、指定期間内に生産等設備を構成する機械及び装置、工具、器具及び備品、建物附属設備並びにソフトウェア（「特定経営力向上設備等」という。）でその製作もしくは建設の後事業の用に供されたことのないものを取得等して国内にあるその中小企業者等の営む指定事業の用に供した場合には、その指定事業の用に供した日を含む事業年度において特別償却（その特定経営力向上設備等の取得価額から普通償却限度額を控除した金額に相当する金額を特別償却限度額とする。）又はその取得

価額の７％（中小企業者等のうち資本金の額又は出資金の額が3,000万円以下の法人については10％）相当額の税額控除との選択適用ができます。

(2)　適用対象法人

　この規定の適用を受けることができる法人は、「中小企業者等」とされています。具体的には、下記の法人で青色申告書を提出するもののうち中小企業等経営強化法第17条第１項の認定を受けた同法第２条第６項に規定する特定事業者等に該当するものです。

> ①　中小企業者（措法42の４⑲七）
> ②　農業協同組合等（措法42の４⑲九）
> ③　商店街振興組合

　ここで、中小企業等経営強化法第２条第６項に規定する特定事業者等とは、下記の法人をいいます。

> 「特定事業者等」とは、次のいずれかに該当する者をいう。
> ①　特定事業者
> ②　常時使用する従業員の数が政令で定める数（2,000人）以下の会社その他政令で定める法人及び個人（中小企業等経営強化法施行令５①）

　また、上記①の特定事業者とは下記の者をいいます（中小企業等経営強化法２⑤）。

> 「特定事業者」とは、次の各号のいずれかに該当する者をいう。
> イ　常時使用する従業員の数が500人以下の会社及び個人であって、製造業、建設業、運輸業その他の業種（ロ及びハに掲げる業種並びにニの政令で定める業種を除く。）に属する事業を主たる事業として営むもの

ロ　常時使用する従業員の数が400人以下の会社及び個人であって、卸売業（二の政令で定める業種を除く。）に属する事業を主たる事業として営むもの

ハ　常時使用する従業員の数が300人以下の会社及び個人であって、小売業又はサービス業（二の政令で定める業種を除く。）に属する事業を主たる事業として営むもの

二　常時使用する従業員の数がその業種ごとに政令で定める数以下の会社及び個人であって、その政令で定める業種に属する事業を主たる事業として営むもの

ホ　企業組合

ヘ　協業組合

ト　事業協同組合、事業協同小組合、商工組合、協同組合連合会その他の特別の法律により設立された組合及びその連合会であって、政令で定めるもの

チ　一般社団法人であって前各号に掲げるものを直接又は間接の構成員とするもの（政令で定める要件に該当するものに限る。）

中小企業等経営強化法第2条第6項に規定する特定事業者等については、②に「常時使用する従業員の数が政令で定める数（2,000人）以下の会社その他政令で定める法人及び個人」とあるために、その範囲は比較的広いといえますが、措置法の中小企業者等にも該当する必要があります。

ただし、次の法人は適用を受けることができません。

適用制限

適用除外事業者に該当する中小企業者（措法42の4⑲八）

適用除外事業者（前3事業年度の所得金額の平均額が15億円を超える法人）については、少額減価償却資産の特例（措法67の5）と同様です。

(3)　中小企業者の判定時期

　「中小企業者」に該当する法人であるかどうかは、特定経営力向上設備等の取得又は製作もしくは建設をした日及び事業の用に供した日の現況によって判定します（措通42の12の 4 － 1 ）。

(4)　適用期間

　平成29年 4 月 1 日から令和 7 年 3 月31日までの期間に取得等し、かつ、これを国内にあるその中小企業者等の営む指定事業の用に供した減価償却資産が対象となります。

　ただし、解散（合併による解散を除く。）の日を含む事業年度及び清算中の各事業年度は適用できません。

> **適用できない事業年度**
> ①　解散（合併による解散を除く。）の日を含む事業年度
> ②　清算中の各事業年度

(5)　適用要件

　下記の適用要件を満たした場合に、特別償却又は税額控除が認められます。

> **適用要件**
> ①　措置法の中小企業者、農業協同組合等又は商店街振興組合のうち中小企業等経営強化法の特定事業者等に該当するものであること
> ②　中小企業等経営強化法第17条第 1 項の認定（経営力向上計画の認定）を受けること
> ③　特定経営力向上設備等を取得等し、指定事業の用に供すること

(6)　適用対象資産

　適用対象となる資産は、生産等設備を構成する機械及び装置、工具、

器具及び備品、建物附属設備並びに一定のソフトウェアで、経営力向上設備等に該当するもののうち一定の規模のもの（特定経営力向上設備等）です。

　生産等設備とは、例えば、製造業を営む法人の工場、小売業を営む法人の店舗又は自動車整備業を営む法人の作業場のように、その法人が行う生産活動、販売活動、役務提供活動その他収益を稼得するために行う活動（生産等活動）の用に直接供される減価償却資産で構成されているものをいいます。

　したがって、例えば、本店、寄宿舎等の建物、事務用器具備品、乗用自動車、福利厚生施設のようなものは該当しません。一棟の建物が本店用と店舗用に供されている場合など、減価償却資産の一部が法人の生産等活動の用に直接供されているものについては、その全てが生産等設備となります（措通42の12の4－2）。

　適用対象資産である特定経営力向上設備等は、具体的には、生産性向上設備（A類型）、収益力強化設備（B類型）、デジタル化設備（C類型）、経営資源集約化設備（D類型）の4つに区分されます。

①　生産性向上設備（A類型）

　下表の対象設備のうち、以下の2つの要件を満たすものです。なお、要件イ・ロについて、工業会等から証明書を取得する必要があります。

> イ　一定期間内に販売されたモデル（最新モデルである必要はない）
> ロ　経営力の向上に資するものの指標（生産効率、エネルギー効率、精度など）が旧モデルと比較して年平均1％以上向上している設備（ソフトウェアについては、情報収集機能及び分析・指示機能を有するもの）

対象となる設備（A類型）

設備の種類	用途又は細目	最低価額 （1台1基又は 一の取得価額）	販売開始時期
機械装置	全て	160万円以上	10年以内
工具	測定工具及び検査工具	30万円以上	5年以内
器具備品	全て	30万円以上	6年以内
建物附属設備	全て	60万円以上	14年以内
ソフトウェア	設備の稼働状況等に係る情報収集機能及び分析・指示機能を有するもの	70万円以上	5年以内

（中小企業庁「中小企業等経営強化法に基づく支援措置活用の手引き」より）

（注）

1　発電用の機械装置、建物附属設備については、発電量のうち、販売を行うことが見込まれる電気の量が占める割合が2分の1を超える発電設備等を除く。また、発電設備等について税制措置を適用する場合は、経営力向上計画の認定申請時に報告書を提出する必要がある。

2　医療保健業を行う事業者が取得又は製作をする器具備品（医療機器に限る。）、建物附属設備を除く。

3　ソフトウェアについては、複写して販売するための原本、開発研究用のもの、サーバー用OSのうち一定のものなどは除く（中小企業投資促進税制と同様）。

4　コインランドリー業又は暗号資産マイニング業（主要な事業であるものを除く。）の用に供する資産でその管理のおおむね全部を他の者に委託するものを除く。

（以下、B類型及びC類型、D類型も同様。）

②　収益力強化設備（B類型）

下表の対象設備のうち、「年平均の投資利益率が5％以上となることが見込まれることにつき、経済産業大臣（経済産業局）の確認を受けた投資計画に記載された投資の目的を達成するために必要不可欠な設備」とされています。

なお、この要件について、経済産業局から確認書を取得する必要があります。

この場合の要件となっている年平均の投資利益率は、下記のように

計算されます。分子の増加額は、設備の取得等をする年度の翌年度以降3年度の平均額、分母の設備投資額は、設備の取得等をする年度におけるその取得等をする設備の取得価額の合計額になります。

投資利益率

$$\frac{（営業利益＋減価償却費）の増加額（翌年度以降3年度の平均額）}{設備投資額（設備の取得価額の合計額）}$$

対象となる設備（B類型）

設備の種類	用途又は細目	最低価額（1台1基又は一の取得価額）
機械装置	全て	160万円以上
工具	全て	30万円以上
器具備品	全て	30万円以上
建物附属設備	全て	60万円以上
ソフトウェア	全て	70万円以上

（中小企業庁「中小企業等経営強化法に基づく支援措置活用の手引き」より）

③ デジタル化設備（C類型）

　下表の対象設備のうち、事業プロセスの①遠隔操作、②可視化、③自動制御化のいずれかを可能にする設備として、経済産業大臣（経済産業局）の確認を受けた投資計画に記載された投資の目的を達成するために必要不可欠な設備とされています。

　なお、この要件について、経済産業局から確認書を取得する必要があります。

遠隔操作とは

イ　デジタル技術を用いて、遠隔操作をすること

ロ　以下のいずれかを目的とすること

　㈠　事業を非対面で行うことができるようにすること

　㈡　事業に従事する者が、通常行っている業務を、通常出勤している場所以外の場所で行うことができるようにすること

可視化とは

イ　データの集約・分析を、デジタル技術を用いて行うこと

ロ　イのデータが、現在行っている事業や事業プロセスに関係するものであること

ハ　イにより事業プロセスに関する最新の状況を把握し経営資源等の最適化※を行うことができるようにすること

※「経営資源等の最適化」とは、「設備、技術、個人の有する知識及び技能等を含む事業活動に活用される資源等の最適な配分等」をいう。

自動制御化とは

イ　デジタル技術を用いて、状況に応じて自動的に指令を行うことができるようにすること

ロ　イの指令が、現在行っている事業プロセスに関する経営資源等を最適化するためのものであること

対象となる設備（C類型）

設備の種類	用途又は細目	最低価額（1台1基又は一の取得価額）
機械装置	全て	160万円以上
工具	全て	30万円以上
器具備品	全て	30万円以上
建物附属設備	全て	60万円上
ソフトウェア	全て	70万円以上

（中小企業庁「中小企業等経営強化法に基づく支援措置活用の手引き」より）

④　経営資源集約化設備（D類型）

　下表の対象設備のうち、以下の要件を満たすもので、経営力向上計画に事業承継等事前調査に関する事項の記載があるものであって、経営力向上計画に従って事業承継等を行った後に取得又は製作もしくは建設をするものとされています。

計画終了年次の修正ROA又は有形固定資産回転率が以下の表の要件を満たすことが見込まれるものであることにつき、経済産業大臣（経済産業局）の確認を受けた投資計画に記載された投資の目的を達成するために必要不可欠な設備

計画期間	有形固定資産回転率	修正ROA
3年	＋2％	＋0.3％ポイント
4年	＋2.5％	＋0.4％ポイント
5年	＋3％	＋0.5％ポイント

　なお、この要件について、経済産業局から確認書を取得する必要があります。

　目標値となる修正ROA又は有形固定資産回転率は、次の算式によって算定します。

修正ROA（変化分）

$$= \frac{\text{計画終了年度における営業利益}+減価償却費^{※1}+研究開発費^{※1}}{\text{計画終了年度における総資産}^{※2}} - \frac{\text{基準年度}^{※3}\text{における営業利益}+減価償却費+研究開発費}{\text{基準年度における総資産}}$$

有形固定資産回転率（変化率）

$$= \frac{\dfrac{\text{計画終了年度における売上高}}{\text{計画終了年度における有形固定資産}^{※2}} - \dfrac{\text{基準年度}^{※3}\text{における売上高}}{\text{基準年度における有形固定資産}}}{\dfrac{\text{基準年度における売上高}}{\text{基準年度における有形固定資産}}}$$

※1　会計上の減価償却費及び研究開発費
※2　帳簿価額
※3　計画開始直前における事業年度の確定決算時の数値

対象となる設備（D類型）

設備の種類	用途又は細目	最低価額（1台1基又は一の取得価額）
機械装置	全て	160万円以上
工具	全て	30万円以上
器具備品	全て	30万円以上
建物附属設備	全て	60万円以上
ソフトウェア	全て	70万円以上

（中小企業庁「中小企業等経営強化法に基づく支援措置活用の手引き」より）

以上をまとめると、下表のようになります。

類型	生産性向上設備（A類型）	収益力強化設備（B類型）	デジタル化設備（C類型）	経営資源集約化設備（D類型）
要件	一定期間内に販売されたモデルで生産性が旧モデル比年平均1％以上向上している設備	投資利益率が年平均5％以上の投資計画に係る設備	事業プロセスの①遠隔操作、②可視化、③自動制御化のいずれかを可能にする設備	修正ROA又は有形固定資産回転率が一定割合以上の投資計画に係る設備
確認者	工業会等	経済産業局	経済産業局	経済産業局
入手書類	証明書	確認書	確認書	確認書
対象設備	機械装置　160万円以上／10年以内　測定工具及び検査工具　30万円以上／5年以内　器具備品　30万円以上／6年以内　建物附属設備　60万円以上／14年以内　ソフトウェア（情報収集機能及び分析・指示	機械装置　160万円以上　工具　30万円以上　器具備品　30万円以上　建物附属設備　60万円以上　ソフトウェア　70万円以上	機械装置　160万円以上　工具　30万円以上　器具備品　30万円以上　建物附属設備　60万円以上　ソフトウェア　70万円以上	機械装置　160万円以上　工具　30万円以上　器具備品　30万円以上　建物附属設備　60万円以上　ソフトウェア　70万円以上

	機能を有するもの）70万円以上／5年以内		

その他要件

- ・生産等設備を構成するものであること（事務用器具備品、本店、寄宿舎等に係る建物附属設備、福利厚生施設に係るものは該当しない）
- ・国内への投資であること
- ・中古資産・貸付資産でないこと　等

（中小企業庁「中小企業等経営強化法に基づく支援措置活用の手引き」より）

　なお、機械及び装置、工具、器具及び備品、建物附属設備又はソフトウェアの取得価額が160万円以上、30万円以上、60万円以上又は70万円以上であるかどうかを判定する場合において、その機械及び装置、工具、器具及び備品、建物附属設備又はソフトウェアが法人税法第42条から第49条までの規定による圧縮記帳の適用を受けたものであるときは、その圧縮記帳後の金額に基づいてその判定を行います（措通42の12の4－5）。

(7)　指定事業

　中小企業経営強化税制の適用を受けるには、その生産等設備を指定事業の用に供する必要があります。指定事業は下記の事業です。

　なお、中小企業投資促進税制の対象事業に該当する全ての事業が指定事業となります。

指定事業

製造業、建設業、農業、林業、漁業、水産養殖業、鉱業、採石業、砂利採取業、卸売業、道路貨物運送業、倉庫業、港湾運送業、ガス業、小売業、料理店業その他の飲食店業（料亭、バー、キャバレー、ナイトクラブ、その他これらに類する事業は、生活衛生同業組合の組合員が行うものに限る。）、一般旅客自動車運送業、海洋運輸業及び沿海運輸業、内航

船舶貸渡業、旅行業、こん包業、郵便業、損害保険代理業、不動産業、情報通信業、駐車場業、物品賃貸業、学術研究、専門・技術サービス業、宿泊業、洗濯・理容・美容・浴場業、その他の生活関連サービス業、教育、学習支援業、医療、福祉業、協同組合（他に分類されないもの）、サービス業（他に分類されないもの）

（中小企業庁「中小企業等経営強化法に基づく支援措置活用の手引き」より）
（注）
1　電気業、水道業、鉄道業、航空運輸業、銀行業、娯楽業（映画業を除く。）等は対象になりません。
2　風俗営業等の規制及び業務の適正化等に関する法律第2条第5項に規定する性風俗関連特殊営業に該当するものを除きます。

　法人が、その取得等をした特定経営力向上設備等を自己の下請業者に貸与した場合において、その特定経営力向上設備等が専らその法人のためにする製品の加工等の用に供されるものであるときは、その特定経営力向上設備等はその法人の営む事業の用に供したものとして取り扱われます（措通42の12の4－8）。

(8)　特別償却・税額控除

　中小企業者等は、特定経営力向上設備等を事業の用に供した事業年度において特別償却又は税額控除のいずれかの適用を受けることができます。

①　特別償却

　特定経営力向上設備等の特別償却限度額は、特定経営力向上設備等の取得価額から普通償却限度額を控除した金額に相当する金額とされます。すなわち事業供用年度において、普通償却と合計すれば取得価額の全額が償却限度額となります。この取扱いは即時償却とも呼ばれており、事業供用年度に取得価額の全額が損金算入できることになります。

償却限度額

償却限度額＝普通償却限度額＋<u>特別償却限度額</u>

↑

取得価額－普通償却限度額

＝普通償却限度額＋（取得価額－普通償却限度額）

＝取得価額（即時償却）

　なお、特別償却は、原則として償却費として損金経理する必要があります。ただし、償却限度額まで減価償却費を計上しなかった場合（償却不足額が生じた場合）には、その償却不足額を翌事業年度に繰り越すことができます。

　また、特別償却の適用を受けることに代えて、特別償却限度額以下の金額を損金経理により特別償却準備金として積み立てる方法又はその事業年度の決算確定日までに剰余金の処分により特別償却準備金として積み立てる方法により損金の額に算入することも認められます。

②　税額控除

　事業供用した年度の法人税額から特定経営力向上設備等の取得価額の７％（中小企業者等のうち資本金3,000万円以下の法人は10％）に相当する金額の合計額（税額控除限度額）が控除されます。ただし、中小企業者等の供用年度における税額控除限度額が、その供用年度の所得に対する調整前法人税額の20％に相当する金額を超えるときは、その控除を受ける金額は、その20％に相当する金額が限度とされます。

税額控除額

イ　取得価額×７％（10％）

ロ　調整前法人税額×20％

→　イとロのいずれか少ない額

　なお、税額控除額は、中小企業投資促進税制の税額控除の適用により法人税額から控除される金額がある場合には、その控除額を控除し

た残額が限度となります。したがって、中小企業投資促進税制（措法
42の6）と中小企業経営強化税制（措法42の12の4）を合わせて法人
税額の20％が税額控除額となります。

（中小企業投資促進税制と中小企業経営強化税制の両方を適用する場合）

> ①　まず、中小企業投資促進税制の税額控除を適用
> 　　↓
> ②　次に、中小企業経営強化税制の税額控除を適用
> （合わせて調整前法人税額×20％が限度）

（中小企業投資促進税制）

> イ　基準取得価額×7％
> ロ　調整前法人税額×20％
> →　イとロのいずれか少ない額

　　↓

（中小企業経営強化税制）

> イ　取得価額×7％（10％）
> ロ　調整前法人税額×20％　−中小企業投資促進税制の適用額
> →　イとロのいずれか少ない額

　また、税額控除限度額が調整前法人税額の20％相当額を超える金額
については、翌事業年度に繰り越すことができます。

> **具体例**
>
> この制度の適用対象となる設備投資を10,000千円行った場合
> ① 特別償却 10,000千円×100％＝10,000千円
> 　　　　　　10,000千円×23.2％＝2,320千円（法人税軽減額）
> ② 税額控除 10,000千円×7％＝700千円（法人税軽減額）
> 　（法人税率は原則税率を使用している。）

(9) 重複適用

　1つの減価償却資産について、この制度の特別償却と税額控除の重複適用はできません。また、2以上の特別償却・税額控除に係る税制の適用を受けることはできません。

(10) ファイナンス・リースの場合

　中小企業者等が所有権移転外リース取引により取得した特定経営力向上設備等については、税額控除は適用できますが特別償却は適用できません。所有権移転リースの場合には、いずれの規定も適用することができます。

リースの場合の適用関係

	特別償却	税額控除
所有権移転リース	○	○
所有権移転外リース	×	○

　なお、オペレーティング・リースの場合には、特別償却・税額控除のいずれも適用になりません。

(11) 事前手続き

　工業会等の証明書又は経済産業局の確認書の交付を受けた後に、中小企業等経営強化法による経営力向上計画の認定を受ける必要があります。なお、A類型からD類型の4類型に応じて、手続きが少し異なりま

す（詳細は第4章）。

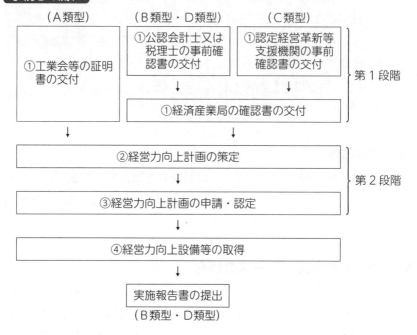

手続きの流れ

（A類型）	（B類型・D類型）	（C類型）	
①工業会等の証明書の交付	①公認会計士又は税理士の事前確認書の交付	①認定経営革新等支援機関の事前確認書の交付	第1段階
	①経済産業局の確認書の交付		

②経営力向上計画の策定

③経営力向上計画の申請・認定 ｝ 第2段階

④経営力向上設備等の取得

実施報告書の提出
（B類型・D類型）

⑿　申告手続き

①　特別償却

　　特別償却の適用を受けるためには、確定した決算において償却費として損金経理する必要があります。そして別表16⑴又は別表16⑵とともに確定申告書等に特定経営力向上設備等の償却限度額の計算に関する明細書の添付がある場合に限り適用するとされています。具体的には、特別償却の付表を作成して提出します。

　　なお、特別償却の適用を受けることに代えて、特別償却限度額以下の金額を損金経理により特別償却準備金として積み立てる方法又はその事業年度の決算確定日までに剰余金の処分により特別償却準備金として積み立てる方法により損金の額に算入することも認められます。この適用を受けるには、確定申告書等に特別償却準備金として積み立

てた金額の損金算入に関する申告の記載をし、その積み立てた金額の
計算に関する明細書を添付する必要があります。
　また、Ａ類型の場合には、工業会等証明書、計画申請書及び計画認
定書（いずれも写し）を添付します。Ｂ類型・Ｃ類型・Ｄ類型の場合
には、経済産業局発行の確認書、計画申請書及び計画認定書（いずれ
も写し）を添付します。

提出書類

・特別償却の付表
　中小企業者等が取得した特定経営力向上設備等の特別償却
（Ａ類型の場合）
・工業会等証明書（写し）
・計画申請書（写し）
・計画認定書（写し）
（Ｂ類型・Ｃ類型・Ｄ類型の場合）
・経済産業局の確認書（写し）
・計画申請書（写し）
・計画認定書（写し）

（注）　特別償却の付表は、各特別償却制度に共通して使用します。

【記載例】 特別償却の付表

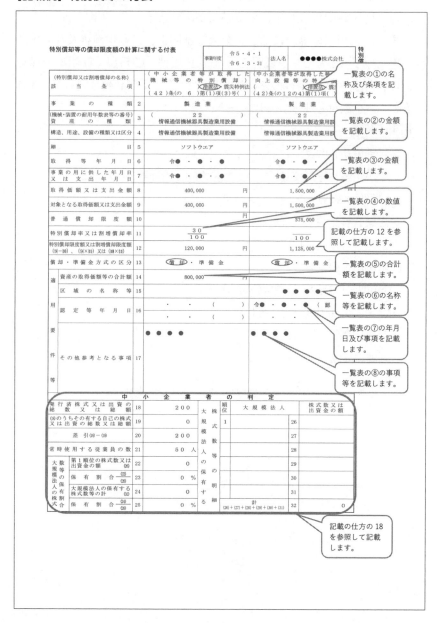

特別償却等の償却限度額の計算に関する付表

| 事業年度 | 令5・4・1
令6・3・31 | 法人名 | ●●●●株式会社 | 特別償 |

		（中 小 企 業 者 等 が 取 得 し た 機 械 等 の 特 別 償 却 ） （ 措置法・震災特例法 ） （ 4 2 ）条（の 6 ）第（1）項（3）号（ ）	（中 小 企 業 者 等 が 取 得 し た 向 上 設 備 等 の 特 （ 措置法・震 （ 4 2 ）条（の12の4）第（1）項（ ）
（特別償却又は割増償却の名称） 該 当 条 項	1		
事 業 の 種 類	2	製 造 業	製 造 業
（機械・装置の耐用年数表等の番号） 資 産 の 種 類	3	（ 2 2 ） 情報通信機械器具製造業用設備	（ 2 2 ） 情報通信機械器具製造業用設
構造、用途、設備の種類又は区分	4	情報通信機械器具製造業用設備	情報通信機械器具製造業用設
細 目	5	ソフトウエア	ソフトウエア
取 得 等 年 月 日	6	令● ・ ● ・ ●	令● ・ ● ・ ●
事 業 の 用 に 供 し た 年 月 日 又 は 支 出 年 月 日	7	令● ・ ● ・ ●	令● ・ ● ・ ●
取 得 価 額 又 は 支 出 金 額	8	400,000 円	1,500,000
対象となる取得価額又は支出金額	9	400,000 円	1,500,000
普 通 償 却 限 度 額	10	円	375,000
特 別 償 却 率 又 は 割 増 償 却 率	11	$\frac{30}{100}$	$\frac{}{100}$
特別償却限度額又は割増償却限度額 (⑨×⑪)、(⑨×⑪) 又は (⑩×⑪)	12	120,000 円	1,125,000
償 却・準 備 金 方 式 の 区 分	13	償却 ・ 準 備 金	償却 ・ 準 備 金
適	資 産 の 取 得 価 額 等 の 合 計 額	14	800,000 円	
	区 域 の 名 称 等	15		● ● ● ● ●
用	認 定 等 年 月 日	16	・ ・ （ ）	令● ・ ● ・ ● （ 認
要			● ● ● ●	● ● ● ●
件	その他参考となる事項	17		
等				

中 小 企 業 者 の 判 定								
発 行 済 株 式 又 は 出 資 の 総 数 又 は 総 額	18	2 0 0	大規模法人等の保有する株式数等の明細	順位	大 規 模 法 人		株 式 数 又 は 出 資 金 の 額	
⑱のうちその有する自己の株式 又は出資の総数又は総額	19	0		1		26		
差 引 ⑱−⑲	20	2 0 0				27		
常 時 使 用 す る 従 業 員 の 数	21	5 0 人				28		
大規模法人等の株式保有割合	第1順位の株式数又は 出資の額 ⑳	22	0				29	
	保 有 割 合 ⑳/⑳	23	0 ％				30	
	大規模法人の保有する 株式数等の計 ㉛	24					31	
	保 有 割 合 ㉛/⑳	25	0 ％			計 (26)+(27)+(28)+(29)+(30)+(31)	32	0

(右側の吹き出し注記)
- 一覧表の①の名称及び条項を記載します。
- 一覧表の②の金額を記載します。
- 一覧表の③の金額を記載します。
- 一覧表の④の数値を記載します。
- 記載の仕方の 12 を参照して記載します。
- 一覧表の⑤の合計額を記載します。
- 一覧表の⑥の名称等を記載します。
- 一覧表の⑦の年月日及び事項を記載します。
- 一覧表の⑧の事項等を記載します。
- 記載の仕方の 18 を参照して記載します。

【特別償却の付表の記載項目等一覧表】

番号		6
「該当条項１」の上段	①	中小企業者等が取得した特定経営力向上設備等の特別償却
「該当条項１」の中段・下段		措置法42の12の４①、令５旧措置法42の12の４①
「取得価額又は支出金額８」	②	次の減価償却資産の区分に応じ、次の取得価額要件を満たすものである必要があります。 (1) 機械及び装置…１台又は１基の取得価額が160万円以上のもの (2) 工具、器具及び備品…１台又は１基の取得価額が30万円以上のもの (3) 建物附属設備…一の建物附属設備の取得価額が60万円以上のもの (4) ソフトウエア…一のソフトウエアの取得価額が70万円以上のもの
「対象となる取得価額又は支出金額９」	③	「８」の金額を記載します。
「特別償却率又は割増償却率11」の分子の空欄	④	即時償却制度を適用することとなるため、記載を要しません。
「資産の取得価額等の合計額14」	⑤	
「区域の名称等15」	⑥	生産性向上設備、収益力強化設備、デジタル化設備又は経営資源集約化設備の区分
「認定等年月日16」	⑦	(1) 経営力向上について、中小企業等経営強化法第17条第１項又は第18条第１項の主務大臣による認定を受けた年月日を記載し、（ ）内に認定と記載します。 　なお、適用を受ける特定経営力向上設備等が記載された経営力向上計画に係る認定申請書の写し及びその認定申請書に係る認定書の写しの添付が必要となります。 (2) 中小企業等経営強化法施行規則第16条第２項第２号に規定する設備（収益力強化設備）、同項第３号に規定する設備（デジタル化設備）又は同項第４号に規定する設備（経営資源集約化設備）に該当することについて、その投資計画につき、同項第２号から第４号までの規定による経済産業大臣（経済産業局）の確認を受けた年月日を記載し、（ ）内に確認と記載します。

番号	6
	なお、この確認を受けた投資計画に記載されていない設備については、同項第2号から第4号までに規定する経営力向上設備等に該当しません。

| 「その他参考となる事項17」 | ⑧ | (1)　中小企業等経営強化法施行規則第16条第2項第1号の設備（生産性向上設備）に該当することについて、工業会等が発行する証明書を経営力向上計画の認定申請書に添付することとされています。
　この証明書は、工業会等が任意に発行しているものですが、本制度の適用を受けられる設備かどうかの参考となりますので、本欄に証明書の発行を受けた旨を記載するとともに、経営力向上計画の写しと併せてその写しを添付してください。
(2)　⑦の(2)の確認の際に交付された確認書の番号を記載します。（例：確認番号○○）
　なお、この確認書の交付を受けた場合には、その写しを添付してください。
(3)　その減価償却資産が平成31年4月1日以後に申請がされる経営力向上計画に記載された発電設備等である場合に、経営力向上計画に記載された実施時期のうちその発電設備等により発電される電気の販売を行うことが見込まれる期間において、その発電設備等により発電されることが見込まれる電気量のうち販売を行うことが見込まれる電気量の割合が50%以下であれば「販売50%以下の発電設備等」と記載します。
　なお、50%を超える場合は、この制度の適用はありません。
(4)　その減価償却資産がコインランドリー業又は暗号資産マイニング業の用に供する設備等である場合において、次に該当しないときは、「対象外の業用資産に非該当」と記載します。
　イ　その減価償却資産が令和5年4月1日以後に認定の申請がされた経営力向上計画に記載されたものであること
　ロ　イに該当する場合において、そのコインランドリー業又は暗号資産マイニング業が主要な事業でないこと
　ハ　ロに該当する場合において、その設備等の管理のおおむね全てを他の者に委託するものであること
　なお、上記の場合において、ハに該当するときは、この制度の適用はありません。
(5)　その減価償却資産が措置法令第27条の12の4第1項に規定するソフトウエアのうち国際標準化機構及び国際電気標準会議の規格15408に基づく評価及び認証を受けることを要件としているものである場合について、その評価及び認証の有無を記載します。 |

【特別償却の付表】記載の仕方

特別償却の付表の記載の仕方

1　この付表は、法人が租税特別措置法（以下「措置法」といいます。）又は東日本大震災の被災者等に係る国税関係法律の臨時特例に関する法律（以下「震災特例法」といいます。）の特別償却制度又は割増償却制度に係る規定の適用を受ける場合（これらの規定の適用を受けることに代えて措置法第52条の3又は令和2年改正法（所得税法等の一部を改正する法律（令和2年法律第8号）をいいます。以下同じです。）附則第14条第2項の規定によりなおその効力を有するものとされる令和2年改正法第16条の規定による改正前の措置法（以下「令和2年改正前措置法」といいます。）第68条の41の特別償却準備金として積み立てる場合を含みます。）に、対象資産の特別償却限度額又は割増償却限度額の計算に関し参考となるべき事項を記載し、該当の別表十六に添付して提出してください。

2　連結法人については、適用を受ける各連結法人ごとにこの付表を作成し、その連結法人の法人名を「法人名」の（　）内に記載します。3　「該当条項1」は、対象資産が措置法又は震災特例法の特別償却制度又は割増償却制度に係る規定のうちいずれの規定の適用を受けるものであるかの区分に応じ、中段の措置法又は震災特例法のいずれかを〇で囲むとともに、下段の（　）内に該当条項号等を記載します。

なお、税制改正前の措置法又は震災特例法の規定を受ける場合には、中段の（　）内に該当改正年を末尾に旧を付した上で記載します（例：令5旧）。ただし、連結法人が令和2年改正前措置法又は令和2年改正法附則第14条第2項の規定によりなおその効力を有するものとされる令和2年改正法第23条の規定による改正前の震災特例法（以下「令和2年改正前震災特例法」といいます。）の規定の適用を受ける場合にあっては、中段の（　）内に「令2改正前」と記載します。

おって、連結法人が所得税法等の一部を改正する法律（令和4年法律第4号）第12条の規定による改正前の令和2年改正前措置法の規定の適用を受ける場合には、中段の（　）内に「令4旧令2改正前」と記載します。

また、その適用を受ける措置法又は震災特例法の特別償却又は割増償却の名称を上段の（　）内に記載します。

4　「事業の種類2」には、対象資産を事業の用に供する場合のその供される事業（対象資産が繰延資産である場合にあっては、その支出する費用の対象事業）の種類を記載します。

5　「資産の種類3」には、減価償却資産にあっては法人税法施行令第13条の規定に基づき対象資産の種類（建物、建物附属設備、構築物、機械及び装置、船舶、航空機、車両及び運搬具、工具、器具及び備品、無形固定資産並びに生物）を、繰延資産にあっては繰延資産と記載します。

また、その対象資産が機械及び装置である場合には、（　）内に減価償却資産の耐用年数等に関する省令（以下「耐用年数省令」といいます。）別表第二の該当の番号を記載します。

ただし、その機械及び装置について措置法第43条の2第1項、所得税法等の一部を改正する法律（令和5年法律第3号）第16条の規定による改正前の震災特例法第18条の2第1項、令和2年改正前措置法第68条の18第1項又は令和2年改正前震災特例法第26条の2第1項の規定の適用を受ける場合（これらの規定の適用を受けることに代えて措置法第52条の3又は令和2年改正前措置法第68条の41の特別償却準備金として積み立てる場合を含みます。6において「被災代替資産等の特別償却の規定の適用を受ける場合」といいます。）には、（　）内に昭和45年5月25日付直法4−25ほか1課共同「耐用年数の適用等に関する取扱通達」付表10（以下「耐用年数通達付表10」といいます。）の該当の番号を記載します。

6　「構造、用途、設備の種類又は区分4」には、その対象資産が次のいずれに該当するかに応じ、それぞれ次の事項を記載します。

⑴　耐用年数省令別表第一に掲げる資産…その資産について同表に定める構造又は用途

⑵　耐用年数省令別表第二に掲げる資産…その資産について同表に定める設備の種類（被災代替資産等の特別償却の規定の適用を受ける場合には、その資産について耐用年数通達付表10に定める設備の種類）

⑶　耐用年数省令別表第三及び別表第四に掲げる資産…その資産についてこれらの表に定める種類

⑷　耐用年数省令別表第五及び別表第六に掲げる資産…その資産について公害防止用減価償却資産及び開発研究用減価償却資産の別

⑸　その他の資産…その資産について区分がある場合には、その区分

7　「細目5」には、その対象資産について耐用年数省令別表に細目が定められている場合に、その細目を記載します。

8　「取得価額又は支出金額8」には、その減価償却資産の取得価額又は繰延資産の支出金額を記載します。

ただし、その対象資産につき法人税法第42条から第49条までの規定の適用を受ける場合において、圧縮記帳による圧縮額を積立金として積み立てる方法により経理しているときは、その積立額（積立限度超過額を除きます。）を取得価額から控除した金額を記載します。なお、適用を受けようとする制度によっては、取得価額要件を満たすものである必要があります。

9　「対象となる取得価額又は支出金額9」には、次のいずれの場合に該当するかに応じ、それぞれ次の金額を記載します。

(1)　(2)から(4)までの場合以外の場合…「8」に記載した金額

(2)　基準取得価額が定められている場合…基準取得価額

(3)　対象となる取得価額又は支出金額の合計額に上限額が定められている場合で、その上限額を超えるとき…「8」×取得価額又は支出金額の合計額の上限額／「資産の取得価額等の合計額14」

(4)　建物、建物附属設備その他の減価償却資産について特別償却又は割増償却の規定の適用を受ける場合で、対象資産とならない部分があるとき…その取得価額のうち対象資産となる部分に対応する取得価額

10　「普通償却限度額10」には、即時償却又は割増償却の適用を受ける場合にその対象資産につき「9」に係る普通償却限度額を記載します。

11　「特別償却率又は割増償却率11」の分子の空欄には、適用を受けようとする措置法又は震災特例法の特別償却制度又は割増償却制度に係る規定に定められた特別償却率又は割増償却率に対応する数値を記載します。

即時償却の適用を受ける場合には、記載を要しません。

12　「特別償却限度額又は割増償却限度額12」には、即時償却の適用を受ける場合には「(9)－(10)」の算式によって求めた金額を、特別償却の適用を受ける場合には「(9)×(11)」の算式によって求めた金額を、割増償却の適用を受ける場合には「(10)×(11)」の算式によって求めた金額を記載します。

13　「償却・準備金方式の区分13」は、その対象資産につき直接に特別償却若しくは割増償却を行うか、又は特別償却若しくは割増償却に代えて特別償却限度額若しくは割増償却限度額以下の金額を特別償却準備金として積み立てるかの区分に応じ、該当するものを○で囲みます。

14　「資産の取得価額等の合計額14」には、当期における対象資産の取得価額若しくは支出金額の合計額が一定額以上である必要があるもの又は対象資産の取得価額若しくは支出金額の合計額が一定額以上である場合にその一部のみが対象となるものについて、対象資産ごとの取得価額の合計額を記載します。

15　「区域の名称等15」には、「1」に記載した適用条項等に応じ、対象資産を事業の用に供した区域の名称、対象資産の設備の区分等を記載します。

16　「認定等年月日16」には、「1」に記載した適用条項等に応じ、認定年月日、指定年月日、確認年月日等を記載し、（　）内に認定、指定、確認等の区分を記載します。

この欄の記載に当たっては、上欄から順に使用し、3以上の日付の記載が必要となるため、書ききれない場合には、「その他参考となる事項17」に記載してください。

17　「その他参考となる事項17」には、適用を受けようとする措置法又は震災特例法の特別償却制度又は割増償却制度に係る規定に定められた適用要件を満たす旨参考となる事項を記載します。

18　「中小企業者又は中小連結法人の判定」の各欄は、その特別償却又は割増償却の適用を受ける法人又は連結法人（以下「判定法人」といいます。）が中小企業者（措置法第42条の4第19項第7号又は令和2年改正前措置法第42条の4第8項第7号に規定する中小企業者をいいます。以下同じです。）又は中小連結法人（令和2年改正前措置法第68条の9第8項第6号に規定する中小連結法人をいいます。以下同じです。）であることを要する等の場合に、その対象資産の取得をした日及びその対象資産を事業の用に供した日の現況により判定法人の発行済株式等の状況（その判定法人が連結子法人である場合には、連結親法人の発行済株式等の状況）を記載するほか、次によります。

(1)　「保有割合23」が50％以上となる場合又は「保有割合25」が3分の2（66.666…％）以上となる場合（その判定法人が通算法人である場合にあっては、他の通算法人(注)のうちいずれかの法人が次に掲げる法人に該当するときを含みます。）には、中小企業者以外の法人又は中小連結法人以外の連結法人として取り扱われますので注意してください。

イ　資本金の額又は出資金の額が1億円を超える法人

ロ　資本又は出資を有しない法人のうち、常時使用する従業員の数が1,000人を超える法人である場合

ハ　「保有割合23」が50％以上又は「保有割合25」が3分の2（66.666…％）以上となる法人

(注)　その判定法人が対象資産の取得等をした日（対象資産を事業の用に供した日の現況により判定する場合には、同日）及びその判定法人の適用事業年度終了の日のいずれにおいてもその判定法人との間に通算完全支配関係がある法人に限ります。

(2)　「大規模法人の保有する株式数等の明細26～31」の各

欄は、その判定法人の株主等のうち大規模法人（注）について、その所有する株式数又は出資金の額の最も多いものから順次記載します。

（注）　大規模法人とは、次のイからハまでの法人をいい、中小企業投資育成株式会社を除きます。

イ　資本金の額又は出資金の額が1億円を超える法人

ロ　資本又は出資を有しない法人のうち常時使用する従業員の数が1,000人を超える法人

ハ　次の(イ)又は(ロ)の法人

（イ）大法人（次に掲げる法人をいいます。以下同じです。）との間にその大法人による完全支配関係がある普通法人

A　資本金の額又は出資金の額が5億円以上である法人

B　相互会社及び外国相互会社のうち、常時使用する従業員の数が1,000人を超える法人

C　受託法人

（ロ）普通法人との間に完全支配関係がある全ての大法人が有する株式及び出資の全部をその全ての大法人のうちいずれか一の法人が有するものとみなした場合において、そのいずれか一の法人とその普通法人との間にそのいずれか一の法人による完全支配関係があることとなるときのその普通法人（(イ)の法人を除きます。）

(3)　連結親法人が中小連結法人に該当する場合であっても、資本金の額又は出資金の額が1億円を超える連結子法人については、中小連結法人以外の連結法人として取り扱われますので注意してください。

(4)　中小企業者又は中小連結法人に該当する法人が適用除外事業者（その事業年度又は連結事業年度開始の日前3年以内に終了した各事業年度又は各連結事業年度（以下「基準年度」といいます。）の所得金額（別表一の「1」等の金額がマイナスの場合は0）又は連結所得金額（別表一の二の「1」の金額がマイナスの場合は0）の合計額を各基準年度の月数の合計数で除し、これに

12を乗じて計算した金額（年平均額）が15億円を超える法人又は連結親法人及び当該連結親法人による連結完全支配関係にある連結子法人をいいます。以下同じです。）に該当する場合には、適用できない制度等がありますので、注意してください。

なお、設立の日の翌日以後3年を経過していない法人は、適用除外事業者に該当しません。

また、基準年度において欠損金の繰戻しによる法人税の還付の適用があった場合、基準年度において合併・分割・現物出資等があった場合、基準年度において連結法人に該当していたことがある場合、基準年度において公益法人等若しくは人格のない社団等が収益事業を行っていた場合など租税特別措置法施行令（以下「措置法令」といいます。）第27条の4第18項各号又は法人税法施行令等の一部を改正する政令（令和2年政令第207号）附則第2条第2項の規定によりなおその効力を有するものとされる同令第3条の規定による改正前の措置法令（以下「令和2年改正前措置法令」といいます。）第27条の4第22項各号に定める事由がある場合には、その事由の内容に応じて年平均額に一定の調整計算が必要となります。中小連結法人についても、基準年度において連結欠損金の繰戻しによる法人税の還付の適用があった場合や基準年度において合併・分割・現物出資等があった場合など令和2年改正前措置法令第39条の39第21項各号に定める事由がある場合には、その事由の内容に応じて年平均額に一定の調整計算が必要となります。

(5)　中小企業者に該当する法人が通算法人である場合には、他の通算法人（注）のうちいずれかの法人が適用除外事業者に該当するときについても、(4)の適用できない制度等について、一定の場合を除き、適用できないこととなりますので、注意してください。

（注）　その中小企業者に該当する法人の適用事業年度終了の日においてその法人との間に通算完全支配関係があるものに限ります。

（国税庁ホームページより）

②　税額控除

　確定申告書等（この規定により控除を受ける金額を増加させる修正申告書又は更正請求書を提出する場合には、当該修正申告書又は更正請求書を含む。）にこの規定による控除の対象となる特定経営力向上設備等の取得価額、控除を受ける金額及び当該金額の計算に関する明細を記載した書類の添付がある場合に限り適用するとされています。具体的には、別表6㉕を作成して提出します。

　この場合において、この規定により控除される金額の計算の基礎となる特定経営力向上設備等の取得価額は、確定申告書等に添付された書類に記載された特定経営力向上設備等の取得価額が限度とされます。したがって、当初提出した申告書にこれらの記載がない場合には、その後の修正申告や更正の請求手続きによっては認められません。

　また、特別償却の場合と同様に、Ａ類型の場合には、工業会等証明書、計画申請書及び計画認定書（いずれも写し）を、Ｂ類型・Ｃ類型・Ｄ類型の場合には、経済産業局発行の確認書、計画申請書及び計画認定書（いずれも写し）を添付します。

【提出書類】

・別表6㉕　中小企業者等が特定経営力向上設備等を取得した場合の
　法人税額の特別控除に関する明細書

（Ａ類型の場合）

・工業会等証明書（写し）

・計画申請書（写し）

・計画認定書（写し）

（Ｂ類型・Ｃ類型・Ｄ類型の場合）

・経済産業局発行の確認書（写し）

・計画申請書（写し）

・計画認定書（写し）

【別表6⒀】

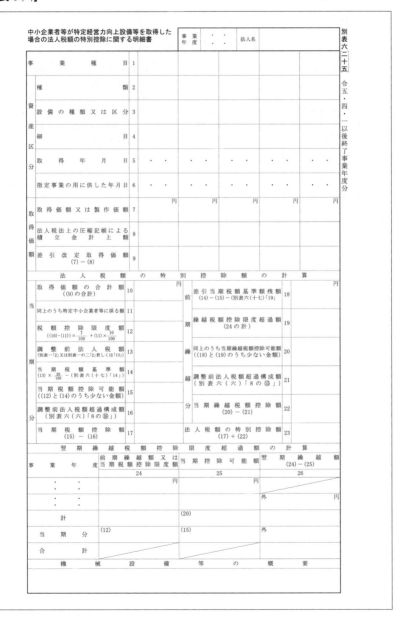

【別表 6 ⑵】 記載の仕方

別表六（二十五）の記載の仕方

1　この明細書は、青色申告書を提出する法人が措置法第42条の12の4第2項若しくは第3項《中小企業者等が特定経営力向上設備等を取得した場合の法人税額の特別控除》又は令和5年改正前の措置法第42条の12の4第2項若しくは第3項《中小企業者等が特定経営力向上設備等を取得した場合の法人税額の特別控除》の規定の適用を受ける場合に記載します。

2　「法人税法上の圧縮記帳による積立金計上額8」の欄は、法第42条から第49条まで《圧縮記帳》の規定の適用を受ける場合において、圧縮記帳による圧縮額を積立金として積み立てる方法により経理したときは、その経理した金額を記載します。

3　「同上のうち特定中小企業者等に係る額11」の欄は、措置法第42条の12の4第1項に規定する中小企業者等のうち措置法令第27条の12の4第3項《中小企業者等が特定経営力向上設備等を取得した場合の法人税額の特別控除》に規定する法人以外の法人が措置法第42条の12の4第1項に規定する指定事業の用に供した同項に規定する特定経営力向上設備等の取得価額の合計額を記載します。

4　「翌期繰越額26」の各欄の外書には、別表六（六）「8」又は別表六（六）付表「2」の各欄の金額を記載します。この場合において、「計」及び「合計」の欄の記載に当たっては、当該金額を含めて計算します。

（国税庁ホームページより）

3 中小企業投資促進税制（措法42の6）

（制度の概要）

根拠規定	措法42の6
適用法人	中小企業者等
適用期間	平成10年6月1日から令和7年3月31日
適用要件	中小企業者等が特定機械装置等を取得等して指定事業の用に供すること
適用対象資産	機械及び装置、工具、ソフトウェア、車両運搬具、船舶で一定のもの（特定機械装置等）
優遇内容	特別償却と税額控除の選択適用
特別償却	基準取得価額（取得価額×75％・100％）の30％相当額
税額控除	資本金3,000万円以下（特定中小企業者等）のみ 基準取得価額（取得価額×75％・100％）の7％相当額 ただし、法人税額の20％が限度
事業手続	必要なし

(1) 制度の内容

　中小企業者又は農業協同組合等もしくは商店街振興組合で青色申告書を提出するもの（以下「中小企業者等」）が、指定期間内に、特定機械装置等でその製作の後事業の用に供されたことのないものを取得し、又は製作して、これを国内にあるその中小企業者等の営む指定事業の用に供した場合には、その指定事業の用に供した事業年度においてその特定機械装置等の基準取得価額の30％相当額の特別償却又は基準取得価額の合計額の7％相当額の税額控除の選択適用ができます。なお、税額控除の適用は、特定中小企業者等（資本金3,000万円以下の中小企業者等）に限られます。

⑵　適用対象法人

　この規定の適用を受けることができる法人は、中小企業者等（下記の法人のうち青色申告書を提出するもの）とされています。

---

① 　中小企業者（措法42の 4 ⑲七）

② 　農業協同組合等（措法42の 4 ⑲九）

③ 　商店街振興組合

　ただし、次の法人は適用を受けることができません。

適用制限

　適用除外事業者に該当する中小企業者（措法42の 4 ⑲八）

　適用除外事業者（前 3 事業年度の所得金額の平均額が15億円を超える法人）については、少額減価償却資産の特例（措法67の 5 ）と同様です。

　なお、税額控除の適用が認められるのは、「特定中小企業者等」に限定されており、資本金の額又は出資金の額が3,000万円を超える法人（措法42の 4 ⑲九に規定する農業協同組合等及び商店街振興組合を除く。）は適用できません。

適用対象法人

資本金	特別償却	税額控除
資本金3,000万円以下	○	○
資本金3,000万円超	○	×

⑶　中小企業者等の判定時期

　「中小企業者等」に該当する法人であるかどうかは、資産の取得等をした日及び事業の用に供した日の現況によって判定します。

　なお、法人が各事業年度の中途において「中小企業者等」に該当しないこととなった場合においても、その該当しないこととなった日前に取得等をして指定事業の用に供した特定機械装置等については、この規定

の適用があります。この場合において、取得価額の合計額が規定の金額以上であるかどうかは、その中小企業者等に該当していた期間内に取得等をして指定事業の用に供していたものの取得価額の合計額によって判定します（措通42の6－1）。

(4) 適用期間

平成10年6月1日から令和7年3月31日までの期間に取得し、又は製作してこれを国内にあるその中小企業者等の営む指定事業の用に供した減価償却資産が対象となります。

ただし、解散（合併による解散を除く。）の日を含む事業年度及び清算中の各事業年度は適用できません。

適用できない事業年度

① 解散（合併による解散を除く。）の日を含む事業年度

② 清算中の各事業年度

(5) 適用要件

下記の適用要件を満たした場合に、特別償却又は税額控除が認められます。

適用要件

① 中小企業者等であること

② 特定機械装置等を取得等し、国内にあるその中小企業者等の営む指定事業の用に供すること

(6) 適用対象資産

適用対象となる特定機械装置等は、その製作の後事業の用に供されたことのない次に掲げる資産で、指定期間内に取得し又は製作して指定事業の用に供されたものです。中古品や貸付けの用に供する資産は対象に

なりません。

対象資産

設備の種類	取得価額等の要件
機械装置	1台160万円以上
測定工具・検査工具	1台120万円以上、又は 1台30万円以上、かつ、複数合計120万円以上
ソフトウェア	一のソフトウェア70万円以上、又は 複数合計が70万円以上
普通貨物自動車	車両総重量3.5トン以上
内航船舶	海上運送業の用に供されるもの

(注)

1　機械装置、工具及びソフトウェアについては、匿名組合契約等の目的である事業の用に供するものは適用できません。

2　コインランドリー業（主要な事業であるものを除く。）の用に供する機械装置でその管理のおおむね全部を他の者に委託するものは除外されています。

①　機械装置

下記の要件のいずれにも該当するものは適用できません（措令27の6①）。

> イ　その管理のおおむね全部を他の者に委託するものであること
>
> ロ　要する人件費が少額なサービス業として一定の事業（中小企業者等の主要な事業であるものを除く。）の用に供するものであること

なお、一定の事業とは、洗濯機、乾燥機その他の洗濯に必要な設備（共同洗濯設備として病院、寄宿舎その他の設備内に設置されているものを除く。）を設け、これを公衆に利用させる事業とされています（措規20の3①）。

また、その所有する店舗、事務所等の一画を活用して、いわゆるコインランドリーを利用させる役務を提供する行為や公衆浴場を営む中小企業等がその利用客に対して、いわゆるコインランドリーを利用させる役務を提供する行為は主要な事業に該当するとされています（措

通42の6－1の3）。

②　測定工具・検査工具

　製品の品質管理の向上等に資する測定工具・検査工具（電気又は電子を利用するものを含む。）。

③　ソフトウェア

　電子計算機に対する指令であって一の結果を得ることができるように組み合わされたもので、システム仕様書その他の書類を含みます。

　次のソフトウェアは除くこととされています（措令27の6②、措規20の3④⑤）。

　イ　複写して販売するための原本

　ロ　開発研究用のもの

　ハ　下記のソフトウェア

　一　サーバー用オペレーティングシステム（ソフトウエア（電子計算機に対する指令であって一の結果を得ることができるように組み合わされたものをいう。）の実行をするために電子計算機の動作を直接制御する機能を有するサーバー用のソフトウエアをいう。二において同じ。）のうち、国際標準化機構及び国際電気標準会議の規格15408に基づき評価及び認証をされたもの（二において「認証サーバー用オペレーティングシステム」という。）以外のもの

　二　サーバー用仮想化ソフトウエア（二以上のサーバー用オペレーティングシステムによる一のサーバー用の電子計算機（当該電子計算機の記憶装置に当該二以上のサーバー用オペレーティングシステムが書き込まれたものに限る。）に対する指令を制御し、当該指令を同時に行うことを可能とする機能を有するサーバー用のソフトウエアをいう。）のうち、認証サーバー用仮想化ソフトウエア（電子計算機の記憶装置に書き込まれた二以上の認証サーバー用オペレーティングシステムによる当該電子計算機に対する指令を制御するサーバー用仮想化ソフトウエアで、国際標準化機構及び国際電気標準会

議の規格15408に基づき評価及び認証をされたものをいう。）以外の
もの

三　データベース管理ソフトウエア（データベース（数値、図形その
他の情報の集合物であって、それらの情報を電子計算機を用いて検
索することができるように体系的に構成するものをいう。）の生成、
操作、制御及び管理をする機能を有するソフトウエアであって、他
のソフトウエアに対して当該機能を提供するものをいう。）のうち、
国際標準化機構及び国際電気標準会議の規格15408に基づき評価及
び認証をされたもの以外のもの（以下「非認証データベース管理ソ
フトウエア」という。）又は当該非認証データベース管理ソフトウ
エアに係るデータベースを構成する情報を加工する機能を有するソ
フトウエア

四　連携ソフトウエア（情報処理システム（情報処理の促進に関する
法律第 2 条第 3 項に規定する情報処理システムをいう。）から指令
を受けて、当該情報処理システム以外の情報処理システムに指令を
行うソフトウエアで、次に掲げる機能を有するものをいう。）のう
ち、イの指令を日本産業規格（産業標準化法第20条第 1 項に規定す
る日本産業規格をいう。イにおいて同じ。）X5731- 8 に基づき認証
をする機能及びイの指令を受けた旨を記録する機能を有し、かつ、
国際標準化機構及び国際電気標準会議の規格15408に基づき評価及
び認証をされたもの以外のもの

イ　日本産業規格 X0027に定めるメッセージの形式に基づき日本産
業規格 X4159に適合する言語を使用して記述された指令を受ける
機能

ロ　指令を行うべき情報処理システムを特定する機能

ハ　その特定した情報処理システムに対する指令を行うに当たり、
当該情報処理システムが実行することができる内容及び形式に指
令の付加及び変換を行い、最適な経路を選択する機能

五　不正アクセス防御ソフトウエア（不正アクセスを防御するため

に、あらかじめ設定された次に掲げる通信プロトコルの区分に応じ
それぞれ次に定める機能を有するソフトウエアであって、インター
ネットに対応するものをいう。）のうち、国際標準化機構及び国際
電気標準会議の規格15408に基づき評価及び認証をされたもの以外
のもの

イ　通信路を設定するための通信プロトコル…ファイアウォール機
　能（当該通信プロトコルに基づき、電気通信信号を検知し、通過
　させる機能をいう。）

ロ　通信方法を定めるための通信プロトコル…システム侵入検知機
　能（当該通信プロトコルに基づき、電気通信信号を検知し、又は
　通過させる機能をいう。）

ハ　アプリケーションサービスを提供するための通信プロトコル…
　アプリケーション侵入検知機能（当該通信プロトコルに基づき、
　電気通信信号を検知し、通過させる機能をいう。）

④　**普通貨物自動車**

　貨物の運送の用に供される自動車で輸送の効率化等に資するものと
して道路運送車両法施行規則別表第一に規定する普通自動車で貨物の
運送の用に供されるもののうち車両総重量（道路運送車両法第40条第
3号に規定する車両総重量をいう。）が3.5トン以上のものとされます
（措規20の3⑥）。

⑤　**内航船舶**

　海上運送業（内航海運業法第2条第2項第1号及び第2号に掲げる事
業）の用に供される船舶です。

　なお、総トン数500トン以上の船舶にあっては、環境への負荷の状
況が明らかにされた船舶として一定のものに限られます（措令27の6
③）。

平成29年度の税制改正により、器具備品は対象外になりました。これ

らの設備投資の場合には、中小企業経営強化税制の適用を検討することとなります。したがって、電子計算機などのOA機器はこの制度の対象となりません。

　なお、機械及び装置、工具又はソフトウェアの取得価額が160万円以上、120万円以上又は70万円以上であるかどうかを判定する場合において、その機械及び装置、工具又はソフトウェアが法人税法第42条から第49条までの規定による圧縮記帳の適用を受けたものであるときは、その圧縮記帳後の金額に基づいてその判定を行います（措通42の6－3）。

(7)　指定事業

　中小企業投資促進税制の適用を受けるには、その特定機械装置等を指定事業の用に供する必要があります。指定事業は下記の事業ですが、海上運送業を営む法人で内航運送の用に供される船舶の貸渡しをする事業（内航海運業法第2条第2項第2号）を営むもの以外の法人の貸付け用に供されるものは除かれます。

┌─ 指定事業 ─────────────────────────

製造業、建設業、農業、林業、漁業、水産養殖業、鉱業、採石業、砂利採取業、卸売業、道路貨物運送業、倉庫業、港湾運送業、ガス業、小売業、料理店業その他の飲食店業（料亭、バー、キャバレー、ナイトクラブ、その他これらに類する事業は、生活衛生同業組合の組合員が行うものに限る。）、一般旅客自動車運送業、海洋運輸業及び沿海運輸業、内航船舶貸渡業、旅行業、こん包業、郵便業、損害保険代理業、不動産業、情報通信業、駐車場業、物品賃貸業、学術研究、専門・技術サービス業、宿泊業、洗濯・理容・美容・浴場業、その他の生活関連サービス業、教育、学習支援業、医療、福祉業、協同組合（他に分類されないもの）、サービス業（他に分類されないもの）

└───────────────────────────────

　　　（中小企業庁「中小企業等経営強化法に基づく支援措置活用の手引き」より）
（注）
1　電気業、水道業、鉄道業、航空運輸業、銀行業、娯楽業（映画業を除く。）等

は対象になりません。

2　風俗営業等の規制及び業務の適正化等に関する法律第2条第5項に規定する性風俗関連特殊営業に該当するものを除きます。

　また、法人がその取得等をした特定機械装置等を自己の下請業者に貸与した場合において、その特定機械装置等が専らその法人のためにする製品の加工等の用に供されるものであるときは、その特定機械装置等はその法人の営む事業の用に供したものとして取り扱われます（措通42の6－8）。

(8)　特別償却・税額控除

　中小企業者等は、特定機械装置等を事業の用に供した事業年度において特別償却又は税額控除のいずれかの適用を受けることができます。

①　特別償却

　特定機械装置等の特別償却限度額は、特定機械装置等の基準取得価額の30％相当額です。基準取得価額とは、船舶についてはその取得価額に75％を乗じた金額をいい、その他の資産についてはその取得価額をいいます。

> **特別償却限度額**
>
> 船舶以外……基準取得価額（＝取得価額）×30％
>
> 船舶…………基準取得価額（＝取得価額×75％）×30％

　なお、特別償却は、原則として償却費として損金経理する必要があります。ただし、償却限度額まで減価償却費を計上しなかった場合（償却不足額が生じた場合）には、その償却不足額を翌事業年度に繰り越すことができます。

　また、特別償却の適用を受けることに代えて、特別償却限度額以下の金額を損金経理により特別償却準備金として積み立てる方法又はその事業年度の決算確定日までに剰余金の処分により特別償却準備金として積み立てる方法により損金の額に算入することも認められます。

②　税額控除

　税額控除の適用が認められるのは、「特定中小企業者等」とされており、資本金の額又は出資金の額が3,000万円を超える法人（措法42の4⑲九に規定する農業協同組合等及び商店街振興組合を除く。）は適用できません。

　事業供用した年度の法人税額から特定機械装置等の基準取得価額の合計額の７％に相当する金額（税額控除限度額）が控除されます。ただし、特定中小企業者等の供用年度における税額控除限度額が、その供用年度の所得に対する調整前法人税額の20％に相当する金額を超えるときは、その控除を受ける金額は、その20％に相当する金額が限度とされます。

┌─ 税額控除額 ─────────────────────────┐

　イ　基準取得価額×７％

　ロ　調整前法人税額×20％

　→　イとロのいずれか少ない額

└──────────────────────────────────┘

　なお、中小企業投資促進税制（措法42の６）と中小企業経営強化税制（措法42の12の４）の適用がある場合には、まず①中小企業投資促進税制を適用し、次に②中小企業経営強化税制の順に、法人税額の20％に達するまで税額控除額を算定していきます。

（中小企業投資促進税制と中小企業経営強化税制の両方を適用する場合）

┌──────────────────────────────────┐

　①　まず、中小企業投資促進税制の税額控除を適用
　　　↓
　②　次に、中小企業経営強化税制の税額控除を適用

　（合わせて調整前法人税額×20％が限度）

└──────────────────────────────────┘

　また、税額控除限度額が調整前法人税額の20％相当額を超える金額については、翌事業年度に繰り越すことができます。

具体例

設備投資を10,000千円行った場合

① 特別償却　10,000千円×30％＝3,000千円

3,000千円×23.2％＝696千円（法人税軽減額）

② 税額控除　10,000千円×7％＝700千円（法人税軽減額）

（法人税率は原則税率を適用している。）

⑼ 重複適用

1つの減価償却資産について、この制度の特別償却と税額控除の重複適用はできません。また、2以上の特別償却・税額控除に係る税制の適用を受けることはできません。

⑽ ファイナンス・リースの場合

中小企業者等が所有権移転外リース取引により取得した特定機械装置等については、税額控除は適用できますが特別償却は適用できません。所有権移転リースの場合には、いずれの規定も適用することができます。

リースの場合の適用関係

	特別償却	税額控除
所有権移転リース	○	○
所有権移転外リース	×	○

なお、オペレーティング・リースの場合には、特別償却・税額控除のいずれも適用になりません。

⑾ 事前手続き

事前に必要な手続きは、特にありません。

⑫　申告手続き

①　特別償却

　特別償却の適用を受けるためには、確定した決算において償却費として損金経理する必要があります。そして別表16(1)又は別表16(2)とともに確定申告書等に特定機械装置等の償却限度額の計算に関する明細書の添付がある場合に限り適用するとされています。具体的には、特別償却の付表を作成して提出します。

　なお、特別償却の適用を受けることに代えて、特別償却限度額以下の金額を損金経理により特別償却準備金として積み立てる方法又はその事業年度の決算確定日までに剰余金の処分により特別償却準備金として積み立てる方法により損金の額に算入することも認められます。この適用を受けるには、確定申告書等に特別償却準備金として積み立てた金額の損金算入に関する申告の記載をし、その積み立てた金額の計算に関する明細書を添付する必要があります。

提出書類

　特別償却の付表　中小企業者等が取得した機械等の特別償却

【記載例】特別償却の付表

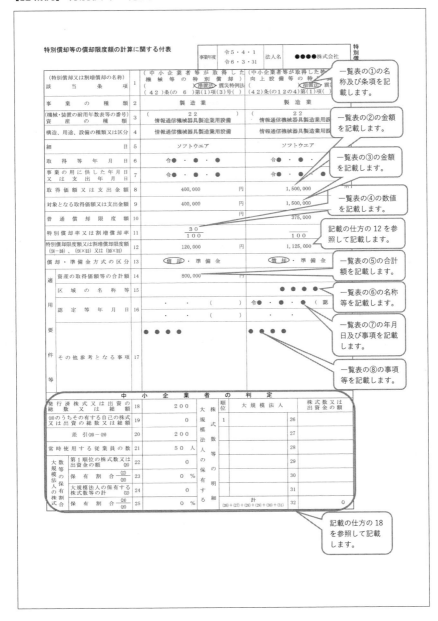

99

【特別償却の付表の記載項目等一覧表】

番号		1
「該当条項1」の上段	①	中小企業等が取得した機械等の特別償却
「該当条項1」の中段・下段		措置法42の6①一～五、令5旧措置法42の6①一・四
「取得価額又は支出金額8」	②	次の減価償却資産の区分に応じ、次の取得価額又は取得価額の合計額の要件を満たすものである必要があります。 　(2)及び(3)のうち取得価額の合計額により要件を満たすものは、「資産の取得価額等の合計額14」にその合計額を記載します。 (1)　一定の機械及び装置…1台又は1基の取得価額が160万円以上のもの (2)　一定の工具…1台若しくは1基の取得価額が120万円以上のもの又はその取得価額の合計額が120万円以上のもの（1台又は1基の取得価額が30万円以上のものに限ります。） (3)　一定のソフトウエア…一の取得価額が70万円以上のもの又はその取得価額の合計額が70万円以上のもの（法人税法施行令第133条又は第133条の2の規定の適用を受けるものを除きます。）
「対象となる取得価額又は支出金額9」	③	(1)　(2)以外の場合…「8」の金額 (2)　その減価償却資産が船舶である場合…「8」の金額に100分の75を乗じて計算した金額
「特別償却率又は割増償却率11」の分子の空欄	④	「30」
「資産の取得価額等の合計額14」	⑤	取得価額の合計額により要件を満たすものについて、その合計額を記載します。
「区域の名称等15」	⑥	
「認定等年月日16」	⑦	その減価償却資産が令和5年4月1日以後に取得等をした措置法第42条の6第1項第5号に掲げる船舶である場合は、国土交通大臣に措置法規則第20条の3第7項の届出を行った年月日を記載し、（　）内に届出と記載します。 　なお、国土交通大臣の同条の届出があった旨を証する書類の写しの添付が必要となります。
「その他参考となる事項17」	⑧	(1)　その減価償却資産がコインランドリー業の用に供する機械及び装置である場合において、次に該当しないときは、

番号	1
	「対象外の業用資産に非該当」と記載します。 イ　その減価償却資産が令和5年4月1日以後に取得等をされたものであること ロ　イに該当する場合において、そのコインランドリー業が主要な事業でないこと ハ　ロに該当する場合において、その機械及び装置の管理のおおむね全てを他の者に委託するものであること 　なお、上記の場合において、ハに該当するときは、この制度の適用はありません。 (2)　その減価償却資産が措置法第42条の6第1項第3号に掲げるソフトウエアのうち国際標準化機構及び国際電気標準会議の規格15408に基づく評価及び認証を受けることを要件としているものである場合について、その評価及び認証の有無を記載します。

（国税庁ホームページより）

②　税額控除

　確定申告書等（この規定により控除を受ける金額を増加させる修正申告書又は更正請求書を提出する場合には、当該修正申告書又は更正請求書を含む。）にこの規定による控除の対象となる特定機械装置等の取得価額、控除を受ける金額及び当該金額の計算に関する明細を記載した書類の添付がある場合に限り適用するとされています。具体的には、別表6⑰を作成して提出します。

　この場合において、この規定により控除される金額の計算の基礎となる特定機械装置等の取得価額は、確定申告書等に添付された書類に記載された特定機械装置等の取得価額が限度とされます。したがって、当初提出した申告書にこれらの記載がない場合には、その後の修正申告や更正の請求手続きによっては認められません。

提出書類

　別表6⑰　中小企業者等が機械等を取得した場合の法人税額の特別控除に関する明細書

【別表6⒄】

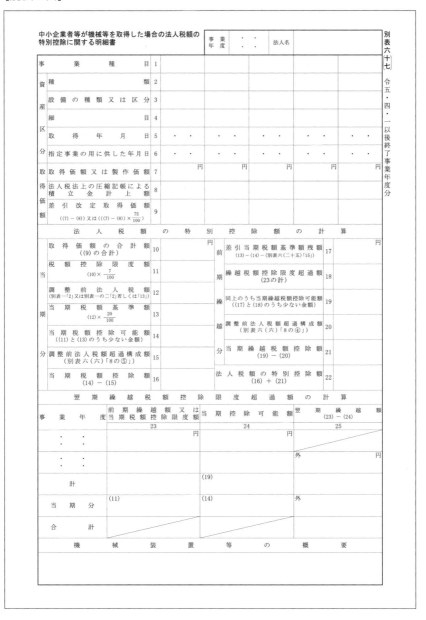

103

【別表6⒄】記載の仕方

別表六（十七）の記載の仕方

1　この明細書は、青色申告書を提出する法人が措置法第42条の6第2項若しくは第3項《中小企業者等が機械等を取得した場合の法人税額の特別控除》又は令和5年改正前の措置法（3において「令和5年旧措置法」といいます。）第42条の6第2項若しくは第3項《中小企業者等が機械等を取得した場合の法人税額の特別控除》の規定の適用を受ける場合に記載します。

2　「法人税法上の圧縮記帳による積立金計上額8」の欄は、法第42条から第49条まで《圧縮記帳》の規定の適用を受ける場合において、圧縮記帳による圧縮額を積立金として積み立てる方法により経理したときは、その経理した金額を記載します。

3　「差引改定取得価額9」の欄は、措置法第42条の6第1項第1号から第4号まで又は令和5年旧措置法第42条の6第1項第1号から第3号までに掲げる減価償却資産にあっては「((7)－(8))」を適用して計算した金額を、措置法第42条の6第1項第5号又は令和5年旧措置法第42条の6第1項第4号に掲げる減価償却資産にあっては「(((7)－(8))×$\frac{75}{100}$)」を適用して計算した金額を記載します。

4　「翌期繰越額25」の各欄の外書には、別表六(六)「8」又は別表六(六)付表「2」の各欄の金額を記載します。この場合において、「計」及び「合計」の欄の記載に当たっては、当該金額を含めて計算します。

（国税庁ホームページより）

4 中小企業技術基盤強化税制
（研究開発税制）（措法42の4④）

（制度の概要）

根拠規定	措法42の4④
適用法人	中小企業者等
適用期間	期間の制限なし
適用要件	中小企業者等に試験研究費の額があること
選択適用	試験研究費の総額に係る税額控除との選択適用
優遇内容	試験研究費の額の12％相当額（一定の上乗せあり）の税額控除 ただし、法人税額の25％が限度（一定の上乗せあり）
事前手続	必要なし

(1) 制度の内容

　中小企業者等の各事業年度において、試験研究費の額がある場合には、その事業年度の所得に対する調整前法人税額から、その事業年度の試験研究費の額の12％に相当する金額（「中小企業者等税額控除限度額」という。）が控除されます。この場合において、その中小企業者等税額控除限度額が、その事業年度の所得に対する調整前法人税額の25％に相当する金額（中小企業者等控除上限額）を超える場合には、その25％相当額が限度とされます。なお、増減試験研究費割合や試験研究費割合によって、控除額が上乗せされる場合があります。

　中小企業技術基盤強化税制は、研究開発税制のうち中小企業者向けの制度です。研究開発税制には、大企業向け（すべての法人が適用できる制度）と中小企業向けの制度（中小企業技術基盤強化税制）があり、中小企業者等はいずれかを選択して適用することになりますが、中小企業向けの制度の方が有利な制度になっていますので、通常は中小企業技術基盤強化税制を適用することになります。

(2)　適用対象法人

　この制度の適用対象法人は、「中小企業者等」とされています。中小企業者等とは、中小企業者又は農業協同組合等で青色申告書を提出するものをいいます。

> ①　中小企業者（措法42の4⑲七）
> ②　農業協同組合等（措法42の4⑲九）

　農業協同組合等は、少額減価償却資産の特例と同様です（措法42の4⑲九）。

　ただし、次の法人は適用を受けることができません。

適用制限
> 適用除外事業者に該当する中小企業者（措法42の4⑲八）

　適用除外事業者（前3事業年度の所得金額の平均額が15億円を超える法人）については、少額減価償却資産の特例（措法67の5）と同様です。

(3)　中小企業者の判定時期

　「中小企業者」に該当する法人であるかどうかは、その事業年度終了の時の現況によって判定します（措通42の4(3)-1）。

　したがって、期末に中小企業者等に該当していれば、中小企業技術基盤強化税制の適用を受けることができます。

(4)　適用期間

　適用期間の制限はありません。

　ただし、「試験研究費の総額に係る税額控除制度（措法42の4①）」の適用を受ける事業年度、解散（合併による解散を除く。）の日を含む事業年度及び清算中の各事業年度は適用できません。

適用できない事業年度

① 「試験研究費の総額に係る税額控除制度（措法42の4①）」の適用を
　受ける事業年度

② 解散（合併による解散を除く。）の日を含む事業年度

③ 清算中の各事業年度

　なお、中小企業技術基盤強化税制には、増減試験研究費割合や試験研究費割合によって、控除額が上乗せされる措置があります。この上乗せ措置については、下記のような適用期間の制限があります。

① **中小企業者等税額控除限度額の上乗せ措置（措法42の4⑤）**

　中小企業者等の令和3年4月1日から令和8年3月31日までの間に開始する各事業年度において適用が認められます。

② **中小企業者等控除上限額の上乗せ措置（措法42の4⑥）**

　中小企業者等の令和3年4月1日から令和8年3月31日までの間に開始する各事業年度において適用が認められます。

(5) 適用要件

　中小企業者等の各事業年度において、試験研究費の額がある場合に適用することができるとされています。試験研究費があれば適用が可能です。

適用要件

① 期末に中小企業者等であること

② 試験研究費の額があること

(6) 税額控除

　中小企業者等は、各事業年度において試験研究費の額がある場合に、その事業年度において税額控除の適用を受けることができます。

① 試験研究費の額

　試験研究費の額は、次のイ及びロに掲げる金額の合計額をいいます。ただし、その金額に係る費用に充てるため他の者から支払を受ける金額がある場合にはその金額を控除した金額になります（措法42の4⑲、措令27の4⑤⑥⑦）。

　イ　次に掲げる費用の額（収益に係る売上原価、完成工事原価その他これらに準ずる原価の額を除く。）で各事業年度の所得の金額の計算上損金の額に算入されるもの

　㈑　製品の製造又は技術の改良、考案もしくは発明に係る試験研究（新たな知見を得るため又は利用可能な知見の新たな応用を考案するために行うものに限る。）のために要する費用で次に掲げるもの

　　　ただし、研究開発費として損金経理をした金額のうち、下記ロの固定資産の取得に要した金額とされるべき費用の額又はロの繰延資産となる費用の額がある場合におけるその固定資産又は繰延資産の償却費、除却による損失及び譲渡による損失を除きます（㈡において同じ。）。

---

　　a　その試験研究を行うために要する原材料費、人件費（専門的知識をもってその試験研究の業務に専ら従事する者に係るものに限る。）及び経費

　　b　他の者に委託をして試験研究を行う法人（人格のない社団等を含む。）のその試験研究のためにその委託を受けた者に対して支払う費用

　　c　技術研究組合法第9条第1項の規定により賦課される費用

　㈡　対価を得て提供する新たな役務の開発に係る一定の試験研究のために要する費用

　　　この試験研究とは、対価を得て提供する新たな役務の開発を目的として次に掲げるものの全てが行われる場合におけるそれぞれ

に掲げるものとされます。

> a　次に掲げる情報について、一定の法則を発見するために行われ
> る分析
> ⑷　大量の情報を収集する機能を有し、その機能の全部又は主要
> な部分が自動化されている機器又は技術を用いる方法によって
> 収集された情報
> ⑸　⒜に掲げるもののほか、その法人が有する情報で、その法則
> の発見が十分見込まれる量のもの
> b　aの分析により発見された法則を利用したその役務の設計
> c　bの設計に係る法則が予測と結果とが一致することの蓋然性が
> 高いものであることその他妥当であると認められるものであるこ
> と及びその法則を利用した役務がその目的に照らして適当である
> と認められるものであることの確認

　対価を得て提供する新たな役務の開発に係る試験研究の場合の試
験研究費の額は、下記のとおりです。

> A　その試験研究を行うために要する原材料費、人件費（上記aの
> 情報解析専門家でその専門的知識をもって試験研究の業務に専ら
> 従事する者に係るものに限る。）及び経費（外注費にあっては、
> これらの原材料費及び人件費に相当する部分並びにその試験研究
> を行うために要する経費に相当する部分（外注費に相当する部分
> を除く。）に限る。）
> B　他の者に委託をして試験研究を行うその法人のその試験研究の
> ためにその委託を受けた者に対して支払う費用（Aに規定する原
> 材料費、人件費及び経費に相当する部分に限る。）

ロ　上記イに掲げる費用の額で各事業年度において研究開発費とし

て損金経理をした金額のうち、棚卸資産もしくは固定資産（事業
供用時に試験研究の用に供する固定資産を除く。繰延資産についても
同様。）の取得に要した金額とされるべき費用の額又は繰延資産
となる費用の額

② 控除税額の計算

　試験研究費の額の12％相当額（中小企業者等税額控除限度額）が法人
税額から控除されます。ただし、中小企業者等税額控除限度額が、そ
の事業年度の調整前法人税額の25％に相当する金額（中小企業者等控
除上限額）を超えるときは、その控除を受ける金額は、その25％に相
当する金額が限度とされます。

　この場合に、中小企業者等控除上限額を超える金額が生じた場合で
あっても、その金額を翌事業年度に繰り越すことはできません。

> **税額控除額**
>
> 　イ　試験研究費の額×12％
> 　ロ　調整前法人税額×25％
> 　→　イとロのいずれか少ない額

　なお、その事業年度の所得の金額の計算上損金の額に算入される特
別試験研究費の額がある場合には、別途計算が行われます。

　また、上記の税額控除額の原則的な計算に対して、下記のような2
つの上乗せ措置が置かれています。

(イ) 中小企業者等税額控除限度額の上乗せ措置

　中小企業者等税額控除限度額は、その事業年度の試験研究費の額
に、12％に下記のそれぞれの割合を加算した割合（小数点以下3位
未満切捨て、17％を上限）を乗じて計算した金額とされます。

　a　増減試験研究費割合が12％を超える事業年度（設立事業年度、
　　比較試験研究費の額がゼロである事業年度及び試験研究費割合が10％
　　を超える事業年度を除く。）

→（増減試験研究費割合－12%）×0.375

┌─ 税額控除率 ─────────────────────────┐
│   │
│　12%   │
│   │
│　　↓（上乗せ）   │
│   │
│　12%＋(増減試験研究費割合－12%)×0.375   │
│   │
└──┘

b　試験研究費割合が10%を超える事業年度（設立事業年度及び比
　較試験研究費の額がゼロである事業年度のいずれにも該当しない事業
　年度で増減試験研究費割合が12%を超える事業年度を除く。）

　→12%×控除割増率（(試験研究費割合－10%)×0.5（10%が上限））

┌─ 税額控除率 ─────────────────────────┐
│   │
│　12%   │
│   │
│　　↓（上乗せ）   │
│   │
│　12%＋12%×控除割増率((試験研究費割合－10%)×0.5) │
│　　　　　　　　　　　　　　　（10%が上限）   │
│   │
└──┘

c　増減試験研究費割合が12%を超え、かつ、試験研究費割合が10
　%を超える事業年度（設立事業年度及び比較試験研究費の額がゼロ
　である事業年度を除く。）

　→次の割合を合計した割合

　　┌ ⓐ…aの割合
　　│ ⓑ…aの割合にbの控除割増率を乗じた割合
　　└ ⓒ…bの割合

┌─ 税額控除率 ─────────────────────────┐
│   │
│　12%   │
│   │
│　　↓（上乗せ）   │
│   │
│　　　　　┌ aの割合   │
│　12%＋ ┤ aの割合×bの控除割増率   │
│　　　　　└ bの割合   │
│   │
└──┘

ここで、増減試験研究費割合とは、増減試験研究費の額（適用年度の試験研究費の額から比較試験研究費の額を減算した金額をいう。）の当該比較試験研究費の額に対する割合をいいます。

また、比較試験研究費の額とは、適用年度開始の日前3年以内に開始した各事業年度の試験研究費の額の合計額を当該3年以内に開始した各事業年度の数で除して計算した金額をいいます。

つまり、増減試験研究費割合は過去3期の試験研究費の額の平均額に対する当期の試験研究費の額の増減割合です。当期の試験研究費の額が比較試験研究費の額よりも増加していればプラス（＋）になりますし、減少していればマイナス（－）となります。

試験研究費割合は、適用年度の試験研究費の額の平均売上金額（適用年度及び当該適用年度開始の日前3年以内に開始した各事業年度の売上金額の合計額を当該適用年度及び当該3年以内に開始した各事業年度の数で除して計算した平均額）に対する割合をいいます。

㋺　中小企業者等控除上限額の上乗せ措置

中小企業者等控除上限額は、調整前法人税額の25％相当額に下記のそれぞれの金額を加算した金額とされます。

a　増減試験研究費割合が12％を超える事業年度（設立事業年度及び比較試験研究費の額がゼロである事業年度を除く。）

　→調整前法人税額×10％

```
控除上限額
調整前法人税額×25％
　　↓　（上乗せ）
調整前法人税額×（25％＋10％）
```

b　試験研究費割合が10％を超える事業年度（aの事業年度を除く。）

　→調整前法人税額×（試験研究費割合－10％）×2

（小数点以下3位未満切捨て、10％が上限）

控除上限額

調整前法人税額×25％

↓　（上乗せ）

調整前法人税額×(25％＋(試験研究費割合－10％)×2)

（小数点以下3位未満切捨て、10％が上限）

具体例

試験研究費が10,000千円である場合

税額控除額　10,000千円×12％＝1,200千円（法人税軽減額）

(7)　事前手続き

事前に必要な手続きは、特にありません。

(8)　申告手続き

この規定は、確定申告書等（この規定により控除を受ける金額を増加させる修正申告書又は更正請求書を提出する場合には、当該修正申告書又は更正請求書を含む。）にこの規定による控除の対象となる試験研究費の額、控除を受ける金額及び当該金額の計算に関する明細を記載した書類の添付がある場合に限り適用するとされています。具体的には、別表6⑽及び別表6⑾を作成して提出します。

この場合において、この規定により控除される金額の計算の基礎となる試験研究費の額は、確定申告書等に添付された書類に記載された試験研究費の額が限度とされます。したがって、当初提出した申告書にこれらの記載がない場合には、その後の修正申告や更正の請求手続きによっては認められません。

提出書類

- 別表 6 ⑽　中小企業者等の試験研究費の額に係る法人税額の特別控除
  に関する明細書
- 別表 6 ⑾　試験研究を行った場合の法人税額の特別控除における比較
  試験研究費の額及び平均売上金額の計算に関する明細書

【別表6⑽】

中小企業者等の試験研究費の額に係る法人税額の特別控除に関する明細書

事業年度	：　：	法人名	

別表六（十）　令五・四・一以後終了事業年度分

項目	番号	金額
試　験　研　究　費　の　額	1	円
同上のうち特別試験研究費以外の額	2	
(1)のうち中小企業者等の試験研究費の額に係る税額控除の対象とする特別試験研究費の額	3	
控除対象試験研究費の額　(2)＋(3)	4	
比較試験研究費の額　（別表六（十一）「5」）	5	
増減試験研究費の額　(1)－(5)	6	
増減試験研究費割合　$\frac{(6)}{(5)}$	7	
平　均　売　上　金　額　（別表六（十一）「10」）	8	円
試　験　研　究　費　割　合　$\frac{(1)}{(8)}$	9	
割増前税額控除割合　$\frac{12}{100}+((7)-\frac{9.4又は12}{100})\times(0.35又は0.375)$（0.12未満の場合、設立事業年度の場合又は(5)＝0の場合は0.12）	10	
(9)＞10％の場合の控除割増率　$((9)-\frac{10}{100})\times0.5$（0.1を超える場合は0.1）	11	
税　額　控　除　割　合　(10)＋(10)×(11)（小数点以下3位未満切捨て）（0.17を超える場合は0.17）	12	
中小企業者等税額控除限度額　(4)×((12)又は0.12)	13	円
調整前法人税額　（別表一「2」又は別表一の二「2」若しくは「13」）	14	
(7)＞9.4％又は(7)＞12％の場合【令和8年3月31日以前に開始する事業年度の場合】	15	0.35
(9)＞10％の場合の特例加算割合　$((9)-\frac{10}{100})\times2$（小数点以下3位未満切捨て）（0.1を超える場合は0.1）	16	
基準年度比売上金額減少割合≧2％かつ令和5年3月31日以前に開始した事業年度の場合の特例加算割合　（別表六（十二）「11」）	17	
当期税額基準額　((14)＋（別表六（十五）「9」))×(((15)、(0.25＋(16))又は0.25)＋(17))	18	円
当期税額控除可能額　((13)と(18)のうち少ない金額)又は（別表六（十）付表「24」、「27」又は「29」）	19	
調整前法人税額超過構成額　（別表六（六）「8の②」）	20	
法人税額の特別控除額　(19)－(20)	21	

115

【別表6⑽】記載の仕方

別表六（十）の記載の仕方

1　この明細書は、青色申告書を提出する法人が措置法第42条の4第4項《試験研究を行った場合の法人税額の特別控除》又は令和5年改正前の措置法（以下1において「令和5年旧措置法」といいます。）第42条の4第4項《試験研究を行った場合の法人税額の特別控除》の規定の適用を受ける場合（当該法人が措置法第42条の4第8項第3号の通算法人である場合には、同号イの他の通算法人が同項第2号に規定する他の事業年度において同条第4項又は令和5年旧措置法第42条の4第4項の規定の適用を受ける場合を含みます。）に記載します。

2　「増減試験研究費割合の計算」、「試験研究費割合の計算」及び「税額控除割合の計算」の各欄は、当該事業年度（通算子法人である措置法第42条の4第8項第3号の通算法人にあっては、当該事業年度終了の日に終了する当該通算法人に係る通算親法人の事業年度）が令和3年4月1日から令和8年3月31日までの間に開始する各事業年度である場合にのみ記載します。

3　「割増前税額控除割合10」の欄は、令和5年4月1日以後に開始する事業年度にあっては「9.4又は」及び「0.35又は」を消し、同日前に開始した事業年度にあっては「又は12」及び「又は0.375」を消します。

4　「(7)＞9.4％又は(7)＞12％の場合15」の欄は、令和5年4月1日以後に開始する事業年度にあっては「(7)＞9.4％又は」を消し、同日前に開始した事業年度にあっては「又は(7)＞12％」を消します。

5　「当期税額控除可能額19」の欄は、当該法人が措置法第42条の4第8項第3号の通算法人である場合には「(⒀と⒅のうち少ない金額）又は」を消し、その他の場合には「又は(別表六(十)付表「24」、「27」又は「29」)」を消します。

（国税庁ホームページより）

5 賃上げ促進税制（措法42の12の5②）

(制度の概要)

根拠規定	措法42の12の5②
適用法人	中小企業者等
適用期間	平成30年4月1日から令和6年3月31日までの間に開始する事業年度
適用要件	雇用者給与等支給増加割合が1.5％以上
選択適用	大企業向け賃上げ促進税制（措法42の12の5①）との選択適用
優遇内容	支給増加額の15％～40％相当額の税額控除 ただし、法人税額の20％が限度
事前手続	必要なし

(1) 制度の内容

　中小企業者又は農業協同組合等で青色申告書を提出するもの（「中小企業者等」という。）が、国内雇用者に対して給与等を支給する場合において、その中小企業者等の雇用者給与等支給額からその比較雇用者給与等支給額を控除した金額のその比較雇用者給与等支給額に対する割合が1.5％以上であるときは、その中小企業者等のその事業年度の所得に対する調整前法人税額から、控除対象雇用者給与等支給増加額（その雇用者給与等支給額からその比較雇用者給与等支給額を控除した一定の金額）の15％（一定の要件を満たす場合には最大40％）に相当する金額（「中小企業者等税額控除限度額」という。）が控除されます。この場合において、その中小企業者等税額控除限度額が、その中小企業者等のその事業年度の所得に対する調整前法人税額の20％に相当する金額を超えるときは、その控除を受ける金額は、その20％に相当する金額が限度とされます。

　中小企業者等の賃上げ割合が前期比1.5％以上の場合に、前期からの給与支給増加額の15％相当額の税額控除を認めるものです。また、一定

の要件を満たした場合には15％が最大40％まで上乗せされる措置も設けられています。

　なお、大企業向けの制度（すべての法人が適用可能。継続雇用者給与等支給額が前年度より３％以上増加した場合に適用がある。措法42の12の5①）と中小企業向けの制度（中小企業者等のみ適用が可能）が用意されており、中小企業者等はいずれの制度も適用することができますが、一般的には、まず中小企業向けの制度を適用し、適用要件を満たさない場合に大企業向けの制度を検討することになると思われます。

⑵　適用対象法人

　この制度の適用対象法人は、「中小企業者等」とされています。中小企業者等とは、中小企業者又は農業協同組合等で青色申告書を提出するものをいいます。

> ①　中小企業者（措法42の４⑲七）
> ②　農業協同組合等（措法42の４⑲九）

　ただし、次の法人は適用を受けることができません。

適用制限
> 適用除外事業者に該当する中小企業者（措法42の４⑲八）

　適用除外事業者（前３事業年度の所得金額の平均額が15億円を超える法人）については、少額減価償却資産の特例（措法67の5）と同様です。

⑶　中小企業者の判定時期

　「中小企業者」に該当する法人であるかどうかは、その事業年度終了の時の現況によって判定します（措通42の12の5－1の3）。

　したがって、期末に中小企業者に該当していれば、中小企業向けの賃上げ促進税制の適用を受けることができます。

(4)　適用期間

　平成30年4月1日から令和6年3月31日までの間に開始する各事業年度に適用することができます。ただし、下記の事業年度は適用ができません。

適用できない事業年度

① 　措法42の12の5①の大企業向けの賃上げ促進税制の適用を受ける事業年度

② 　設立事業年度

③ 　解散（合併による解散を除く。）の日を含む事業年度

④ 　清算中の各事業年度

⑤ 　前事業年度の雇用者給与等支給額がゼロの事業年度（(5)参照）

(5)　適用要件

　中小企業者等は、次の要件を満たす場合に、その事業年度において税額控除の適用を受けることができます。

適用要件

$$\frac{雇用者給与等支給額 - 比較雇用者給与等支給額}{比較雇用者給与等支給額} \geqq 1.5\%$$

　当期の雇用者給与等支給額が前期から1.5％以上増加している必要があります。なお、比較雇用者給与等支給額がゼロの場合は要件を満たさないこととされています（措令27の12の5㉔）。

　また、大企業向けの制度の判定とは異なり、継続雇用者を前提とした判定は行いません。

　雇用者給与等支給額とは下記のものをいいます。

雇用者給与等支給額

　法人の適用年度の所得の金額の計算上損金の額に算入される国内雇用者に対する給与等の支給額（その給与等に充てるため他の者から支払を

受ける金額（雇用安定助成金額を除く。）がある場合には、その金額を控除した金額）をいう。

比較雇用者給与等支給額は、下記のものをいいます。

比較雇用者給与等支給額

　法人の適用年度開始の日の前日を含む事業年度（「前事業年度」という。）の所得の金額の計算上損金の額に算入される国内雇用者に対する給与等の支給額をいう。

　ただし、前事業年度の月数と適用年度の月数とが異なる場合には、その月数に応じた一定の調整計算が必要となる。

　また、雇用安定助成金額には、次のものが該当します（措通42の12の5－2の2）。

雇用安定助成金額

(1)　雇用調整助成金、産業雇用安定助成金又は緊急雇用安定助成金の額
(2)　(1)に上乗せして支給される助成金の額その他の(1)に準じて地方公共団体から支給される助成金の額

　この制度の基礎となっている「雇用者給与等支給額」は、国内雇用者に対するものとされており、国内雇用者とは下記の者です。

国内雇用者

　法人の使用人（その法人の役員と特殊の関係のある者及びその法人の使用人としての職務を有する役員を除く。）のうちその法人の有する国内の事業所に勤務する雇用者としてその法人の国内に所在する事業所につき作成された労働基準法第108条に規定する賃金台帳に記載された者をいう。

国内雇用者については下記の点に留意が必要です。

┌─ **国内雇用者の留意点** ─────────────────────
│
│・役員の特殊関係者（親族等）は除かれる。
│
│・使用人兼務役員は除かれる。
│
│・国内の事業所に勤務する雇用者である。
│
│・労働基準法第108条に規定する賃金台帳に記載された者である。
│
│・パート、アルバイト、日雇い労働者を含む。
│
└─────────────────────────────

　そして、雇用者給与等支給額については、下記の点に留意が必要です。

┌─ **雇用者給与等支給額の留意点** ─────────────
│
│・国内雇用者に対する給与等の支給額の総額である。
│
│・適用年度の所得金額の計算上、損金の額に算入されること。
│
│・出向元法人が出向により出向先法人から支払を受ける出向者負担金は
│　控除する。
│
│・出向先法人が出向元法人に支払う出向者負担金は雇用者給与等支給額
│　に含まれる（出向先法人の賃金台帳に当該出向者を記載しているとき）。
│
│・雇用安定助成金は他の者から支払を受ける金額としては控除しない。
│
└─────────────────────────────

　ここで給与等とは、所得税法第28条第1項に規定する給与等とされており、俸給、給料、賃金、歳費及び賞与並びにこれらの性質を有する給与です。残業手当や休日出勤手当、職務手当等のほか地域手当、家族（扶養）手当、住宅手当などの手当は対象となる一方で、退職手当など給与所得とされないものは該当しません。

　ただし、例えば、労働基準法第108条に規定する賃金台帳に記載された支給額（国内雇用者において所得税法上課税されない通勤手当等の額を含む。）のみを対象として「給与等の支給額」を計算するなど、合理的な方法により継続して給与等の支給額を計算している場合には、これが認められます（措通42の12の5－1の4）。

　以上を基に、当期及び前期の雇用者給与等支給額を集計する必要があ

ります。従業員数が多く、他社への出向者がいる場合、逆に出向者の受入れがある場合、海外勤務者がいる場合などは、集計に時間を要することも考えられます。

(6)　税額控除

　中小企業者等は、適用要件を満たす場合には、その事業年度において控除対象雇用者給与等支給増加額（雇用者給与等支給額から比較雇用者給与等支給額を控除した金額をいい、調整雇用者給与等支給増加額を限度とする。）に対して15％（一定の要件を満たす場合は最大40％）を乗じて計算した金額（中小企業者等税額控除限度額）の税額控除の適用を受けることができます。

　ここで、上限となる調整雇用者給与等支給増加額とは、下記の①から②を控除した金額をいいます。

調整雇用者給与等支給増加額

① 雇用者給与等支給額（給与等に充てるための雇用安定助成金額を控除した金額）

② 比較雇用者給与等支給額（給与等に充てるための雇用安定助成金額を控除した金額）

　雇用安定助成金を収受している場合には、調整雇用者給与等支給増加額の算出においては「給与等に充てるために他の者から支払を受ける金額」に含めて計算することとされており、雇用安定助成金額を控除した純額での増加額が上限とされています。

　ただし、中小企業者等税額控除限度額がその事業年度の調整前法人税額の20％に相当する金額を超えるときは、その控除を受ける金額は、その20％に相当する金額が限度とされます。

税額控除額

① 控除対象雇用者給与等支給増加額×15％～40％

② 調整前法人税額×20％

→ ①と②のいずれか少ない額

　この場合に、調整前法人税額の20％を超える金額が生じた場合であっても、その金額を翌事業年度に繰り越すことはできません。

　なお、措置法第42条の12（地方活力向上地域等において雇用者の数が増加した場合の法人税額の特別控除）の規定の適用を受ける場合には、同条の規定による控除を受ける金額の計算の基礎となった者に対する給与等の支給額として一定の計算をした金額を控除する必要があります。

　また、下記の要件を満たす場合には税額控除率を15％から最大40％とする2つの上乗せ措置が置かれています。

① 雇用者給与等支給増加割合が2.5％以上の場合

上乗せ措置①

$$\frac{雇用者給与等支給額－比較雇用者給与等支給額}{比較雇用者給与等支給額} \geq 2.5\% \rightarrow +15\%$$

② 教育訓練費の増加割合が10％以上の場合

上乗せ措置②

$$\frac{教育訓練費の額－比較教育訓練費の額}{比較教育訓練費の額} \geq 10\% \rightarrow +10\%$$

　①の要件では、賃上げ率が2.5％以上という高い率を満たした場合に15％が上乗せとなります（15％＋15％＝30％）。

　②の要件では、教育訓練費が前期比10％以上増加している場合に10％が上乗せとなります（15％＋10％＝25％）。

　また、①と②のいずれも満たす場合には25％が上乗せとなります（15％＋15％＋10％＝40％）。

税額控除率

賃上げ率1.5%以上→15%

賃上げ率2.5%以上→30%

＋　教育訓練費が10%以上増加→ ＋10%

最大40%

　ここで、教育訓練費は、法人がその国内雇用者の職務に必要な技術又は知識を習得させ、又は向上させるために支出する費用として一定のもの（措令27の12の5⑩）とされており、具体的には下記のものをいいます。

教育訓練費

①　法人がその国内雇用者に対して教育、訓練、研修、講習その他これらに類するもの（「教育訓練等」という。）を自ら行う場合
　……次に掲げる費用
　イ　教育訓練等のために講師又は指導者（その法人の役員又は使用人である者を除く。）に対して支払う報酬その他の費用
　ロ　教育訓練等のために施設、設備その他の資産を賃借する場合におけるその賃借に要する費用及びコンテンツの使用料
②　法人から委託を受けた他の者がその法人の国内雇用者に対して教育訓練等を行う場合
　……その教育訓練等のためにその他の者に対して支払う費用
③　法人がその国内雇用者を他の者が行う教育訓練等に参加させる場合
　……その他の者に対して支払う授業料その他の費用

比較教育訓練費

　法人の適用年度開始の日前1年以内に開始した各事業年度の所得の金額の計算上損金の額に算入される教育訓練費の額の合計額を当該1年以内に開始した各事業年度の数で除して計算した金額（適用年度の月数と

異なる場合には一定の調整計算を行った金額）をいう。通常は前期の教育訓練費となる。

　中小企業庁の「中小企業向け賃上げ促進税制ご利用ガイドブック」によると、教育訓練の対象者と教育訓練費の範囲は下記のように記載されています。

教育訓練の対象者

　法人又は個人の国内雇用者。したがって、以下の者は国内雇用者ではないため対象外となります。

① 　当該法人の役員又は個人事業主

② 　使用人兼務役員

③ 　当該法人の役員又は個人事業主の特殊関係者（イ　役員の親族、ロ　事実上婚姻関係と同様の事情にある者、ハ　役員から生計の支援を受けている者、ニ　ロ又はハと生計を一にする親族）

④ 　内定者等の入社予定者

対象となる教育訓練費の範囲

① 　法人等が教育訓練等を自ら行う場合の費用（外部講師謝金等、外部施設使用料等）

イ　法人等がその国内雇用者に対して、外部から講師又は指導員（以下「外部講師等」）を招聘し、講義・指導等の教育訓練等を自ら行う費用であること。

　　⇒講義・指導等の内容は、大学等の教授等による座学研修や専門知識の伝授のほか、技術指導員等による技術・技能の現場指導などを行う場合も対象となります。

　　⇒招聘する外部講師等は、当該法人の役員又は使用人以外の者であること（当該法人の子会社、関連会社等のグループ企業の役員又は使用人でも可）。

　　⇒外部の専門家・技術者に対し、契約により、継続的に講義・指導

　　等の実施を依頼する場合の費用も、対象となります。

ロ　外部講師等に対して支払う報酬、料金、謝金その他これらに類する費用であること。

　⇒講義・指導の対価として外部講師等に支払う報酬等（なお、外部講師等の個人に対して報酬等を直接支払った場合に限らず、法人から講師等の派遣を受けその対価をその法人に支払った場合の費用も対象となります。）。

　⇒講義・指導等の対価として支払う報酬等に限らず、当該法人等が負担する外部講師等の招聘に要する費用（交通費・旅費（宿泊費、食費等を含みます。））も対象となります。

ハ　法人等がその国内雇用者に対して、施設、設備その他資産（以下「施設等」）を賃借又は使用して、教育訓練等を自ら行う費用であること。

　⇒当該法人の子会社、関連会社等のグループ企業の所有する施設等を賃借する場合も対象となります。

　⇒その施設等が普段は生産等の企業活動に用いられている場合であっても、賃借して使用する者が、教育訓練等を行うために賃借等する場合は対象となります。

ニ　施設・備品・コンテンツ等の賃借又は使用に要する費用であること。

　⇒施設・備品等の賃借又は使用の対価として支払う費用（使用料、利用料、賃借料、借上料、レンタル料、リース料等）であること。教育訓練等のために使用されている契約期間であれば、その実際の使用期間に制約されません。

【「施設、設備・コンテンツ等」の主な例示】

　　・施設（例：研修施設、会議室、実習室等）

　　・設備（例：教育訓練用シミュレーター設備等）

　　・器具・備品（例：OHP、プロジェクター、ホワイトボード、パソコン等）

・コンテンツ（例：コンテンツ DVD、e-ラーニング内のコンテンツ等）

ホ　教育訓練等に関する計画又は内容の作成について、外部の専門知識を有する者に委託する費用であること。

②　他の者に委託して当該国内雇用者に対して教育訓練等を行わせる場合の費用（研修委託費）

イ　法人等がその国内雇用者の職務に必要な技術・知識の習得又は向上のため、他の者に委託して教育訓練等を行わせる費用であること。

【「他の者」の主な例示】

・事業として教育訓練を行っている外部教育機関
（民間教育会社、公共職業訓練機関、商工会議所等）

・上記以外の一般企業

・当該法人の子会社、関連会社等グループ内の教育機関、一般企業

ロ　教育訓練等のために他の者に対して支払う費用（講師の人件費、施設使用料等の委託費用）であること。

③　他の者が行う教育訓練等に参加させる場合の費用（外部研修参加費）

イ　法人等がその国内雇用者の職務に必要な技術・知識の習得又は向上のため、他の者が行う教育訓練等に当該国内雇用者を参加させる費用であること。

⇒法人等がその国内雇用者を他の者が行う教育訓練等（研修講座、講習会、研修セミナー、技術指導等）に参加させる費用であること。

⇒法人等が直接又は間接に（国内雇用者を通じて）他の者に対し支払う費用であること（当該国内雇用者が費用の一部を負担する場合は、その負担された金額を教育訓練費から控除します。）。

ロ　他の者が行う教育訓練等に対する対価として当該他の者に支払う授業料、受講料、受験手数料その他の費用であること。

⇒教育訓練等の講座等（研修講座、講習会、研修セミナー、技術指

導等）の授業料、受講料、参加料、指導料等、通信教育に係る費用等（受験手数料は、教育訓練等の一環として各種資格・検定試験が行われる場合に対象となります。）

⇒法人等がその国内雇用者を国内外の大学院コース等に参加させる場合に大学院等に支払う授業料等聴講に要する費用、教科書等の費用（所得税法上、学資金等として給与に該当するものを除きます。）

対象とならない費用

① 法人等がその使用人又は役員に支払う教育訓練中の人件費、報奨金等

② 教育訓練等に関連する旅費、交通費、食費、宿泊費、居住費（研修の参加に必要な交通費やホテル代、海外留学時の居住費等）

③ 福利厚生目的など教育訓練以外を目的として実施する場合の費用

④ 法人等が所有する施設等の使用に要する費用（光熱費、維持管理費等）

⑤ 法人等の施設等の取得等に要する費用（当該施設等の減価償却費も対象となりません。）

⑥ 教材等の購入・製作に要する費用（教材となるソフトウェアやコンテンツの開発費を含みます。）

⑦ 教育訓練の直接費用でない大学等への寄附金、保険料等

（中小企業庁「中小企業向け賃上げ促進税制ご利用ガイドブック」より）

具体例

給与支給額が10,000千円増加した場合

税額控除　　10,000千円×15％＝1,500千円（法人税軽減額）

(7)　事前手続き

事前に必要な手続きは、特にありません。

(8)　申告手続き

　この規定は、確定申告書等（この規定により控除を受ける金額を増加させる修正申告書又は更正請求書を提出する場合には、当該修正申告書又は更正請求書を含む。）にこの規定による控除の対象となる控除対象雇用者給与等支給増加額、控除を受ける金額及び当該金額の計算に関する明細を記載した書類の添付がある場合に限り適用するとされています。具体的には、別表6⒇を作成して提出します。

　この場合において、この規定により控除される金額の計算の基礎となる控除対象雇用者給与等支給増加額は、確定申告書等に添付された書類に記載された控除対象雇用者給与等支給増加額が限度とされます。したがって、当初提出した申告書にこれらの記載がない場合には、その後の修正申告や更正の請求手続きによっては認められません。

提出書類	
別表6⒇	給与等の支給額が増加した場合の法人税額の特別控除に関する明細書
別表6⒇付表1	給与等支給額及び比較教育訓練費の額の計算に関する明細書

　また、税額控除額の計算において教育訓練費に関する上乗せ措置を適用している場合には、下記事項を記載した書類を保存しなければなりません（税務申告時の添付は不要）。

イ　教育訓練等の実施時期

ロ　教育訓練等の内容

ハ　教育訓練等の対象となる国内雇用者の氏名

ニ　その費用を支出した年月日、内容及び金額並びに相手先の氏名又

　　は名称

＊二について、中小企業庁のガイドブックにおいては、「費用を支払った年月日、内容及び金額並びに相手先の氏名又は名称が明記された領収書の写し等」とされています。

【別表6⒆】

<table>
<tr><td colspan="3">給与等の支給額が増加した場合の法人税額の特別控除に関する明細書</td><td>事業年度</td><td>・　・</td><td>法人名</td><td></td><td rowspan="16">別表六（二十六）　令五・四・一以後終了事業年度分</td></tr>
<tr><td>期末現在の資本金の額又は出資金の額</td><td>1</td><td>円</td><td colspan="3">適　　用　　可　　否</td><td>3</td></tr>
<tr><td>期末現在の常時使用する従業員の数</td><td>2</td><td>人</td><td colspan="4"></td></tr>
<tr><td colspan="8" align="center">法　人　税　額　の　特　別　控　除　額　の　計　算</td></tr>
<tr><td>雇用者給与等支給額
（別表六（二十六）付表一「4」）</td><td>4</td><td>円</td><td>控除対象雇用者給与等支給増加額
（(6)と(10)のうち少ない金額）</td><td>19</td><td></td><td>円</td></tr>
<tr><td>比較雇用者給与等支給額
（別表六（二十六）付表一「11」）</td><td>5</td><td></td><td>雇用者給与等支給増加重複控除額
（別表六（二十六）付表二「12」）</td><td>20</td><td></td><td></td></tr>
<tr><td>雇用者給与等支給増加額
(4)－(5)
（マイナスの場合は0）</td><td>6</td><td></td><td>差引控除対象雇用者給与等支給増加額
(19)－(20)
（マイナスの場合は0）</td><td>21</td><td></td><td></td></tr>
<tr><td>雇用者給与等支給増加割合
$\frac{(6)}{(5)}$
（(5)＝0の場合は0）</td><td>7</td><td rowspan="7">税額控除限度額又は中小企業者等税額控除限度額の計算</td><td>第1項適用の場合</td><td>(14)≧4％の場合
0.1</td><td>22</td><td></td></tr>
<tr><td rowspan="3">調整雇用者給与等支給増加額の計算</td><td>調整雇用者給与等支給額
（別表六（二十六）付表一「5」）</td><td>8</td><td>円</td><td>(18)≧20％又は(15)－(17)＞0の場合
0.05</td><td>23</td><td></td></tr>
<tr><td>調整比較雇用者給与等支給額
（別表六（二十六）付表一「12」）</td><td>9</td><td>税額控除限度額
(21)×(0.15＋(22)＋(23))
（(14)＜0.03の場合は0）</td><td>24</td><td></td><td>円</td></tr>
<tr><td>調整雇用者給与等支給増加額
(8)－(9)
（マイナスの場合は0）</td><td>10</td><td rowspan="2">第2項適用の場合</td><td>(7)≧2.5％の場合
0.15</td><td>25</td><td></td></tr>
<tr><td rowspan="3">継続雇用者給与等支給増加割合の計算</td><td>継続雇用者給与等支給額
（別表六（二十六）付表一「19の①」）</td><td>11</td><td>(18)≧10％又は(15)＝(17)＞0の場合
0.05</td><td>26</td><td></td></tr>
<tr><td>継続雇用者比較給与等支給額
（別表六（二十六）付表一「19の②」又は「19の③」）</td><td>12</td><td>中小企業者等税額控除限度額
(21)×(0.15＋(25)＋(26))
（(7)＜0.015の場合は0）</td><td>27</td><td></td><td>円</td></tr>
<tr><td>継続雇用者給与等支給増加額
(11)－(12)
（マイナスの場合は0）</td><td>13</td><td colspan="2">調整前法人税額
（別表一「2」又は別表一の二「2」若しくは「13」）</td><td>28</td><td></td></tr>
<tr><td>継続雇用者給与等支給増加割合の計算</td><td>$\frac{(13)}{(12)}$
（(12)＝0の場合は0）</td><td>14</td><td colspan="2">当期税額基準額
(28)×$\frac{20}{100}$</td><td>29</td><td>円</td></tr>
<tr><td rowspan="4">教育訓練費増加割合の計算</td><td>教育訓練費の額</td><td>15</td><td>円</td><td>当期税額控除可能額
（((24)又は(27))と(29)のうち少ない金額）</td><td>30</td><td></td></tr>
<tr><td>比較教育訓練費の額
（別表六（二十六）付表一「24」）</td><td>16</td><td>調整前法人税額超過構成額
（別表六（六）「8の⑰」）</td><td>31</td><td></td><td></td></tr>
<tr><td>教育訓練費増加額
(15)－(16)
（マイナスの場合は0）</td><td>17</td><td>法人税額の特別控除額
(30)－(31)</td><td>32</td><td></td><td></td></tr>
<tr><td>教育訓練費増加割合
$\frac{(17)}{(16)}$
（(16)＝0の場合は0）</td><td>18</td><td colspan="4"></td></tr>
</table>

【別表6㉖付表1】

給与等支給額及び比較教育訓練費の額の計算に関する明細書

事業年度	・　・ ・　・	法人名	

別表六(二十六)付表一　令五・四・一以後終了事業年度分

雇用者給与等支給額及び調整雇用者給与等支給額の計算

国内雇用者に対する給与等の支給額	(1)の給与等に充てるため他の者から支払を受ける金額	(2)のうち雇用安定助成金額	雇用者給与等支給額 (1)－(2)＋(3) (マイナスの場合は0)	調整雇用者給与等支給額 (1)－(2) (マイナスの場合は0)
1	2	3	4	5
円	円	円	円	円

比較雇用者給与等支給額及び調整比較雇用者給与等支給額の計算

前事業年度	国内雇用者に対する給与等の支給額	(7)の給与等に充てるため他の者から支払を受ける金額	(8)のうち雇用安定助成金額	適用年度の月数 / (6)の前事業年度の月数
6	7	8	9	10
・　・ ・　・	円	円	円	――――

比較雇用者給与等支給額 ((7)－(8)＋(9))×(10) (マイナスの場合は0)	11	円
調整比較雇用者給与等支給額 ((7)－(8))×(10) (マイナスの場合は0)	12	

継続雇用者給与等支給額及び継続雇用者比較給与等支給額の計算

		継続雇用者給与等支給額の計算	継続雇用者比較給与等支給額の計算	
		適用年度	前事業年度	前一年事業年度特定期間
		①	②	③
事業年度等	13		・　・ ・　・	・　・ ・　・
継続雇用者に対する給与等の支給額	14	円	円	円
同上の給与等に充てるため他の者から支払を受ける金額	15			
同上のうち雇用安定助成金額	16			
差引 (14)－(15)＋(16)	17			
適用年度の月数 / (13の③)の月数	18			――――
継続雇用者給与等支給額及び継続雇用者比較給与等支給額 (17)又は((17)×(18))	19			円

比較教育訓練費の額の計算

事業年度		教育訓練費の額	適用年度の月数 / (20)の事業年度の月数	改定教育訓練費の額 (21)×(22)
20		21	22	23
調整対象年度	・　・ ・　・	円	――――	円
	・　・ ・　・		――――	
計				

比較教育訓練費の額 (23の計)÷(調整対象年度数)	24	

【別表 6 ㉖】 記載の仕方

別表六（二十六）の記載の仕方

1 この明細書は、青色申告書を提出する法人が措置法第 42 条の 12 の 5 第 1 項又は第 2 項《給与等の支給額が増加した場合の法人税額の特別控除》の規定の適用を受ける場合に記載します。

2 「適用可否 3」の欄は、次に掲げる場合のいずれかに該当する場合に「可」と記載します。

⑴ 「期末現在の資本金の額又は出資金の額 1」の金額が 10 億円以上であり、かつ、「期末現在の常時使用する従業員の数 2」の数が 1,000 人以上である場合で、措置法令第 27 条の 12 の 5 第 1 項《給与等の支給額が増加した場合の法人税額の特別控除》に規定する事項を公表している場合（同条第 2 項に規定する書類の写しの添付がある場合に該当する場合に限ります。）

⑵ 「期末現在の資本金の額又は出資金の額 1」の金額が 10 億円未満であり、又は「期末現在の常時使用する従業員の数 2」の数が 1,000 人未満である場合

⑶ 措置法第 42 条の 12 の 5 第 2 項の規定の適用を受ける場合

3 「教育訓練費の額 15」の欄は、措置法令第 27 条の 12 の 5 第 12 項に規定する教育訓練費の額を記載します。

【別表 6 ㉖付表 1】記載の仕方

別表六（二十六）付表一の記載の仕方

1　この明細書は、青色申告書を提出する法人が措置法第 42 条の 12 の 5 第 1 項又は第 2 項《給与等の支給額が増加した場合の法人税額の特別控除》の規定の適用を受ける場合に記載します。

2　「前事業年度 6」の月数が 6 月に満たない場合（当該月数が適用年度（措置法第 42 条の 12 の 5 第 3 項第 4 号に規定する適用年度をいいます。4 において同じです。）の月数に満たない場合に限ります。）には、措置法令第 27 条の 12 の 5 第 18 項第 2 号イ《給与等の支給額が増加した場合の法人税額の特別控除》に規定する前一年事業年度（同号イの前事業年度を除きます。）又は令和 2 年 6 月改正令附則第 45 条の 2 第 3 項第 2 号イ《給与等の支給額が増加した場合の法人税額の特別控除に関する経過措置》に規定する連結事業年度等（同号イの連結事業年度を除きます。）の損金の額に算入される給与等（措置法第 42 条の 12 の 5 第 3 項第 3 号に規定する給与等をいいます。以下 2 及び 5 において同じです。）の支給額、その給与等に充てるため他の者（措置法第 42 条の 12 の 5 第 1 項第 2 号に規定する他の者をいいます。）から支払を受ける金額又は措置法第 42 条の 12 の 5 第 3 項第 6 号イに規定する雇用安定助成金額を「7」から「9」までの各欄の上段にそれぞれ外書として記載します。この場合において、「$\frac{適用年度の月数}{（6）の前事業年度の月数}$ 10」の欄中「(6)の前事業年度の月数」とあるのは「前一年事業年度の月数の合計数又は連結事業年度等の月数の合計数」と、「比較雇用者給与等支給額 11」の欄中「(7)−(8)+(9)」とあるのは「((7)+（7 の外書))−((8)+（8 の外書))+((9)+（9 の外書))」と、「調整比較雇用者給与等支給額 12」の欄中「(7)−(8)」とあるのは「((7)+（7 の外書))−((8)+（8 の外書))」として計算します。

3　措置法令第 27 条の 12 の 5 第 19 項又は第 20 項の規定によりみなされた同条第 12 項又は第 14 項の規定の適用を受ける場合における「比較雇用者給与等支給額及び調整比較雇用者給与等支給額の計算」の

各欄の記載に当たっては、次によります。

⑴　「比較雇用者給与等支給額 11」の欄には、措置法第 42 条の 12 の 5 第 3 項第 10 号に規定する比較雇用者給与等支給額を記載します。

⑵　「調整比較雇用者給与等支給額 12」の欄には、措置法令第 27 条の 12 の 5 第 21 項（第 2 号に係る部分に限ります。）の規定により計算した措置法第 42 条の 12 の 5 第 3 項第 6 号ロに掲げる金額を記載します。

4　「継続雇用者給与等支給額及び継続雇用者比較給与等支給額の計算」の各欄は、措置法第 42 条の 12 の 5 第 1 項の規定の適用を受ける場合に記載します。この場合において、当該各欄の記載に当たっては、次に掲げる場合の区分に応じそれぞれ次に定めるところによります。

⑴　当該適用年度の月数と、「事業年度等 13」の「前事業年度②」の月数とが同じ場合　「13」から「19」までの「前一年事業年度特定期間③」の各欄は、記載しません。

⑵　「事業年度等 13」の「前事業年度②」の月数が当該適用年度の月数に満たない場合　「14」から「19」までの「前事業年度②」の各欄は、記載しません。

⑶　「事業年度等 13」の「前事業年度②」の月数が当該適用年度の月数を超える場合　「13」から「19」までの「前一年事業年度特定期間③」の各欄は記載せず、「継続雇用者給与等支給額及び継続雇用者比較給与等支給額 19」の「前事業年度②」の欄には「差引 17」の「前事業年度②」の金額のうち措置法令第 27 条の 12 の 5 第 7 項第 2 号ロに規定する前事業年度特定期間に対応する金額を記載します。

5　「継続雇用者に対する給与等の支給額 14」の欄は、損金の額に算入される措置法第 42 条の 12 の 5 第 3 項第 4 号に規定する継続雇用者に対する給与等の支給額を記載します。

6 「教育訓練費の額 21」の欄は、措置法令第 27 条 　　　　します。
　の 12 の 5 第 12 項に規定する教育訓練費の額を記載

6 中小企業防災・減災投資促進税制（措法44の2）

（制度の概要）

根拠規定	措法44の2
適用法人	中小企業者等で中小企業等経営強化法に規定する事業継続力強化計画の認定を受けたもの（特定中小企業者等）
適用期間	令和元年7月16日から令和7年3月31日（認定）
適用要件	・事業継続力強化計画の認定を受けること ・認定事業継続力強化計画等に記載された特定事業継続力強化設備等であること ・認定日から1年以内に設備等を取得・事業供用すること
適用対象資産	認定事業継続力強化計画等に記載された機械装置、器具備品及び建物附属設備（特定事業継続力強化設備等）
優遇内容	取得価額の18%（令和7年4月1日以後取得は16%）相当額の特別償却
事前手続	事業継続力強化計画の認定

(1)　制度の内容

　青色申告書を提出する法人で中小企業者等のうち令和元年7月16日から令和7年3月31日までの間に、中小企業等経営強化法の認定を受けた同法第2条第1項の中小企業者に該当するもの（「特定中小企業者等」という。）が、その認定を受けた日から1年を経過する日までの間に、認定事業継続力強化計画等に記載された特定事業継続力強化設備等でその製作もしくは建設の後事業の用に供されたことのないものを取得し、又は製作し、もしくは建設して、これをその特定中小企業者等の事業の用に供した場合には、その用に供した日を含む事業年度のその特定事業継続力強化設備等の取得価額の18%（令和7年4月1日以後に取得等したものは16%）に相当する金額の特別償却を適用することができます。なお、税額控除の取扱いはありません。また、国等からの補助金等をもっ

て取得等したものについては適用がありません。

　中小企業が単独で行う「事業継続力強化計画」や複数の中小企業が連携して行う「連携事業継続力強化計画」を経済産業大臣が認定する制度のもとで、認定事業者は防災・減災設備への投資に対して特別償却という税制優遇が認められる制度です。

(2)　適用対象法人

　この規定の適用を受けることができる法人は、青色申告書を提出する法人で、「中小企業者」又は「これに準ずるものとして政令で定める法人であるもの」のうち令和元年7月16日から令和7年3月31日までの間に中小企業等経営強化法第56条第1項又は第58条第1項の認定を受けた同法第2条第1項に規定する中小企業者に該当するもの（「特定中小企業者等」という。）とされています。

①　中小企業者

　措置法第42条の4第19項第7号に規定する中小企業者とされています。

　ただし、次の法人は適用を受けることができません。

適用制限

適用除外事業者に該当する中小企業者（措法42の4⑲八）

　適用除外事業者（前3事業年度の所得金額の平均額が15億円を超える法人）については、少額減価償却資産の特例（措法67の5）と同様です。

②　①に準ずるもの

　中小企業者に準ずるものとして政令で定めるものは、下記の法人です（措令28の5①）。

・事業協同組合
・協同組合連合会

　　・水産加工業協同組合

　　・水産加工業協同組合連合会

　　・商店街振興組合

③　**中小企業等経営強化法第2条第1項に規定する中小企業者**

　この規定の適用を受けるには、中小企業等経営強化法第2条第1項の中小企業者に該当する必要があり、下記の法人とされています。

　「中小企業者」とは、次の各号のいずれかに該当する者をいう。

一　資本金の額又は出資の総額が3億円以下の会社並びに常時使用する従業員の数が300人以下の会社及び個人であって、製造業、建設業、運輸業その他の業種（次号から第4号までに掲げる業種及び第5号の政令で定める業種を除く。）に属する事業を主たる事業として営むもの

二　資本金の額又は出資の総額が1億円以下の会社並びに常時使用する従業員の数が100人以下の会社及び個人であって、卸売業（第5号の政令で定める業種を除く。）に属する事業を主たる事業として営むもの

三　資本金の額又は出資の総額が5,000万円以下の会社並びに常時使用する従業員の数が100人以下の会社及び個人であって、サービス業（第5号の政令で定める業種を除く。）に属する事業を主たる事業として営むもの

四　資本金の額又は出資の総額が5,000万円以下の会社並びに常時使用する従業員の数が50人以下の会社及び個人であって、小売業（次号の政令で定める業種を除く。）に属する事業を主たる事業として営むもの

五　資本金の額又は出資の総額がその業種ごとに政令で定める金額以下の会社並びに常時使用する従業員の数がその業種ごとに政令で定める数以下の会社及び個人であって、その政令で定める業種に属す

　　　る事業を主たる事業として営むもの

　　六　企業組合

　　七　協業組合

　　八　事業協同組合、事業協同小組合、商工組合、協同組合連合会その
　　　　他の特別の法律により設立された組合及びその連合会であって、政
　　　　令で定めるもの

④　中小企業等経営強化法の認定

　この規定を受けるための特定中小企業者等に該当するためには、中小企業等経営強化法第56条第1項（事業継続力強化計画の認定）又は第58条第1項（連携事業継続力強化計画の認定）の認定を受ける必要があります。この認定を受けた者が、「特定中小企業者等」となります。

(3)　中小企業者の判定時期

　「中小企業者」に該当する法人であるかどうかは、特定事業継続力強化設備等の取得等をした日及び事業の用に供した日の現況によって判定します（措通44の2－1）。

(4)　適用期間

　中小企業の事業活動の継続に資するための中小企業等経営強化法等の一部を改正する法律の施行の日から令和7年3月31日までの期間内に中小企業等経営強化法の認定を受ける必要があります。

　この法律の施行日は令和元年7月16日であるため、令和元年7月16日から令和7年3月31日までとなります。

　その後、認定を受けた日から同日以後1年を経過する日までの間に、特定事業継続力強化設備等を取得し、又は製作し、もしくは建設して、これを事業の用に供した場合に適用を受けることができます。

(5)　適用要件

下記の適用要件を満たした場合に、特別償却が認められます。

---

① 　中小企業者等が、中小企業等経営強化法第56条第１項又は第58条第
１項の認定を受けること
② 　認定事業継続力強化計画等に記載された特定事業継続力強化設備等
であること
③ 　認定日から１年以内に特定事業継続力強化設備等を取得・事業供用
すること

---

(6)　適用対象資産

適用対象となる特定事業継続力強化設備等は、認定事業継続力強化計
画等に係る事業継続力強化設備等としてその認定事業継続力強化計画等
に記載された機械及び装置、器具及び備品並びに建物附属設備（一定の
規模のものに限る。）で、その製作もしくは建設の後事業の用に供された
ことのないもの（新品）です。

対象資産

設備の種類	取得価額
機械装置	１台又は１基100万円以上
器具備品	１台又は１基30万円以上
建物附属設備	１つの設備で60万円以上

対象設備の種類等

対象設備の種類等は、中小企業等経営強化法施行規則第29条の規定に
基づき、自然災害（「器具及び備品」については、自然災害又は感染症）の
発生が事業活動に与える影響の軽減に資する機能を有する減価償却資産
のうち、次に掲げるものとされます。

減価償却資産の種類	対象となるものの用途又は細目
機械及び装置^(※) （100万円以上）	自家発電設備、浄水装置、揚水ポンプ、排水ポンプ、耐震・制震・免震装置 （これらと同等に、自然災害の発生が事業活動に与える影響の軽減に資する機能を有するものを含む。）
器具及び備品^(※) （30万円以上）	自然災害：全ての設備 感染症：サーモグラフィ装置 （同等に、感染症の発生が事業活動に与える影響の軽減に資する機能を有するものを含む。）
建物附属設備 （60万円以上）	自家発電設備、キュービクル式高圧受電設備、変圧器、配電設備、電力供給自動制御システム、照明設備、無停電電源装置、貯水タンク、浄水装置、排水ポンプ、揚水ポンプ、格納式避難設備、止水板、耐震・制震・免震装置、架台（対象設備をかさ上げするために取得等をするものに限る。）、防水シャッター （これらと同等に、自然災害の発生が事業活動に与える影響の軽減に資する機能を有するものを含む。）

（※）　機械装置、器具備品には、「対象となるものの用途又は細目」欄に掲げる対象設備をかさ上げするための架台で、資本的支出により取得等をするものを含みます。
　　　（中小企業庁「中小企業防災・減災投資促進税制の運用に係る実施要領」より）

　なお、設備の取得等に充てるための国又は地方公共団体の補助金又は給付金その他これらに準ずるもの（「補助金等」という。）の交付を受けた法人が、その補助金等をもって取得等した補助金等の交付の目的に適合した設備については適用がありません（措法44の２②）。

┌─ **対象とならない資産** ──────────────────
・消防法及び建築基準法に基づき設置が義務づけられている設備
・中古品、所有権移転外リースによる貸付資産
・設備の取得等に充てるための国又は地方公共団体の補助金等の交付を受けて取得等をする設備
└────────────────────────────

　　　（中小企業庁「中小企業防災・減災投資促進税制の運用に係る実施要領」より）

(7)　特別償却

特定事業継続力強化設備等を事業の用に供した事業年度において特別償却の適用を受けることができます。

特定事業継続力強化設備等の特別償却限度額は、取得価額の18%（令和7年4月1日以後に取得等したものは16%）相当額です。

特別償却限度額

特別償却限度額＝取得価額×18%※

※　令和7年4月1日以後に取得等したものは16%

なお、特別償却は、原則として償却費として損金経理する必要があります。ただし、償却限度額まで減価償却費を計上しなかった場合（償却不足額が生じた場合）には、その償却不足額を翌事業年度に繰り越すことができます。

また、特別償却の適用を受けることに代えて、特別償却限度額以下の金額を損金経理により特別償却準備金として積み立てる方法又はその事業年度の決算確定日までに剰余金の処分により特別償却準備金として積み立てる方法により損金の額に算入することも認められます。

具体例

設備投資を10,000千円行った場合

特別償却　10,000千円×18%＝1,800千円

1,800千円×23.2%＝417.6千円（法人税軽減額）

（法人税率は原則税率を使用している。）

(8)　重複適用

1つの減価償却資産について、2以上の特別償却・税額控除に係る税制の適用を受けることはできません。

(9) ファイナンス・リースの場合

　特定中小企業者等が所有権移転外リース取引により取得した特定事業継続力強化設備等については、特別償却は適用できません。

リースの場合の適用関係

	特別償却	税額控除
所有権移転リース	○	-
所有権移転外リース	×	-

　なお、オペレーティング・リースの場合には、特別償却の適用はありません。

(10) 事前手続き

　中小企業等経営強化法による事業継続力強化計画の認定を受ける必要があります（詳細は第4章）。

手続きの流れ

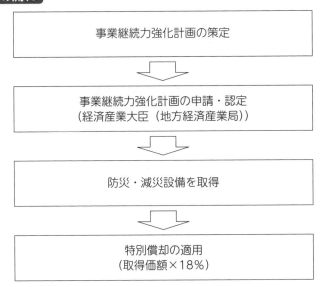

(11) 申告手続き

　特別償却の適用を受けるためには、確定した決算において償却費とし

て損金経理する必要があります。そして別表16(1)又は別表16(2)とともに確定申告書等に特定事業継続力強化設備等の償却限度額の計算に関する明細書の添付がある場合に限り適用するとされています。具体的には、特別償却の付表を作成して提出します。

　なお、特別償却の適用を受けることに代えて、特別償却限度額以下の金額を損金経理により特別償却準備金として積み立てる方法又はその事業年度の決算確定日までに剰余金の処分により特別償却準備金として積み立てる方法により損金の額に算入することも認められます。この適用を受けるには、確定申告書等に特別償却準備金として積み立てた金額の損金算入に関する申告の記載をし、その積み立てた金額の計算に関する明細書を添付する必要があります。

┌─ 提出書類 ─────────────────────────┐
　特別償却の付表　特定事業継続力強化設備等の特別償却
└───────────────────────────────┘

【特別償却の付表】

特別償却等の償却限度額の計算に関する付表

事業年度 又は連結 事業年度	・ ・	法人名	（　　　　）

特別償却の付表

（特別償却又は割増償却の名称） 該　当　条　項	1	（　　　　　） （　　　　　　　）措置法・震災特例法 （　　）条（の　）第（　）項（　）号（　）	（　　　　　） （　　　　　　　）措置法・震災特例法 （　　）条（の　）第（　）項（　）号（　）
事　業　の　種　類	2		
（機械・装置の耐用年数表等の番号） 資　産　の　種　類	3	（　　　　　　　）	（　　　　　　　）
構造、用途、設備の種類又は区分	4		
細　　　　　　　　　目	5		
取　得　等　年　月　日	6	・　　・	・　　・
事業の用に供した年月日 又　は　支　出　年　月　日	7	・　　・	・　　・
取　得　価　額　又　は　支　出　金　額	8	円	円
対象となる取得価額又は支出金額	9	円	円
普　通　償　却　限　度　額	10	円	円
特別償却率又は割増償却率	11	$\frac{}{100}$	$\frac{}{100}$
特別償却限度額又は割増償却限度額 ((9)-(10))、((9)×(11)) 又は((10)×(11))	12	円	円
償却・準備金方式の区分	13	償却・準備金	償却・準備金
適用要件等	資産の取得価額等の合計額	14	円	円
	区　域　の　名　称　等	15		
	認　定　等　年　月　日	16	・　・（　　） ・　・（　　）	・　・（　　） ・　・（　　）
	その他参考となる事項	17		

中小企業者又は中小連結法人の判定

		大規模法人の保有する株式数等の明細	順位	大規模法人		株式数又は 出資金の額
発行済株式又は出資の 総　数　又　は　総　額	18		1		26	
(18)のうちその有する自己の株式 又は出資の総数又は総額	19				27	
差　引(18)-(19)	20				28	
常時使用する従業員の数	21	人			29	
大規模法人の保有株式の割合	第1順位の株式数又は 出資金の額　(26)	22				30	
	保有割合 $\frac{(22)}{(20)}$	23	％			31	
	大規模法人の保有する 株式数等の計　(32)	24			計 (26)+(27)+(28)+(29)+(30)+(31)	32	
	保有割合 $\frac{(24)}{(20)}$	25	％				

【特別償却の付表の記載項目等一覧表】

番号		13
「該当条項 1」の上段	①	特定事業継続力強化設備等の特別償却
「該当条項 1」の中段・下段		措置法44の 2 ①
「取得価額又は支出金額 8」	②	次の減価償却資産の区分に応じ、次の取得価額要件を満たすものである必要があります。 (1)　機械及び装置…1 台又は 1 基の取得価額が100万円以上のもの (2)　器具及び備品…1 台又は 1 基の取得価額が30万円以上のもの (3)　建物附属設備…一の建物附属設備の取得価額が60万円以上のもの
「対象となる取得価額又は支出金額 9」	③	「8」の金額を記載します。
「特別償却率又は割増償却率11」の分子の空欄	④	(1)　令和 7 年 4 月 1 日以後に取得等をする特定事業継続力強化設備等…「16」 (2)　令和 5 年 4 月 1 日から令和 7 年 3 月31日までの間に取得等をする特定事業継続力強化設備等…「18」 (3)　(1)及び(2)以外の特定事業継続力強化設備等…「20」
「資産の取得価額等の合計額14」	⑤	
「区域の名称等15」	⑥	
「認定等年月日16」	⑦	事業継続力強化計画又は連携事業継続力強化計画について、中小企業等経営強化法第56条第 1 項又は第58条第 1 項の経済産業大臣による認定を受けた年月日を記載し、（　）内に認定と記載します。
「その他参考となる事項17」	⑧	(1)　⑦の認定を受けた計画の区分に応じ、それぞれ「事業継続力強化計画」又は「連携事業継続力強化計画」と記載します。 (2)　補助金等をもってその補助金等の交付の目的に適合した特定事業継続力強化設備等の取得等をした場合には、その補助金等の受領の事実の有無の区分に応じ、「補助金等受領有」又は「補助金等受領無」と記載します。 　　なお、「補助金等受領有」の場合には、その特定事業継続力強化設備等について、この制度の適用はありません。

（国税庁ホームページより）

7 地域未来投資促進税制（措法42の11の2）

（制度の概要）

根拠規定	措法42の11の2
適用法人	青色申告法人で地域未来投資促進法による承認地域経済牽引事業者
適用期間	平成29年7月31日から令和7年3月31日
適用要件	承認地域経済牽引事業者が指定期間内に承認地域経済牽引事業計画に従って特定地域経済牽引事業施設等を構成する特定事業用機械等を取得等すること
適用対象資産	特定地域経済牽引事業施設等を構成する機械及び装置、器具及び備品、建物及びその附属設備並びに構築物（特定事業用機械等）で、その取得価額の合計額が2,000万円以上のもの
優遇内容	特別償却又は特別控除の選択適用
特別償却	基準取得価額の20％・40％・50％相当額
特別控除	基準取得価額の2％・4％・5％相当額 ただし、法人税額の20％が限度
事前手続	地域経済牽引事業計画の認定

(1) 制度の内容

　青色申告書を提出する法人で地域未来投資促進法（地域経済牽引事業の促進による地域の成長発展の基盤強化に関する法律）第25条に規定する承認地域経済牽引事業者であるものが、指定期間内に、その法人の行う承認地域経済牽引事業に係る促進区域内において承認地域経済牽引事業に係る承認地域経済牽引事業計画に従って特定地域経済牽引事業施設等の新設又は増設をする場合において、その新設もしくは増設に係る特定地域経済牽引事業施設等を構成する特定事業用機械等でその製作もしくは建設の後事業の用に供されたことのないものを取得し、又は製作し、もしくは建設して、これをその承認地域経済牽引事業の用に供したときは、その事業の用に供した日を含む事業年度において特定事業用機械等

の基準取得価額に一定割合を乗じた金額相当額の特別償却又は税額控除
が認められています。

　この制度は、まず国の基本方針に基づき市町村及び都道府県が基本計
画を策定して国がこれに同意します。同意された基本計画に基づき、事
業者が策定する地域経済牽引事業計画を都道府県知事が承認します。そ
して、その承認後、先進性等に関する主務大臣による確認を受けた後に
設備等の取得を行った場合に、税制措置が認められる制度です。

(2)　適用対象法人

　適用対象法人は、青色申告書を提出する法人で地域未来投資促進法第
25条に規定する承認地域経済牽引事業者です。ただし、この税制の適用
を受けるには、承認地域経済牽引事業が地域の成長発展の基盤強化に特
に資するものとして主務大臣が定める基準に適合することについて主務
大臣の確認を受けた法人に限られます。

　資本金の大小には関係なく、上記の法人であれば税制の適用を受ける
ことができます。

(3)　適用期間

　企業立地の促進等による地域における産業集積の形成及び活性化に関
する法律の一部を改正する法律の施行の日である平成29年7月31日から
令和7年3月31日までの期間（指定期間）内に取得し、又は製作し、も
しくは建設して、これをその承認地域経済牽引事業の用に供する必要が
あります。

　ただし、解散（合併による解散を除く。）の日を含む事業年度及び清算
中の各事業年度は適用できません。

適用できない事業年度

①　解散（合併による解散を除く。）の日を含む事業年度

②　清算中の各事業年度

　また、大企業等（法人のうち中小企業者（適用除外事業者に該当するものを除く。）又は農業協同組合等を除く。）は、下記のいずれにも該当しない場合（その事業年度の所得の金額が前事業年度の所得の金額以下である場合等を除く。）には、この税制による税額控除の規定が適用できないこととされています（措法42の13⑤）。

> ①　継続雇用者給与等支給額が継続雇用者比較給与等支給額を超えること等。
> ②　対象年度において取得等をした国内資産の取得価額の合計額がその有する減価償却資産につき対象年度において、償却費として損金経理をした金額の合計額の30％を超えること。

　中小企業者等は、上記2要件を満たす必要はありませんので、中小企業者等を優遇する税制になっています。

(4)　適用要件

　下記の適用要件を満たした場合に、特別償却又は税額控除が認められます。

適用要件

> ①　承認地域経済牽引事業者であること
> ②　承認地域経済牽引事業に係る促進区域内において承認地域経済牽引事業に係る承認地域経済牽引事業計画に従って特定地域経済牽引事業施設等の新設又は増設をすること
> ③　地域の成長発展の基盤強化に特に資するものとして主務大臣が定める基準に適合することについて主務大臣の確認を受けること
> ④　中小企業者等以外の法人では、賃上げ又は設備投資要件を満たすこと

(5)　適用対象資産

　適用対象となる資産は、新設又は増設に係る特定地域経済牽引事業施設等を構成する機械及び装置、器具及び備品、建物及びその附属設備並びに構築物（特定事業用機械等）で、その製作もしくは建設の後事業の用に供されたことのないものを取得し、又は製作し、もしくは建設して、これをその承認地域経済牽引事業の用に供したものです。

　特定地域経済牽引事業施設等は、１つの承認地域経済牽引事業計画に定められた施設又は設備で、取得価額の合計額が2,000万円以上である必要があります。

適用対象資産

	資産の種類	取得価額
特定事業用機械等	機械装置	取得価額の合計額が 2,000万円以上
	器具備品	
	建物及びその附属設備	
	構築物	

　なお、新品の資産のみが対象となっており、中古品は対象になりません。

　また、貸付けの用に供したものも対象になりません。ただし、承認地域経済牽引事業者が、その取得等をした特定事業用機械等を自己の下請業者に貸与した場合において、その特定事業用機械等が促進区域内において専らその承認地域経済牽引事業者の承認地域経済牽引事業のためにする製品の加工等の用に供されるものであるときは、その特定事業用機械等はその承認地域経済牽引事業者の営む承認地域経済牽引事業の用に供したものとされます（措通42の11の２－４）。

(6)　特別償却・税額控除

　特定事業用機械等を事業の用に供した事業年度において特別償却又は税額控除のいずれかの適用を受けることができます。

① 特別償却

特定事業用機械等の特別償却限度額は、基準取得価額に一定の割合を乗じて計算した金額です。

基準取得価額とは、その特定事業用機械等に係る一の特定地域経済牽引事業施設等を構成する機械装置、器具備品、建物及びその附属設備並びに構築物の取得価額を指しますが、その取得価額の合計額が80億円を超える場合には、80億円にその特定事業用機械等の取得価額がその合計額のうちに占める割合を乗じて計算した金額をいいます。

特別償却限度額

資産の種類	特別償却限度額
機械装置、器具備品	基準取得価額×40% （特定法人は50%）（注）
建物及びその附属設備、構築物	基準取得価額×20%

（注）　特定法人の場合

平成31年4月1日以後に地域未来投資促進法第13条第4項又は第7項の規定による承認を受けた法人（「特定法人」という。）が、その承認地域経済牽引事業（地域の成長発展の基盤強化に著しく資するものとして経済産業大臣が財務大臣と協議して定める基準に適合することについて主務大臣の確認を受けたものに限る。税額控除においても同様。）の用に供したものについては50%となります。

なお、特別償却は、原則として償却費として損金経理する必要があります。ただし、償却限度額まで減価償却費を計上しなかった場合（償却不足額が生じた場合）には、その償却不足額を翌事業年度に繰り越すことができます。

また、特別償却の適用を受けることに代えて、特別償却限度額以下の金額を損金経理により特別償却準備金として積み立てる方法又はその事業年度の決算確定日までに剰余金の処分により特別償却準備金として積み立てる方法により損金の額に算入することも認められます。

② 税額控除

事業供用した年度の法人税額から特定事業用機械等の基準取得価額（特別償却と同様）に一定の割合を乗じた金額の合計額（税額控除限度

額）が控除されます。

　ただし、事業供用年度における税額控除限度額が、事業供用年度の所得に対する調整前法人税額の20％に相当する金額を超えるときは、その控除を受ける金額は、その20％に相当する金額が限度とされます。

税額控除額

資産の種類	税額控除額
機械装置、器具備品	基準取得価額×4％ （特定法人の場合には5％）（注）
建物及びその附属設備、構築物	基準取得価額×2％

（注）　特定法人の場合
　　　平成31年4月1日以後に特定法人がその承認地域経済牽引事業の用に供したもの（特別償却と同様）については5％となります。

　なお、税額控除限度額のうち調整前法人税額×20％を超える金額については、翌事業年度に繰り越すことはできません。

具体例

設備投資（機械装置）を10,000千円行った場合
①　特別償却　10,000千円×40％＝4,000千円
　　　　　　　4,000千円×23.2％＝928千円（法人税軽減額）
②　税額控除　10,000千円×4％＝400千円（法人税軽減額）
（法人税率は原則税率を適用している。）

(7)　重複適用

　1つの減価償却資産について、この制度の特別償却と税額控除の重複適用はできません。また、2以上の特別償却・税額控除に係る税制の適用を受けることはできません。

(8) ファイナンス・リースの場合

　法人が所有権移転外リース取引により取得した特定事業用機械等については、税額控除は適用できますが特別償却は適用できません。所有権移転リースの場合には、いずれの規定も適用することができます。

リースの場合の適用関係

	特別償却	税額控除
所有権移転リース	○	○
所有権移転外リース	×	○

　なお、オペレーティング・リースの場合には、特別償却・税額控除のいずれも適用になりません。

(9) 事前手続き

　地域未来投資促進法による地域経済牽引事業計画の認定を受ける必要があります（詳細は第4章）。

手続きの流れ

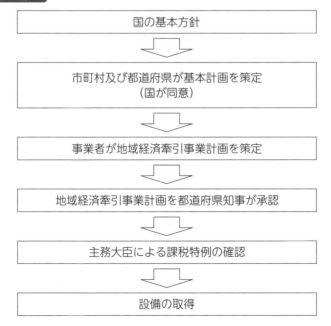

国の基本方針

↓

市町村及び都道府県が基本計画を策定
（国が同意）

↓

事業者が地域経済牽引事業計画を策定

↓

地域経済牽引事業計画を都道府県知事が承認

↓

主務大臣による課税特例の確認

↓

設備の取得

⑽　申告手続き

①　特別償却

　特別償却の適用を受けるためには、確定した決算において償却費として損金経理する必要があります。そして別表16⑴又は別表16⑵とともに確定申告書等に特定事業用機械等の償却限度額の計算に関する明細書の添付がある場合に限り適用するとされています。具体的には、特別償却の付表を作成して提出します。

　なお、特別償却の適用を受けることに代えて、特別償却限度額以下の金額を損金経理により特別償却準備金として積み立てる方法又はその事業年度の決算確定日までに剰余金の処分により特別償却準備金として積み立てる方法により損金の額に算入することも認められます。この適用を受けるには、確定申告書等に特別償却準備金として積み立てた金額の損金算入に関する申告の記載をし、その積み立てた金額の計算に関する明細書を添付する必要があります。

提出書類

　特別償却の付表　地域経済牽引事業の促進区域内における特定事業用
　　　　　　　　　機械等の特別償却

【特別償却の付表】

特別償却等の償却限度額の計算に関する付表		事業年度 又は連結 事業年度	・　・ 	法人名	（ 　　　　　　　　　　　）

（特別償却又は割増償却の名称） 該　当　条　項	1	（ （　）条（の　）措置法・震災特例法 （　）条（の　）第（　）項（　）号（　）		（ （　）条（の　）措置法・震災特例法 　　　　第（　）項（　）号（　）
事　業　の　種　類	2			
（機械・装置の耐用年数表等の番号） 資　産　の　種　類	3	（　　　　　　　　　　　　）		（　　　　　　　　　　　　）
構造、用途、設備の種類又は区分	4			
細　　　　　　　　　目	5			
取　得　等　年　月　日	6	・　　・		・　　・
事業の用に供した年月日 又　は　支　出　年　月　日	7	・　　・		・　　・
取得価額又は支出金額	8	円		円
対象となる取得価額又は支出金額	9	円		円
普　通　償　却　限　度　額	10	円		円
特別償却率又は割増償却率	11	$\frac{\quad}{100}$		$\frac{\quad}{100}$
特別償却限度額又は割増償却限度額 （⑼×⑽）、（⑼×⑾）又は（⑽×⑾）	12	円		円
償却・準備金方式の区分	13	償却・準備金		償却・準備金
適用要件等	資産の取得価額等の合計額	14	円		円
	区　域　の　名　称　等	15			
	認　定　等　年　月　日	16	・　・　（　　　）		・　・　（　　　）
			・　・　（　　　）		・　・　（　　　）
	その他参考となる事項	17			

中　小　企　業　者　又　は　中　小　連　結　法　人　の　判　定							
発行済株式又は出資の 総　数　又　は　総　額	18		大規模法人の株式数等の保有する者の明細	順位	大　規　模　法　人		株式数又は 出資金の額
⒅のうちその有する自己の株式 又は出資の総数又は総額	19			1		26	
差　引 ⒅－⒆	20					27	
常時使用する従業員の数	21	人				28	
大規模法人の株式数等の保有割合	第1順位の株式数又は 出資の額　⒂	22				29	
	保　有　割　合 $\frac{⑳}{⑳}$	23	％			30	
	大規模法人の保有する 株式数等の計　⑳	24				31	
	保　有　割　合 $\frac{㉔}{⑳}$	25	％		計 ㉖＋㉗＋㉘＋㉙＋㉚＋㉛	32	

【特別償却の付表の記載項目等一覧表】

番号		4
「該当条項1」の上段	①	地域経済牽引事業の促進区域内における特定事業用機械等の特別償却
「該当条項1」の中段・下段		措置法42の11の2①
「取得価額又は支出金額8」	②	一の承認地域経済牽引事業計画に定められた施設又は設備を構成する法人税法施行令第13条各号に掲げる資産の取得価額の合計額が2,000万円以上のものであるという取得価額の合計額の要件を満たすものである必要があります。 取得価額の合計額により要件を満たすものは、「資産の取得価額等の合計額14」にその合計額を記載します。
「対象となる取得価額又は支出金額9」	③	(1) (2)以外の場合…「8」の金額 (2) 適用を受ける一の特定地域経済牽引事業施設等を構成する機械及び装置、器具及び備品、建物及びその附属設備並びに構築物の取得価額の合計額が80億円を超える場合…「14」のうちに占める個々の特定事業用機械等の「8」の金額の割合を80億円に乗じて計算した金額
「特別償却率又は割増償却率11」の分子の空欄	④	(1) 平成31年4月1日以後に地域経済牽引事業の促進による地域の成長発展の基盤強化に関する法律第13条第4項又は第7項の規定による承認を受けた法人が承認地域経済牽引事業（地域の成長発展の基盤強化に著しく資するものとして経済産業大臣が財務大臣と協議して定める基準に適合することについて主務大臣の確認を受けたものに限ります。）の用に供した機械及び装置並びに器具及び備品…「50」 (2) 機械及び装置並びに器具及び備品（(1)に該当するものを除きます。）…「40」 (3) 建物及びその附属設備並びに構築物…「20」
「資産の取得価額等の合計額14」	⑤	次の場合に、その合計額を記載します。 (1) 取得価額の合計額により要件を満たす場合 (2) 取得価額の合計額が上限額（80億円）を超える場合
「区域の名称等15」	⑥	地域経済牽引事業の促進区域の名称
「認定等年月日16」	⑦	(1) 承認地域経済牽引事業計画について、都道府県知事又は主務大臣の承認を受けた年月日を記載し、（　）内に承認と記載します。 (2) 地域経済牽引事業の促進による地域の成長発展の基盤強化に関する法律第25条に規定する承認地域経済牽引事業について、主務大臣の確認を受けた年月日を記載し、（　）内に確認と記載します。

番号		4
「その他参考となる事項17」	⑧	その減価償却資産の属する一の特定地域経済牽引事業施設等について、新設又は増設の区分を記載します。

（国税庁ホームページより）

②　税額控除

　この規定は、確定申告書等（この規定により控除を受ける金額を増加させる修正申告書又は更正請求書を提出する場合には、当該修正申告書又は更正請求書を含む。）にこの規定による控除の対象となる特定事業用機械等の取得価額、控除を受ける金額及び当該金額の計算に関する明細を記載した書類の添付がある場合に限り適用するとされています。具体的には、別表６(21)を作成して提出します。

　この場合において、この規定により控除される金額の計算の基礎となる特定事業用機械等の取得価額は、確定申告書等に添付された書類に記載された特定事業用機械等の取得価額が限度とされます。したがって、当初提出した申告書にこれらの記載がない場合には、その後の修正申告や更正の請求手続きによっては認められません。

提出書類

　別表６(21)　地域経済牽引事業の促進区域内において特定事業用機械等
　　　　　　　を取得した場合の法人税額の特別控除に関する明細書

【別表6⑵】

<table>
<tr><td colspan="3">地域経済牽引事業の促進区域内において特定事業
用機械等を取得した場合の法人税額の特別控除に
関する明細書</td><td>事　業
年　度</td><td>・　・
・　・</td><td>法人名</td><td></td><td>別表六（二十一）

令五・四・一以後終了事業年度分</td></tr>
<tr><td colspan="7" align="center">特　定　税　額　控　除　規　定　の　適　用　可　否</td><td></td></tr>
<tr><td colspan="3">促　　　進　　　区　　　域</td><td>1</td><td colspan="4"></td></tr>
<tr><td colspan="3">承認地域経済牽引事業の内容</td><td>2</td><td colspan="4"></td></tr>
<tr><td rowspan="8">資

産

区

分</td><td colspan="2">種　　　　　　　　　類</td><td>3</td><td colspan="4"></td></tr>
<tr><td colspan="2">構造、用途、設備の種類又は区分</td><td>4</td><td colspan="4"></td></tr>
<tr><td colspan="2">細　　　　　　　　　目</td><td>5</td><td colspan="4"></td></tr>
<tr><td colspan="2">取　得　年　月　日</td><td>6</td><td>・・</td><td>・・</td><td>・・</td><td>・・</td></tr>
<tr><td colspan="2">承認地域経済牽引事業の
用に供した年月日</td><td>7</td><td>・・</td><td>・・</td><td>・・</td><td>・・</td></tr>
<tr><td rowspan="3">取
得
価
額</td><td>取得価額又は製作価額</td><td>8</td><td>円</td><td>円</td><td>円</td><td>円</td></tr>
<tr><td>法人税法上の圧縮記帳による
積　立　金　計　上　額</td><td>9</td><td colspan="4"></td></tr>
<tr><td>差　引　改　定　取　得　価　額
(8) － (9)</td><td>10</td><td colspan="4"></td></tr>
<tr><td colspan="7" align="center">法　人　税　額　の　特　別　控　除　額　の　計　算</td><td></td></tr>
<tr><td colspan="3">取　得　価　額　の　合　計　額

（(10) の 合 計）</td><td>11</td><td>円</td><td>調　整　前　法　人　税　額
(別表一「2」又は別表一の二「2」若しくは「13」)</td><td>15</td><td>円</td></tr>
<tr><td colspan="3">同上のうち機械及び装置並びに
器　具　及　び　備　品　に　係　る　額</td><td>12</td><td></td><td>当　期　税　額　基　準　額

(15) × $\frac{20}{100}$</td><td>16</td><td></td></tr>
<tr><td colspan="3">同上のうち地域の成長発展の
基盤強化に著しく資する事業
の用に供したものに係る額</td><td>13</td><td></td><td>当　期　税　額　控　除　可　能　額

((14) と (16) のうち少ない金額)</td><td>17</td><td></td></tr>
<tr><td colspan="3">税　額　控　除　限　度　額
((12) － (13)) × $\frac{4}{100}$ ＋ (13) × $\frac{5}{100}$ ＋ ((11) －
(12)) × $\frac{2}{100}$</td><td>14</td><td></td><td>調整前法人税額超過構成額
(別表六（六）「8の⑩」)</td><td>18</td><td></td></tr>
<tr><td colspan="5"></td><td>法　人　税　額　の　特　別　控　除　額
(17) － (18)</td><td>19</td><td></td></tr>
<tr><td colspan="8" align="center">機　械　設　備　等　の　概　要</td></tr>
<tr><td colspan="8" height="120"></td></tr>
</table>

159

【別表6 ⑵】記載の仕方

別表六（二十一）の記載の仕方

1　この明細書は、青色申告書を提出する法人が措置法第42条の11の2第2項《地域経済牽引事業の促進区域内において特定事業用機械等を取得した場合の法人税額の特別控除》の規定の適用を受ける場合に記載します。

2　「特定税額控除規定の適用可否」の欄は、次に掲げる場合のいずれかに該当する場合に「可」と記載します。

(1)　別表六（七）「6」、「7」、「11」又は「14」の要件のいずれかに該当する場合

(2)　措置法第42条の4第19項第7号《試験研究を行った場合の法人税額の特別控除》に規定する中小企業者（同項第8号に規定する適用除外事業者又は同項第8号の2に規定する通算適用除外事業者に該当するものを除きます。）又は同項第9号に規定する農業協同組合等に該当する場合

(3)　当該事業年度が令和6年4月1日以後に開始する事業年度に該当する場合

3　「法人税法上の圧縮記帳による積立金計上額9」の欄は、法第42条から第49条まで《圧縮記帳》の規定の適用を受ける場合において、圧縮記帳による圧縮額を積立金として積み立てる方法により経理したときは、その経理した金額を記載します。

4　「差引改定取得価額10」の欄は、特定事業用機械等（措置法第42条の11の2第1項に規定する特定事業用機械等をいいます。）に係る一の特定地域経済牽引事業施設等（同項に規定する特定地域経済牽引事業施設等をいいます。）を構成する機械及び装置、器具及び備品、建物及びその附属設備並びに構築物の取得価額の合計額が80億円を超える場合には、

$$「差引改定取得価額 = 80億円 \times \frac{{}^{(8)-(9)}\text{一の特定地域経済牽引事業施設等}}{\text{を構成する機械及び装置、器具及び}\atop \text{備品、建物及びその附属設備並びに} \atop \text{構築物の取得価額の合計額}} \quad 10」$$

と読み替えて計算した金額を記載します。この場合には、「機械設備等の概要」の欄に当該合計額その他参考となるべき事項を記載します。

5　「同上のうち地域の成長発展の基盤強化に著しく資する事業の用に供したものに係る額13」の欄は、措置法第42条の11の2第1項第1号に規定する特定法人がその同項に規定する承認地域経済牽引事業（措置法令第27条の11の2第2項《地域経済牽引事業の促進区域内において特定事業用機械等を取得した場合の特別償却又は法人税額の特別控除》の規定による主務大臣の確認を受けたものに限ります。）の用に供した機械及び装置並びに器具及び備品に係る額の合計額を記載します。

（国税庁ホームページより）

8 中小企業等経営強化法による固定資産税（償却資産）の特例措置（地方税法附則15）

（制度の概要）

根拠規定	地方税法附則15㊺
適用法人	中小企業者等
適用期間	令和 5 年 4 月 1 日から令和 7 年 3 月31日
適用要件	・先端設備等導入計画の認定を受けること ・先端設備等導入計画に従って先端設備等を取得すること
適用対象資産	先端設備等に該当する機械装置、工具（測定工具及び検査工具）、器具備品、建物附属設備
優遇内容	固定資産税の課税標準を 3 年間 1 / 2 とする さらに、賃上げ方針を従業員に表明した場合には、下記の期間について 1 / 3 とする。 ・令和 6 年 3 月31日までに取得した設備： 5 年間 ・令和 7 年 3 月31日までに取得した設備： 4 年間
事前手続	先端設備等導入計画の認定

(1) 制度の内容

　中小企業者等が適用期間内に中小企業等経営強化法に規定する認定先端設備等導入計画に従って取得をした先端設備等に該当する特例対象資産に対して課する固定資産税の課税標準が、その特例対象資産に対して新たに固定資産税が課されることとなった年度から 3 年度分の固定資産税に限り、その資産に係る固定資産税の課税標準となるべき価格を 2 分の 1 （一定の要件を満たす場合は最大 5 年間 3 分の 1 ）とする制度です。

(2) 適用対象法人

　この規定の適用を受けることができる法人は、研究開発税制（措法42の 4 ⑲七）に規定する中小企業者とされています。

　ただし、先端設備等導入計画の認定を受けられる中小企業者は、中小企業等経営強化法第2条第1項に規定する中小企業者とされており、中小企業防災・減災投資促進税制と同様です。

(3)　適用期間

　令和5年4月1日から令和7年3月31日までの期間内に認定先端設備等導入計画に従って先端設備等を取得した場合に適用となります。

(4)　適用要件

　下記の適用要件を満たした場合に、固定資産税の特例が認められます。

適用要件

　① 中小企業者等であること
　② 先端設備等導入計画の認定を受けること
　② 先端設備等に該当する機械及び装置、工具、器具及び備品、建物附属設備を取得すること

　なお、先端設備等導入計画の認定後に先端設備等を取得することが必要です。設備取得後に計画申請を認める特例はありません。

(5)　適用対象資産

　適用対象となる特例対象資産は、認定先端設備等導入計画に従って取得（事業の用に供されたことのないものの取得に限る。）をした先端設備等に該当する機械装置、工具（測定工具及び検査工具）、器具備品及び建物附属設備（家屋と一体となって効用を果たすものを除く。）です。新品の資産である必要があるため、中古品は対象になりません。

対象設備

設備の種類	最低価額 （1台1基又は一の取得価額）	その他
機械装置	160万円以上	―
測定工具及び検査工具	30万円以上	―
器具備品	30万円以上	―
建物附属設備	60万円以上	家屋と一体で課税される ものは対象外

（中小企業庁「先端設備等導入計画策定の手引き」より）
(注)　償却資産として課税されるものに限ります。

　なお、先端設備等は、年平均の投資利益率が5％以上となることが見込まれることについて認定経営革新等支援機関の確認を受けた投資計画に記載された投資目的を達成するために必要不可欠な設備とされています。

投資利益率

$$\frac{（営業利益＋減価償却費）の増加額（翌年度以降3年度の平均額）}{設備投資額（設備の取得価額の合計額）}$$

(6)　軽減措置

　適用対象資産に対して新たに固定資産税が課されることとなった年度から3年度分の固定資産税について、固定資産税の課税標準は、課税標準となるべき価格の2分の1とされます。

　なお、雇用者給与等支給額を計画申請日を含む事業年度又はその翌事業年度において申請事業年度の直前の事業年度と比較し1.5％以上増加させる方針を従業員に表明し、認定申請書にその旨を記載した場合には、次のように軽減されます。

・令和6年3月31日までに取得した設備：5年間1/3に軽減
・令和7年3月31日までに取得した設備：4年間1/3に軽減

⑺　事前手続き

　中小企業等経営強化法による先端設備等導入計画の認定を受ける必要
があります（詳細は第4章）。

手続きの流れ

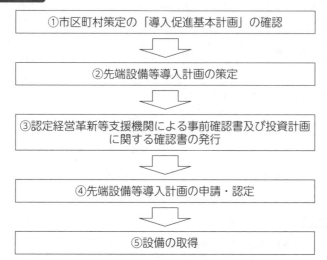

①市区町村策定の「導入促進基本計画」の確認

②先端設備等導入計画の策定

③認定経営革新等支援機関による事前確認書及び投資計画
に関する確認書の発行

④先端設備等導入計画の申請・認定

⑤設備の取得

9 中小企業事業再編投資損失準備金（措法56）

（制度の概要）

根拠規定	措法56
適用法人	中小企業者で中小企業等経営強化法に規定する経営力向上計画の認定を受けたもの
適用期間	令和3年8月2日から令和6年3月31日
適用要件	・経営力向上計画の認定を受けること ・事業承継等により他の法人の株式等の取得（購入による取得に限る。）をし、かつ、取得の日を含む事業年度終了の日まで引き続き有していること
優遇内容	（繰入額の損金算入） 中小企業事業再編投資損失準備金としてその積み立てた金額のうち株式等の取得価額×70％相当額を損金の額に算入する。 （取崩額の益金算入） 積み立てられた事業年度終了の日の翌日から5年を経過したものについて、5年間で取り崩して益金の額に算入する。
事前手続	経営力向上計画の認定

(1) 制度の内容

　中小企業者で青色申告書を提出するもののうち、産業競争力強化法等の一部を改正する等の法律の施行の日（令和3年8月2日）から令和6年3月31日までの間に中小企業等経営強化法第17条第1項に規定する経営力向上計画について認定を受けたものが、その認定に係る経営力向上計画に従って行う事業承継等として他の法人の株式等の取得（購入による取得に限る。）をし、かつ、これをその取得の日を含む事業年度終了の日まで引き続き有している場合（その取得した株式等の取得価額が10億円を超える場合を除く。）において、当該特定株式等の価格の低落による損失に備えるため、当該特定株式等の取得価額の70％に相当する金額以下の金額を損金経理の方法により各特定法人別に中小企業事業再編投資損

失準備金として積み立てたときは、その積み立てた金額は、所得の金額の計算上、損金の額に算入されます。

　また、中小企業事業再編投資損失準備金を積み立てている法人の各事業年度終了の日において、前事業年度から繰り越された特定法人に係る中小企業事業再編投資損失準備金の金額のうちにその積み立てられた事業年度終了の日の翌日から５年を経過したもの（「据置期間経過準備金額」という。）がある場合には、当該据置期間経過準備金額については、中小企業事業再編投資損失準備金積立額に各事業年度の月数を乗じてこれを60で除して計算した金額に相当する金額は、所得の金額の計算上、益金の額に算入します。

　経営資源の集約化によって生産性向上等を目指す計画の認定を受けた中小企業が、計画に基づくＭ＆Ａを実施した場合に、Ｍ＆Ａによって取得した株式に関して、取得価額の70％の損金算入を認め、５年経過後から５年間で取り崩して益金の額に算入するという制度です。

(2)　適用対象法人

　この規定の適用を受けることができる法人は、中小企業者で青色申告書を提出するもののうち、産業競争力強化法等の一部を改正する等の法律の施行の日（令和３年８月２日）から令和６年３月31日までの間に中小企業等経営強化法第17条第１項に規定する経営力向上計画（事業承継等事前調査の記載のあるものに限る。）について同条第１項の認定を受けたものとされています。

　「中小企業者」は、措置法第42条の４第19項第７号における中小企業者です。

　なお、経営力向上計画の認定を受けるためには、中小企業等経営強化法第２条第６項に規定する特定事業者等に該当する必要があります（特定事業者等については中小企業経営強化税制を参照）。

　ただし、次の法人は適用を受けることができません。

適用制限

適用除外事業者に該当する中小企業者

　適用除外事業者（前3事業年度の所得金額の平均額が15億円を超える法人）については、少額減価償却資産の特例（措法67の5）と同様です。

(3)　適用期間

　令和3年8月2日から令和6年3月31日までの間に中小企業等経営強化法第17条第1項に規定する経営力向上計画について認定を受けたものが、各事業年度において当該認定に係る経営力向上計画に従って行う事業承継等として他の法人の株式等の取得をし、かつ、これをその取得の日を含む事業年度終了の日まで引き続き有している場合に対象となります。

　ただし、解散の日を含む事業年度及び清算中の各事業年度は適用できません。

適用できない事業年度

①　解散の日を含む事業年度

②　清算中の各事業年度

(4)　適用要件

　下記の適用要件を満たした場合に、準備金の積立てが認められます。

①　措置法の中小企業者であること

②　事業承継等事前調査に関する事項が記載された経営力向上計画について中小企業等経営強化法第17条第1項の認定を受けること

③　経営力向上計画に従って行う事業承継等として他の法人の株式等の取得（購入による取得に限る。）をし、その取得の日を含む事業年度終了の日まで引き続き有していること（その取得をした株式等の取得

価額が10億円を超える場合を除く。)

(5)　適用対象となる株式等

　適用対象となる株式等は、認定に係る経営力向上計画に従って行う事業承継等として取得し、保有する株式等（「特定株式等」という。）です。

　次の点に留意が必要です。

① 　認定に係る経営力向上計画に従って行う事業承継等として取得した株式等であること
② 　購入による取得に限られること
③ 　取得価額が10億円を超える場合は対象にならないこと

(6)　準備金の積立て・取崩し

　中小企業者が、M＆A実施後に発生し得るリスク（簿外債務等）に備えるため、据置期間を5年間とし、投資額の70％以下の準備金積立額の損金算入が認められます。そして、5年経過後から5年間の取崩しが行われます。

　【M＆Aにより株式等を1,000取得した場合】

◀　M＆A実施　準備金積立△700（損金）　←取得価額×70％

　　　5年

◀　5年経過後　準備金取崩＋140（益金）　←積立額×1/5
◀　　　　　　　準備金取崩＋140（益金）
◀　　　　　　　準備金取崩＋140（益金）
◀　　　　　　　準備金取崩＋140（益金）
◀　　　　　　　準備金取崩＋140（益金）

①　積立て

　特定株式等（合併により合併法人に移転するものを除く。）の取得価額の70％に相当する金額以下の金額を損金経理の方法により各特定法人（特定株式等を発行した法人をいう。）別に中小企業事業再編投資損失準備金として積み立てたときは、その積み立てた金額は、その事業年度の所得の金額の計算上、損金の額に算入されます。

┌─ **積立限度額** ──────────────────────────┐

　特定株式等の取得価額×70％

└─────────────────────────────────────┘

　ただし、その取得をした事業年度においてその特定株式等の帳簿価額を減額した場合には、その減額した金額のうちその事業年度の所得の金額の計算上損金の額に算入された金額に相当する金額は取得価額から控除します。

　また、損金経理の方法により各特定法人別に中小企業事業再編投資損失準備金として積み立てることが求められていますが、その事業年度の決算確定日までに剰余金の処分により積立金として積み立てる方法により中小企業事業再編投資損失準備金として積み立てる方法によることもできます。

┌─ **経理方法** ──────────────────────────┐

・損金経理の方法により準備金として積み立てる方法

・その事業年度の決算確定日までに剰余金の処分により積立金として
　積み立てる方法により準備金として積み立てる方法

└─────────────────────────────────────┘

②　取崩し

　積み立てられた事業年度終了の日の翌日から5年を経過したもの（「据置期間経過準備金額」という。）その他一定の場合には、準備金を取り崩して益金の額に算入します。

（主な取崩事由）	（要取崩額）
イ　据置期間を経過した場合	イ　積立額 × $\dfrac{\text{当期の月数}}{60}$
ロ　認定が取り消された場合	ロ　取消日における準備金の金額
ハ　株式等の全部又は一部を有しないこととなった場合	ハ　準備金の金額のうちその有しないこととなった株式等に係る部分の金額
ニ　合併により合併法人に株式等を移転した場合	ニ　その合併の直前における準備金の金額
ホ　株式等の発行法人が解散した場合	ホ　その解散の日における準備金の金額
ヘ　株式等の帳簿価額を減額した場合	ヘ　その減額をした日における準備金の金額のうちその減額をした金額に相当する金額
ト　法人が解散した場合	ト　その解散の日における準備金の金額
チ　任意に準備金を取り崩した場合	チ　その取り崩した日における準備金の金額のうちその取り崩した金額に相当する金額

⑺　事前手続き

　中小企業等経営強化法による経営力向上計画（事業承継等事前調査の記載のあるもの）の認定を受ける必要があります（詳細は第4章）。

手続きの流れ

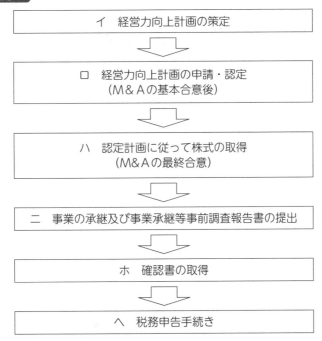

```
イ　経営力向上計画の策定
        ↓
ロ　経営力向上計画の申請・認定
    （M&Aの基本合意後）
        ↓
ハ　認定計画に従って株式の取得
    （M&Aの最終合意）
        ↓
ニ　事業の承継及び事業承継等事前調査報告書の提出
        ↓
ホ　確認書の取得
        ↓
ヘ　税務申告手続き
```

⑻　申告手続き

　準備金積立額の損金算入をするためには、この規定の適用を受けようとする事業年度の確定申告書等に中小企業事業再編投資損失準備金として積み立てた金額の損金算入に関する申告の記載があり、かつ、当該確定申告書等にその積み立てた金額の計算に関する明細書の添付がある場合に限り、適用されます。具体的には、別表12⑵中小企業事業再編投資損失準備金の損金算入に関する明細書を作成して提出します。

　また、確定申告書等に株式等が特定株式等に該当するものであることを証する書類として財務省令で定める書類を添付しなければなりません（措令32の3③）。

> **提出書類**
>
> ・別表12(2)　中小企業事業再編投資損失準備金の損金算入に関する明細
> 　　　書
> ・認定申請書（写し）
> ・認定書（写し）
> ・経営力向上に関する命令第 5 条第 2 項の確認書（写し）

【別表12⑵】

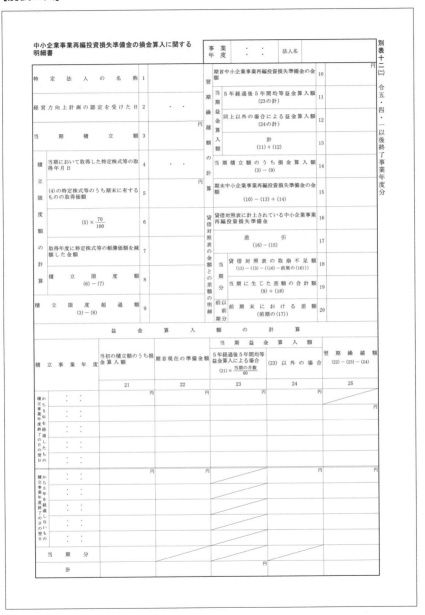

中小企業事業再編投資損失準備金の損金算入に関する明細書			事業年度	・　・		法人名			別表十二㈡　令五・四・一以後終了事業年度分
特　定　法　人　の　名　称		1		翌期繰越額の計算	期首中小企業事業再編投資損失準備金の金額		10	円	
経営力向上計画の認定を受けた日		2	・　・		当期益金算入額	5年経過後5年間均等益金算入額 （23の計）	11		
当　　期　　積　　立　　額		3	円			同上以外の場合による益金算入額 （24の計）	12		
積立限度額の計算	当期において取得した特定株式等の取得年月日	4	・　・			計 （11）＋（12）	13		
	(4)の特定株式等のうち期末に有するものの取得価額	5	円		当期積立額のうち損金算入額 （3）－（9）		14		
	$(5) \times \dfrac{70}{100}$	6			期末中小企業事業再編投資損失準備金の金額 （10）－（13）＋（14）		15		
	取得年度に特定株式等の帳簿価額を減額した金額	7		貸借対照表の金額との差額の明細	貸借対照表に計上されている中小企業事業再編投資損失準備金		16		
	積　立　限　度　額 （6）－（7）	8			差　　　引 （16）－（15）		17		
				当期分	貸借対照表の取崩不足額 （13）－（（3）－（（16）－前期の（16）））		18		
積　立　限　度　超　過　額 （3）－（8）		9			当期に生じた差額の合計額 （9）＋（18）		19		
				前期以前分	前　期　末　に　お　け　る　差　額 （前期の（17））		20		

益　　金　　算　　入　　額　　の　　計　　算					
積　立　事　業　年　度	当初の積立額のうち損金算入額	期首現在の準備金額	当　期　益　金　算　入　額		翌　期　繰　越　額 （22）－（23）－（24）
			5年経過後5年間均等益金算入による場合 $(21) \times \dfrac{当期の月数}{60}$	（23）以外の場合	
	21	22	23	24	25
積立事業年度から5年を経過したもの翌の日の年度終了	・　・	円	円	円	円	円
	・　・					
	・　・					
	・　・					
	・　・					
積立事業年度から5年を経過しないもの翌の日の年度終了	・　・	円	円	円	円	円
	・　・					
	・　・					
	・　・					
	・　・					
当　　期　　分					
計			円		

【別表12⑵】記載の仕方

別表十二（二）の記載の仕方

この明細書は、措置法第56条第1項《中小企業事業再編投資損失準備金》に規定する中小企業者で青色申告書を提出するものが同条の規定の適用を受ける場合に記載します。

（国税庁ホームページより）

ケース別特例税制の適用可否

　第 2 章で解説してきたように、中小企業向けの優遇税制には様々なものがあります。一つの固定資産を取得した場合に複数の税制が適用できる場合も出てくると思われます。第 3 章では、様々な場面において具体的にどの制度をどのように選択し、そしてどのような手続きを経て適用していくのかについて見ていきます。

　まず、「**1　設備投資をしたときに使える特例**」「**2　従業員の賃上げをしたときに使える特例**」で優遇税制が適用可能かどうかの判定・制度の選択の流れを解説し、その後、「**3　具体的なケース**」において、以下の 9 ケースで適用する制度を具体的に検討しています。

1 設備投資をしたときに使える特例

(1) 取得資産別の特例税制

　取得する資産の種類別に、どのような制度が適用可能なのかを確認しておきます。資産の種類別の適用可能な制度は下記のとおりです。

　なお、種々の制度があるため、ここでは固定資産税に関する特例制度については検討から除外することとします。

① 建物を取得するとき

税　　制	建物	備　　考
少額減価償却資産の特例	○	30万円未満
中小企業経営強化税制	－	
中小企業投資促進税制	－	
中小企業防災・減災投資促進税制	－	
地域未来投資促進税制	○	投資総額2,000万円以上

・建物を対象資産とした優遇税制は、少額減価償却資産の特例及び地域未来投資促進税制です。

・地域未来投資促進税制の場合、適用対象資産は承認地域経済牽引事業計画に定められた施設又は設備で取得価額の合計額が2,000万円以上のものである必要があります。

②　建物附属設備を取得するとき

税　　制	建物附属設備	備　　考
少額減価償却資産の特例	○	30万円未満
中小企業経営強化税制	○	60万円以上
中小企業投資促進税制	–	
中小企業防災・減災投資促進税制	○	60万円以上
地域未来投資促進税制	○	投資総額が2,000万円以上

・建物附属設備については、様々な税制の適用が可能ですが、中小企業
　投資促進税制については適用がありません。
・適用可能な税制については、少額減価償却資産の特例及び地域未来投
　資促進税制を除き、取得価額が60万円以上の資産が対象となっていま
　す。
・少額減価償却資産の特例以外は、一定の事前手続きが必要になりま
　す。

③ 機械装置を取得するとき

税　制	機械装置	備　考
少額減価償却資産の特例	○	30万円未満
中小企業経営強化税制	○	160万円以上
中小企業投資促進税制	○	160万円以上
中小企業防災・減災投資促進税制	○	100万円以上
地域未来投資促進税制	○	投資総額2,000万円以上

・中小企業経営強化税制と中小企業投資促進税制は、取得価額が160万円以上の資産が対象となっています。

・少額減価償却資産の特例と中小企業投資促進税制以外は、一定の事前手続きが必要になります。

④　器具備品を取得するとき

税　　制	器具備品	備　　考
少額減価償却資産の特例	○	30万円未満
中小企業経営強化税制	○	30万円以上
中小企業投資促進税制	-	
中小企業防災・減災投資促進税制	○	30万円以上
地域未来投資促進税制	○	投資総額2,000万円以上

・器具備品は、中小企業投資促進税制の適用対象資産となっていません。

・適用可能な税制については、一定の規定を除き、取得価額が30万円以上の資産が対象となっています。

・少額減価償却資産の特例以外は、一定の事前手続きが必要になります。

⑤ ソフトウェアを取得するとき

税　制	ソフトウェア	備　考
少額減価償却資産の特例	○	30万円未満
中小企業経営強化税制	○	70万円以上
中小企業投資促進税制	○	70万円以上又は取得価額の合計が70万円以上
中小企業防災・減災投資促進税制	－	
地域未来投資促進税制	－	

・中小企業経営強化税制と中小企業投資促進税制は、取得価額は70万円以上である必要があります。

・少額減価償却資産の特例と中小企業投資促進税制以外は、一定の事前手続きが必要になります。

⑥ 土地を取得したとき

土地を取得した場合に適用できる制度は、ありません。

(2) **投資金額別の特例税制**

　設備投資総額が一定以上の金額の場合のみ適用が可能な税制があります。設備投資が小規模な場合は適用が難しくなります。

税　制	投資総額の制限がある制度	備　考
少額減価償却資産の特例	－	
中小企業経営強化税制	－	
中小企業投資促進税制	－	
中小企業防災・減災投資促進税制	－	
地域未来投資促進税制	○	投資総額2,000万円以上

・地域未来投資促進税制は投資総額2,000万円以上となっていますので、投資規模から税制の適用の有無を検討する必要があります。

(3)　事前の申請・認定等の手続きの必要がなく受けられる税制

　投資計画が作成され、十分な準備を経た上で設備投資がなされる場合は別として、実際には、設備投資が突然に決まって直ちに行われる場合も考えられます。そういった場合でも適用を受けることができる制度を確認しておきます。ただし、事前申請・認定等が必要のない制度はかなり限定されています。

税　　制	事前申請・認定等なし	関連法・手続き
少額減価償却資産の特例	○	
中小企業経営強化税制	－	中小企業等経営強化法に規定する経営力向上計画の認定
中小企業投資促進税制	○	
中小企業防災・減災投資促進税制	－	中小企業等経営強化法の事業継続力強化計画の認定
地域未来投資促進税制	－	地域未来投資促進法の地域経済牽引事業計画の認定

⑷　特別償却率・税額控除率による有利選択

　設備投資をした場合に適用される税制ごとに、特別償却や税額控除の内容が異なっており、それに対応して法人税の軽減額も異なってきます。各制度における優遇税制の内容は下記のとおりです。

税　　制	特別償却	税額控除
少額減価償却資産の特例	全額損金算入	－
中小企業経営強化税制	取得価額×100% （即時償却）	①　資本金3,000万円以下 　　取得価額×10% ②　①以外 　　取得価額×7%
中小企業投資促進税制	取得価額×30% （船舶除く）	資本金3,000万円以下のみ 取得価額×7% （船舶除く）
中小企業防災・減災投資促進税制	取得価額×18%	－
地域未来投資促進税制	取得価額×20%、 40%、50%	取得価額×2%、4%、 5%

・特別償却・税額控除とも中小企業経営強化税制が最も有利となっています。

(5)　適用制度の選択

　上記の(1)から(4)を基にして、実際に設備投資を行った場合に適用する制度について、その選択過程を考えます。

　適用する制度の判断に際しては、主に下記の点を考慮に入れて検討することになると考えられます。

---

① 中小企業者

　資本金などを基にして、設備投資をする企業が中小企業者に該当するか否かを判断します。

---

② 取得する資産の種類（機械装置、器具備品など）

　設備投資する資産の種類によって、適用が受けられる制度を抽出します。また、指定事業について確認します。

---

③ 最低取得価額・設備投資総額

　最低取得価額及び投資総額から受けられる制度を検討します。中小企業にとっては、設備投資額が大きくないと受けられない制度については、除外して考えるケースも出てくると思われます。

---

④ 事前の申請・認定等の手続きの有無

　設備投資までの時間に余裕がある場合には、事前申請・認定等の手続きが必要な制度の適用も可能ですが、設備投資が急に行われる場合には、事前手続きが不要な制度しか適用できません。

---

⑤ 特別償却率・税額控除率による選択

　適用可能な制度が複数ある場合には、特別償却額や税額控除額が大きくなる制度を選択します。

2　従業員の賃上げをしたときに使える特例

　従業員の賃金の引上げをした場合に適用が可能となる税制は、賃上げ促進税制のみとなります。

税　制	賃上げ	備　考
賃上げ促進税制	○	一定の賃上げ要件を満たすこと
その他の税制	−	

　賃上げ促進税制の適用が可能か否かについては、下記を基に判断していくことになると考えられます。

①　中小企業者等に該当するか否か
②　適用要件を満たすか
③　適用を受けるための手続き（事前手続きを含めて）が必要か

(1)　中小企業者等に該当するか否か

　適用を検討する企業が中小企業者等に該当するか否かについて、まず、検討をします。この場合、事業年度終了日における現況により判断します。
　中小企業向けの制度と大企業向けの制度に分かれています。大企業向けの制度は中小企業が適用することも可能です。

(2)　適用要件を満たすか否か

　中小企業者等を前提にすると、次の要件を満たす場合に賃上げ促進税

制の適用を受けることができます。

適用要件

$$\frac{雇用者給与等支給額 - 比較雇用者給与等支給額}{比較雇用者給与等支給額} \geqq 1.5\%$$

　当期の雇用者給与等支給額が前期比で1.5％以上の増加をしていることを判定します。

⑶　適用を受けるための手続き

　制度の適用を受けるための手続きを確認します。特に、事前に申請・認定等の手続きが必要な制度の場合には、急に適用することは難しくなりますので留意が必要です。

　中小企業向け賃上げ促進税制の場合には、事前の申請・認定等の手続きは不要です。税務申告の際に所定の手続きをとるだけで適用が可能になります。

賃上げ促進税制の適用

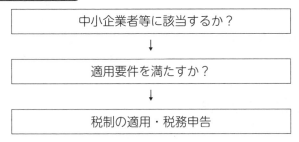

中小企業者等に該当するか？
↓
適用要件を満たすか？
↓
税制の適用・税務申告

3 具体的なケース

　実際にいくつかのケースを使って、適用する制度の選択、必要な手続き、会計処理、適用金額、税務申告手続きなどについて具体的に見ていきます。

ケース1 従業員に新しい PC を導入するとき（少額減価償却資産の特例）

前提

・青色申告書を提出する資本金5,000万円の中小企業者（３月決算）である。

・従業員のうち10人に対して、当期の12月に、新しい PC（１台15万円）を１人１台ずつ（合計10台）購入する。

(1)　適用可能な制度

　この場合に適用する制度を検討していきます。資本金5,000万円の中小企業者で、取得する資産は器具備品（１台15万円）です。

器具備品に適用可能な制度

税　　制	適用の有無	備　　考
少額減価償却資産の特例	○	取得価額が30万円未満
上記以外の制度	×	

　従業員が使用する PC は、通常、金額的には少額なケースが多くなると考えられます。１台当たり15万円の減価償却資産の場合、「少額減価償却資産の特例」を適用すればその全額を損金とすることが可能です。少額減価償却資産の特例は、資産の種類に制限はなく、１個あたりの取

得価額が10万円以上30万円未満の資産について適用することができます。

　なお、器具備品を適用対象とする特別償却・税額控除制度はありますが、取得価額30万円以上の資産であることが必要であるため適用はできません。

(2)　制度の選択

　適用可能な制度のうち、有利な制度を選択することになりますが、適用可能な制度は１つしかありませんので、「少額減価償却資産の特例」を選択します。

(3)　必要な手続き

　少額減価償却資産の特例制度を適用する場合には、税務申告手続以外に特別な手続きは必要ありません。

(4)　具体的な軽減額

　１台15万円の PC を10台購入しますので、15万円×10台＝150万円になります。この制度が利用できる金額は、年間300万円が上限とされています。このケースではその範囲内に収まっていますので、10台すべてについて適用が可能です。150万円の全額が損金となりますので、法人税の軽減額は下記のようになります。

　なお、本来はこれらの資産に対して計算される減価償却費（普通償却）と150万円（取得価額）との差額がこの税制の適用による所得の減少額となりますが、ここでは取得価額の全額を所得の減少額として計算します。

法人税の軽減額

所得の減少額　　1,500,000円

法人税の軽減額　1,500,000円×23.2％＝348,000円

（法人税率は原則税率を使用している。）

⑸　会計処理

　少額減価償却資産の特例を適用する場合には、その資産を事業の用に供した日を含む事業年度において、その取得価額相当額について損金経理をする必要があります。この場合、「償却費として」損金経理することは要求されていませんので、通常の費用科目である「消耗品費」などで処理することができます。

会計処理

| 消耗品費等 | 1,500,000 | / | 現金預金 | 1,500,000 |

⑹　税務申告手続

　この規定は、確定申告書等にこの規定の適用を受ける少額減価償却資産の取得価額に関する明細書の添付がある場合に限り適用するとされています。具体的には、別表16⑺「少額減価償却資産の取得価額の損金算入の特例に関する明細書」を作成して提出します。

　なお、別表16⑺に記載されなかった資産については適用が認められませんので、記載漏れに注意が必要です。

【記載例】別表16⑺

<table>
<tr><td colspan="3">少額減価償却資産の取得価額の損金算入の特例に関する明細書</td><td>事業年度</td><td>・ ・
・ ・</td><td>法人名</td><td></td><td></td><td></td><td></td></tr>
<tr><td rowspan="7">資
産
区
分</td><td>種　　　　類</td><td>1</td><td>器具備品</td><td>器具備品</td><td>器具備品</td><td>器具備品</td><td>器具備品</td></tr>
<tr><td>構　　　　造</td><td>2</td><td>事務機器
通信機器</td><td>事務機器
通信機器</td><td>事務機器
通信機器</td><td>事務機器
通信機器</td><td>事務機器
通信機器</td></tr>
<tr><td>細　　　　目</td><td>3</td><td>電子計算機</td><td>電子計算機</td><td>電子計算機</td><td>電子計算機</td><td>電子計算機</td></tr>
<tr><td>事業の用に供した年月</td><td>4</td><td>××年12月</td><td>××年12月</td><td>××年12月</td><td>××年12月</td><td>××年12月</td></tr>
<tr><td rowspan="3">取
得
価
額</td><td>取得価額又は製作価額</td><td>5</td><td>円
150,000</td><td>円
150,000</td><td>円
150,000</td><td>円
150,000</td><td>円
150,000</td></tr>
<tr><td>法人税法上の圧縮記帳による
積立金計上額</td><td>6</td><td></td><td></td><td></td><td></td><td></td></tr>
<tr><td>差引改定取得価額 (5)－(6)</td><td>7</td><td>150,000</td><td>150,000</td><td>150,000</td><td>150,000</td><td>150,000</td></tr>
<tr><td rowspan="7">資
産
区
分</td><td>種　　　　類</td><td>1</td><td>器具備品</td><td>器具備品</td><td>器具備品</td><td>器具備品</td><td>器具備品</td></tr>
<tr><td>構　　　　造</td><td>2</td><td>事務機器
通信機器</td><td>事務機器
通信機器</td><td>事務機器
通信機器</td><td>事務機器
通信機器</td><td>事務機器
通信機器</td></tr>
<tr><td>細　　　　目</td><td>3</td><td>電子計算機</td><td>電子計算機</td><td>電子計算機</td><td>電子計算機</td><td>電子計算機</td></tr>
<tr><td>事業の用に供した年月</td><td>4</td><td>××年12月</td><td>××年12月</td><td>××年12月</td><td>××年12月</td><td>××年12月</td></tr>
<tr><td rowspan="3">取
得
価
額</td><td>取得価額又は製作価額</td><td>5</td><td>円
150,000</td><td>円
150,000</td><td>円
150,000</td><td>円
150,000</td><td>円
150,000</td></tr>
<tr><td>法人税法上の圧縮記帳による
積立金計上額</td><td>6</td><td></td><td></td><td></td><td></td><td></td></tr>
<tr><td>差引改定取得価額 (5)－(6)</td><td>7</td><td>150,000</td><td>150,000</td><td>150,000</td><td>150,000</td><td>150,000</td></tr>
<tr><td rowspan="7">資
産
区
分</td><td>種　　　　類</td><td>1</td><td></td><td></td><td></td><td></td><td></td></tr>
<tr><td>構　　　　造</td><td>2</td><td></td><td></td><td></td><td></td><td></td></tr>
<tr><td>細　　　　目</td><td>3</td><td></td><td></td><td></td><td></td><td></td></tr>
<tr><td>事業の用に供した年月</td><td>4</td><td></td><td></td><td></td><td></td><td></td></tr>
<tr><td rowspan="3">取
得
価
額</td><td>取得価額又は製作価額</td><td>5</td><td>円</td><td>円</td><td>円</td><td>円</td><td>円</td></tr>
<tr><td>法人税法上の圧縮記帳による
積立金計上額</td><td>6</td><td></td><td></td><td></td><td></td><td></td></tr>
<tr><td>差引改定取得価額 (5)－(6)</td><td>7</td><td></td><td></td><td></td><td></td><td></td></tr>
<tr><td colspan="3">当期の少額減価償却資産の取得価額の合計額
((7)の計)</td><td>8</td><td colspan="5">円
1,500,000</td></tr>
</table>

別表十六(七)　令五・四・一以後終了事業年度分

ケース2 高額な工場の機械を導入するとき （中小企業経営強化税制（A類型））

前提

・青色申告書を提出する資本金1,000万円の中小企業者（3月決算）である。

・主に金属製品の精密加工を行っている（製造業）。

　加工の精度を向上させて、自動車関連など新規顧客の獲得に繋げるために、高精度の研削盤を導入する。

（設備投資）

　機械装置1台　　　5,000,000円（耐用年数10年、定額法）

　取得・供用年月日　××年3月20日

・機械装置メーカーに確認したところ、経営力向上計画の申請に必要な工業会の証明書の発行が受けられる。なお、デジタル化設備には該当しない。

(1) 適用可能な制度

　この場合に適用する制度を検討します。資本金1,000万円の中小企業者であること、取得する資産が機械装置であることから適用可能な制度は下記のようになります。

機械装置に適用可能な制度

税　　制	適用の有無	備　　考
少額減価償却資産の特例	○	30万円未満
中小企業経営強化税制	○	160万円以上
中小企業投資促進税制	○	160万円以上
中小企業防災・減災投資促進税制	○	100万円以上
地域未来投資促進税制	○	投資総額2,000万円以上

　次に、機械装置の取得価額が500万円であるため、投資総額の最低基準額がある地域未来投資促進税制は適用ができず、一方、30万円以上で

あるため少額減価償却資産の特例も適用できません。また、災害等に対する事前対策のための設備投資でもありませんので、中小企業防災・減災投資促進税制も除外されます。デジタル化設備には該当せず、またM＆Aに伴う設備投資でもないため、中小企業経営強化税制のC類型やD類型の適用はありません。

　最終的には、中小企業経営強化税制（A類型・B類型）と中小企業投資促進税制のいずれかの適用となります。

このケースで適用可能な制度

税　制	適用の有無	備　考
中小企業経営強化税制（A類型）	○	160万円以上、事前手続き必要
中小企業経営強化税制（B類型）	○	160万円以上、事前手続き必要
中小企業経営強化税制（C類型）	－	
中小企業経営強化税制（D類型）	－	
中小企業投資促進税制	○	160万円以上、事前手続き不要

(2)　制度の選択

　適用可能な2つの制度のうち、いずれか有利な制度を選択します。中小企業経営強化税制は事前の申請・認定等が必要ですが、中小企業投資促進税制は特に必要ありません。設備投資までの事前の準備期間が十分に取れると仮定すると、いずれの制度の適用も可能となります。

　工業会等の証明書の発行が受けられますので、中小企業経営強化税制（A類型）の適用が可能となります。また、投資収益率が5％以上の投資計画に係る設備であれば中小企業経営強化税制（B類型）の適用も可能です。

　最終的には、特別償却率・税額控除率による選択をすることになります。特別償却額や税額控除額が大きい制度を選択します。

適用可能な制度の有利選択

	特別償却	税額控除
中小企業経営強化税制	取得価額×100% （即時償却）	① 資本金3,000万円以下 　取得価額×10% ② ①以外 　取得価額×7%
中小企業投資促進税制	取得価額×30% （船舶除く）	資本金3,000万円以下のみ 取得価額×7%（船舶除く）

　このケースでは、資本金が3,000万円以下であることから、中小企業経営強化税制を選択すれば、取得価額の全額が損金算入可能な即時償却又は取得価額×10%の税額控除が適用できるため、この制度が最も有利になります。

　また、A類型とB類型のいずれの適用も可能な場合、工業会等の証明書の発行を受けることができる場合には、通常は手続きが簡便となるA類型を選択します。

選択

→　中小企業経営強化税制（A類型）を選択

(3)　必要な手続き

　中小企業経営強化税制にはA類型、B類型、C類型、D類型があり、それぞれ手続きが異なります。このケースでは、工業会等の証明書の入手が可能ですので、A類型の手続きを選択しています。

　A類型（生産性向上設備）の適用を受ける場合には、まず、①工業会等の証明書を取得し、②設備投資により生産性を上げるための「経営力向上計画」を策定し、③主務大臣に申請して計画の認定を受け、その後に、④設備を取得する、という一連の手続きが必要となります。

　経営力向上計画の認定後に生産性向上設備を取得することになりますので、設備投資前に時間的な余裕が必要となります。

手続き（Ａ類型）

① 　工業会等の証明書の取得をする

　　↓

② 　（自社で）経営力向上計画の策定をする

　　↓

③ 　経営力向上計画を主務大臣に申請して認定を受ける

　　↓

④ 　設備を取得する

---

①　工業会等の証明書の取得

　中小企業経営強化税制のＡ類型の適用を受けるためには、まず、取得する設備が「生産性向上設備」に該当することについて工業会等から証明書の交付を受けます。生産性向上設備に該当するか否かは、設備メーカーから工業会等へ確認してもらいます。

　生産性向上設備に該当するためには、下記の２つの要件を満たす必要があります。

生産性向上設備の要件

イ　一定期間内に販売されたモデルであること

　　（最新モデルである必要はない）

ロ　経営力の向上に資するものの指標（生産効率、エネルギー効率、精度など）が旧モデルと比較して年平均１％以上向上している設備であること

　　※ソフトウェアについては、情報収集機能及び分析・指示機能を有するもの

---

②　経営力向上計画の策定

　「日本標準産業分類」で該当する事業分野を確認し、その事業分野に対応する事業分野別指針を確認して、事業分野別指針（又は基本方針）を踏まえて経営力向上計画を策定することになります。工業会等

の証明書の交付を受けた設備を経営力向上設備等として経営力向上計画に記載します。

③　経営力向上計画を主務大臣に申請して認定を受ける

各事業分野の主務大臣に計画申請書（工業会等の証明書（写し）を添付）を提出します。そして、認定を受けた場合には、主務大臣から計画認定書と計画申請書の写しが交付されます。申請から認定までには約30日（複数省庁にまたがる場合は約45日、経営力向上計画申請プラットフォームによる電子申請かつ経済産業部局宛てのみの申請については約14日（休日等を除く））を要するようです。

④　設備を取得する

経営力向上計画の認定を受けた後に、生産性向上設備を取得します。

┌─────────────────────────────────┐
│ **通常のスケジュール** │
│ │
│ ◀ 工業会等の証明書の申請 │
│ ◀ 工業会等の証明書の取得 │
│ ◀ 経営力向上計画の策定 │
│ ◀ 経営力向上計画の申請 │
│ │
│ 　標準処理期間30日 │
│ │
│ ◀ 経営力向上計画の認定 │
│ ◀ 設備の取得 │
│ ◀ 事業供用 │
│ ◀ 事業年度末 │
└─────────────────────────────────┘

なお、経営力向上計画の認定を受けてから設備を取得することが原則ですが、先に設備の取得をして、後から計画の申請をすることも例外として認められています。

経営力向上計画の申請に先立って計画を開始して設備を取得し、その後に経営力向上計画を申請する場合には、設備取得日から60日以内に経営力向上計画が受理される必要があります。また、中小企業経営

強化税制の適用を受けるためには、遅くとも設備を取得し事業供用した年度内（期末まで）に計画の認定を受ける必要があります。事業供用した年度を越えてから認定を受けた場合には、税制の適用を受けることはできません。

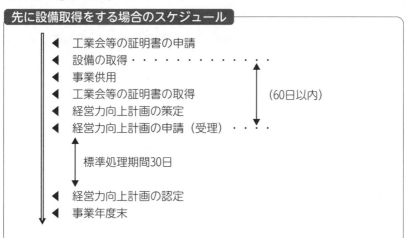

先に設備取得をする場合のスケジュール

◀ 工業会等の証明書の申請
◀ 設備の取得・・・・・・・・・・・・・
◀ 事業供用
◀ 工業会等の証明書の取得　　　（60日以内）
◀ 経営力向上計画の策定
◀ 経営力向上計画の申請（受理）・・・・・

　　標準処理期間30日

◀ 経営力向上計画の認定
◀ 事業年度末

　なお、令和3年8月2日以降の経営力向上計画の申請において、工業会等の証明書（A類型）、経済産業局の確認書（B・C類型）の申請手続きと同時並行で、計画認定に係る審査を行うことを可能とする計画申請に関する柔軟な取扱いがなされています。

⑷　具体的な軽減額

　500万円の設備投資によって、資金が同額流出することになりますが、一方で、中小企業経営強化税制の適用によって、税額が一部軽減されます。

　この制度には特別償却と税額控除がありますが、選択に当たっては、特別償却は課税の繰延べ効果であり、税額控除は税額の軽減効果があることを前提に選択する必要があります。

特別償却の場合

所得の減少額　5,000,000円－<u>5,000,000円×0.100× 1 /12</u>
　　　　　　　　　　　　　　　普通償却限度額
　　　　　　　＝4,958,334円

法人税の軽減額　4,958,334円×23.2％＝1,150,333円

（法人税率は原則税率を使用している。）

＊即時償却であるため、取得価額－普通償却限度額がこの制度適用によ
　る所得の減少額となります。

税額控除の場合

法人税の軽減額　5,000,000円×10％＝500,000円

＊法人税額×20％との比較が必要となりますが、ここでは省略していま
　す。

　特別償却と税額控除を比較すると、特別償却の方が法人税の軽減額が
大きいために、設備投資年度の軽減額だけで比較すると特別償却の方が
有利となります。ただし、特別償却は早期償却しているにすぎませんの
で、翌期以降の税額は償却費の計上がないため増加することになり、長
期的に見ると特に税額の軽減にはなっていません。

　一方で、税額控除は法人税額が実際に50万円減少することになりま
す。したがって、設備投資年度の税額の負担を下げることを優先して選
択する場合には特別償却を、長期的な観点から判断する場合には税額控
除を選択するという判断になると考えられます。

特別償却と税額控除の選択

【設備投資年度の税額軽減額のみで判断する場合】

→　特別償却（即時償却）

【長期的な観点から判断する場合】

→　税額控除

なお、設備投資年度が赤字の場合には、設備投資年度の税額軽減はあ

りません。特別償却・税額控除のいずれについても、特別償却不足額の
翌期への繰越又は税額控除限度超過額の翌期への繰越が可能です。

(5) 会計処理

　特別償却を選択する場合には、償却費として損金経理する必要があり
ます。したがって、取得価額と同額を減価償却費として処理します。

特別償却の場合

【資産の取得時】

　　機械装置　　　5,000,000　　　現金預金　　　5,000,000

【減価償却費の計上】（取得価額の全額を償却）

　　減価償却費　　<u>41,666</u>　　　機械装置　　　　41,666（普通償却）

　　減価償却費　<u>4,958,334</u>　　機械装置　　4,958,334（特別償却）

　なお、特別償却の適用を受けることに代えて、特別償却限度額以下の
金額を損金経理により特別償却準備金として積み立てる方法又はその事
業年度の決算確定日までに剰余金の処分により特別償却準備金として積
み立てる方法により損金の額に算入することも認められます。一般的な
中小企業の場合には、特別償却準備金の利用はあまり多くありません。

特別償却準備金の場合

【資産の取得時】

　機械装置　　　　5,000,000　　　現金預金　　　5,000,000

【減価償却費の計上】

　減価償却費　　　<u>41,666</u>　　　機械装置　　　41,666（普通償却）
　　　　　　（通常の減価償却費）

【特別償却準備金の積立】

　繰越利益剰余金　4,958,334　　　特別償却準備金　4,958,334

　又は

　特別償却準備金繰入4,958,334　　特別償却準備金　4,958,334

一方、税額控除を受ける場合には、特別な会計処理は必要ありません。通常の減価償却費を計上するのみとなります。

税額控除の場合

【資産の取得時】

　　　　機械装置　　5,000,000　　現金預金　　5,000,000

【減価償却費の計上】

　　　減価償却費　　41,666　　機械装置　　41,666（普通償却）
　　　　（通常の減価償却費）

---

(6)　税務申告手続

特別償却の適用を受けるためには、確定した決算において償却費として損金経理する必要があります。そして、別表16(1)又は別表16(2)を作成するとともに確定申告書等に特定経営力向上設備等の償却限度額の計算に関する明細書の添付がある場合に限り適用するとされています。具体的には、特別償却の付表を作成して提出します。

なお、特別償却の適用を受けることに代えて、特別償却限度額以下の金額を特別償却準備金として積み立てる方法により損金の額に算入することも認められます。この適用を受けるには、確定申告書等に特別償却準備金として積み立てた金額の損金算入に関する申告の記載をし、その積み立てた金額の計算に関する明細書を添付する必要があります。

このケースはA類型になりますので、工業会証明書、計画申請書及び計画認定書（いずれも写し）を添付します。

特別償却の場合

・特別償却の付表

　　中小企業者等が取得した特定経営力向上設備等の特別償却

・工業会証明書（写し）

・計画申請書（写し）

・計画認定書（写し）

　税額控除の場合には、確定申告書等（この規定により控除を受ける金額を増加させる修正申告書又は更正請求書を提出する場合には、当該修正申告書又は更正請求書を含む。）にこの規定による控除の対象となる特定経営力向上設備等の取得価額、控除を受ける金額及び当該金額の計算に関する明細を記載した書類の添付がある場合に限り適用するとされています。具体的には、別表6⒂を作成して提出します。

　この場合において、この規定により控除される金額の計算の基礎となる特定経営力向上設備等の取得価額は、確定申告書等に添付された書類に記載された特定経営力向上設備等の取得価額が限度とされます。したがって、当初提出した申告書にこれらの記載がない場合には、その後の修正申告や更正の請求手続きによっては認められません。

　このケースはA類型になりますので、特別償却の場合と同様に、工業会証明書、計画申請書及び計画認定書（いずれも写し）を添付します。

税額控除の場合

・別表6⒂　中小企業者等が特定経営力向上設備等を取得した場合の法人税額の特別控除に関する明細書
・工業会証明書（写し）
・計画申請書（写し）
・計画認定書（写し）

【記載例】特別償却の付表

特別償却等の償却限度額の計算に関する付表

事業年度 又は連結 事業年度	・	・	法人名	( )

特別償却の付表

（特別償却又は割増償却の名称）該当条項	1	（中小企業者等が取得した特定経営力向上設備等の特別償却）措置法・震災特例法（42）条（の12の4）第（1）項（ ）号（ ）	( ) ( )条（の ）第（ ）項（ ）号（ ）
事業の種類	2	製造業	
（機械・装置の耐用年数表等の番号）資産の種類	3	（　　16　　） 金属製品製造業用設備	( )
構造、用途、設備の種類又は区分	4	金属製品製造業用設備	
細目	5	その他の設備	
取得等年月日	6	××・3・20	・　・
事業の用に供した年月日又は支出年月日	7	××・3・20	・　・
取得価額又は支出金額	8	5,000,000　円	円
対象となる取得価額又は支出金額	9	5,000,000　円	円
普通償却限度額	10	41,666　円	円
特別償却率又は割増償却率	11	$\frac{}{100}$	$\frac{}{100}$
特別償却限度額又は割増償却限度額 (⑨−⑩)、(⑨×⑪)又は(⑩×⑪)	12	4,958,334　円	円
償却・準備金方式の区分	13	⑳償却⑳・準備金	償却・準備金
適用要件等	資産の取得価額等の合計額	14	円	円
	区域の名称等	15	生産性向上設備	
	認定等年月日	16	××・××・×× （認定）	・　・　( )
			・　・　( )	・　・　( )
	その他参考となる事項	17	××工業会証明書	

中小企業者又は中小連結法人の判定

発行済株式又は出資の総数又は総額	18				大規模法人の株式数等の保有する明細	順位	大規模法人		株式数又は出資金の額
⑱のうちその有する自己の株式又は出資の総数又は総額	19					1		26	
差引(⑱)−(⑲)	20							27	
常時使用する従業員の数	21	人						28	
大規模法人の株式の保有割合	第1順位の株式数又は出資金の額（㉖）	22							29	
	保有割合 $\frac{㉒}{⑳}$	23	％						30	
	大規模法人の保有する株式数等の計（㉒）	24							31	
	保有割合 $\frac{㉔}{⑳}$	25	％					計 (26)+(27)+(28)+(29)+(30)+(31)	32	

【記載例】別表6 ⒄

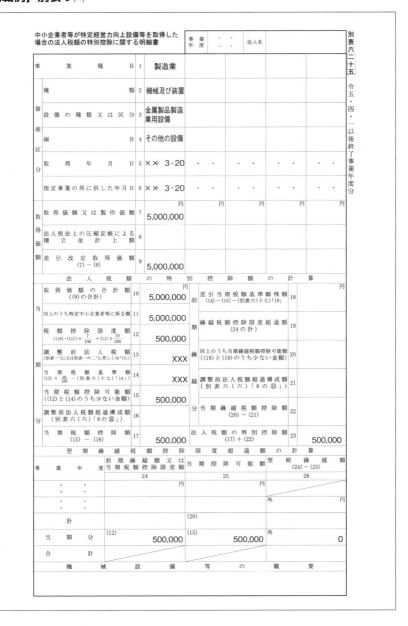

中小企業者等が特定経営力向上設備等を取得した
場合の法人税額の特別控除に関する明細書

事業年度	・　・ ・　・	法人名	

別表六(二十五)

令五・四・一以後終了事業年度分

事　業　種　目	1	製造業				
資産区分	種　　　　　類	2	機械及び装置			
	設備の種類又は区分	3	金属製品製造業用設備			
	細　　　　　目	4	その他の設備			
	取　得　年　月　日	5	××　3・20	・　・	・　・	・　・
	指定事業の用に供した年月日	6	××　3・20	・　・	・　・	・　・
取得価額	取得価額又は製作価額	7	円 5,000,000	円	円	円
	法人税法上の圧縮記帳による積立金計上額	8				
	差引改定取得価額 (7)－(8)	9	5,000,000			

法　人　税　額　の　特　別　控　除　額　の　計　算						
当期分	取得価額の合計額 ((9)の計)	10	円 5,000,000	前期繰越	差引当期税額基準額残額 (14)－(15)－(別表六(十七)「19」)	18	円
	同上のうち特定中小企業者等に係る額	11	5,000,000		繰越税額控除限度超過額 (24の計)	19	
	税額控除限度額 ((10)-(11))× 7/100 ＋(11)× 10/100	12	500,000		同上のうち当期繰越税額控除可能額 ((18)と(19)のうち少ない金額)	20	
	調整前法人税額 (別表一「2」又は別表一の二「2」若しくは「13」)	13	XXX		調整前法人税額超過構成額 (別表六(六)「8の⑲」)	21	
	当期税額基準額 (13)× 20/100 －(別表六(十七)「14」)	14	XXX		当期繰越税額控除額 (20)－(21)	22	
	当期税額控除可能額 ((12)と(14)のうち少ない金額)	15	500,000		法人税額の特別控除額 (17)＋(22)	23	500,000
	調整前法人税額超過構成額 (別表六(六)「8の⑯」)	16					
	当期税額控除額 (15)－(16)	17	500,000				

翌　期　繰　越　税　額　控　除　限　度　超　過　額　の　計　算				
事　業　年　度	前期繰越額又は当期税額控除限度額 24	当期控除可能額 25	翌期繰越額 (24)－(25) 26	
・　・ ・　・	円	円		円
・　・ ・　・			外	
計		(20)		
当　期　分	(12) 500,000	(15) 500,000	外	0
合　　計				

機　　械　　設　　備　　等　　の　　概　　要

203

ケース3　効率化を図るために社内システムを導入するとき（中小企業経営強化税制（B類型））

前提

・青色申告書を提出する資本金500万円の中小企業者（3月決算）である。

・ガソリンスタンドを経営している（小売業）。

　　新たにシステムを導入し、顧客情報を一元管理することによって、事務作業の効率化を図るため、「顧客管理システム」を導入する。

（設備投資）

　　顧客管理システム　　3,000,000円（耐用年数5年、定額法）

　　取得・供用年月日　　××年10月15日

・ソフトウェアのベンダーに確認したところ、経営力向上計画の申請に必要な工業会の証明書は発行されない。また、デジタル化設備には該当しない。

(1)　適用可能な制度

　この場合に適用する制度を検討します。資本金500万円の中小企業者であること、取得する資産がソフトウェアであることから適用可能な制度は下記のようになります。

ソフトウェアに適用可能な制度

税　制	適用の有無	備　考
少額減価償却資産の特例	○	30万円未満
中小企業経営強化税制	○	70万円以上
中小企業投資促進税制	○	70万円以上又は取得価額の合計が70万円以上
中小企業防災・減災投資促進税制	－	
地域未来投資促進税制	－	

　次に、ソフトウェアの取得価額が300万円であるために、少額減価償

却資産の特例は適用できません。中小企業経営強化税制又は中小企業投
資促進税制では、取得価額が70万円以上のソフトウェアが対象ですか
ら、いずれも適用が可能です。

　ただし、中小企業経営強化税制の適用については、工業会等の証明書
の交付はありませんのでA類型を適用することはできません。また、デ
ジタル化設備には該当せず、M&Aに伴う設備投資でもありませんの
で、C類型とD類型の適用はありません。したがって、B類型を適用
することになりますが、収益力強化設備（投資利益率5％以上）に該当
する必要があります。

　中小企業がソフトウェアを取得した場合に適用する制度としては、一
般的には、中小企業経営強化税制と中小企業投資促進税制のいずれかの
適用になることが多いと考えられます。なお、いずれの税制も一定のソ
フトウェアは対象資産から除かれていますので留意が必要です。

このケースで適用可能な制度

税　制	適用の有無	備　考
中小企業経営強化税制（A類型）	－	
中小企業経営強化税制（B類型）	○	70万円以上、事前手続き必要
中小企業経営強化税制（C類型）	－	
中小企業経営強化税制（D類型）	－	
中小企業投資促進税制	○	70万円以上、事前手続き不要

(2)　制度の選択

　適用可能な2つの制度のうち、いずれか有利な制度を選択します。中
小企業経営強化税制は事前の申請・認定等が必要ですが、中小企業投資
促進税制は特に必要ありません。設備投資までの事前の準備期間が十分
に取れると仮定すると、いずれの制度の適用も可能となります。

　最終的には、特別償却率・税額控除率による選択をすることになりま
す。特別償却額や税額控除額が大きい制度を選択します。

適用可能な制度の有利選択

税　制	特別償却	税額控除
中小企業経営強化税制	取得価額×100% （即時償却）	① 資本金3,000万円以下 　　取得価額×10% ② ①以外 　　取得価額×7％
中小企業投資促進税制	取得価額×30% （船舶除く）	資本金3,000万円以下のみ 　取得価額×7％（船舶除く）

　このケースでは、資本金が3,000万円以下であることから、中小企業経営強化税制を選択すれば、取得価額の全額が損金算入可能な即時償却又は取得価額×10%の税額控除が適用できるため、この制度が最も有利になります。

　中小企業経営強化税制はB類型を適用することとなりますので、投資利益率が5％以上の投資計画に係る設備（収益力強化設備）である必要があります。

選択

> →　中小企業経営強化税制（B類型）を選択

(3)　必要な手続き

　工業会等の証明書の交付は受けられませんので、中小企業経営強化税制のB類型（収益力強化設備）の適用を受けます。この場合には、まず①公認会計士又は税理士に投資計画の確認依頼をして事前確認書の交付を受け、②経済産業局に確認書の発行申請をして確認書の発行をしてもらいます。そして、③確認を受けた設備について「経営力向上計画」を策定して、④主務大臣に申請して計画の認定を受け、その後、⑤設備を取得する、という一連の手続きが必要となります。

　経営力向上計画の認定後に収益力強化設備を取得することになりますので、設備投資前に時間的な余裕が必要となります。

┌─ **手続き（B類型）** ─────────────────────┐

① 公認会計士又は税理士から投資計画について事前確認書の交付を受ける

　　↓

② 経済産業局に申請をして確認書の交付を受ける

　　↓

③ （自社で）経営力向上計画の策定をする

　　↓

④ 経営力向上計画を主務大臣に申請して認定を受ける

　　↓

⑤ 設備を取得する

└────────────────────────────┘

①　公認会計士又は税理士から事前確認書の交付を受ける

　中小企業経営強化税制のB類型の適用を受けるためには、まず、申請書と裏付けとなる資料に齟齬がなく、取得する設備が「収益力強化設備」に該当することについて公認会計士又は税理士の事前確認を受けて「事前確認書」の交付を受けます。

　なお、収益力強化設備に該当するためには、下記の要件を満たす必要があります。

┌─ **収益力強化設備の要件** ─────────────────┐

　年平均の投資利益率が5％以上となることが見込まれることにつき、経済産業大臣（経済産業局）の確認を受けた投資計画に記載された投資の目的を達成するために必要不可欠な設備であること

└────────────────────────────┘

　また、年平均の投資利益率の計算は下記の算式によって算定します。

┌─ **投資利益率** ──────────────────────┐

$$\frac{（営業利益＋減価償却費）の増加額（翌年度以降3年度の平均額）}{設備投資額（設備の取得価額の合計額）}$$

└────────────────────────────┘

②　経済産業局に申請をして確認書の交付を受ける

　収益力強化設備に関する投資計画の確認申請書を公認会計士又は税理士の事前確認書を添付して経済産業局に提出します。経済産業局は、概ね1ヶ月以内に、申請書が経営力向上設備等の投資計画であるとして適切である場合に確認書を発行します。

　なお、確認書の交付を受けた者は、設備の取得等をする年度の翌年度以降3年間について、投資計画に関する実施状況報告書を、設備の取得等を行った事業年度の翌事業年度終了後4ヶ月以内に確認書の交付を受けた経済産業局に提出する必要がありますので留意が必要です。

（③経営力向上計画の策定以降は、A類型と同様の手続きとなります。）

③　経営力向上計画の策定

　「日本標準産業分類」で該当する事業分野を確認し、その事業分野に対応する事業分野別指針を確認して、事業分野別指針（又は基本方針）を踏まえて経営力向上計画を策定することになります。経済産業局の確認を受けた収益力強化設備を経営力向上設備等として経営力向上計画に記載します。

④　経営力向上計画を主務大臣に申請して認定を受ける

　各事業分野の主務大臣に計画申請書（投資計画の確認申請書及び経済産業局の確認書（いずれも写し）を添付）を提出します。そして、認定を受けた場合には、主務大臣から計画認定書と計画申請書の写しが交付されます。申請から認定までには約30日（複数省庁にまたがる場合は約45日、経営力向上計画申請プラットフォームによる電子申請かつ経済産業部局宛てのみの申請については約14日（休日等を除く））を要するようです。

⑤　設備を取得する

　経営力向上計画の認定を受けた後に、収益力向上設備を取得します。

通常のスケジュール

◀ 公認会計士又は税理士の事前確認書の交付
◀ 経済産業局の確認書の交付
◀ 経営力向上計画の策定
◀ 経営力向上計画の申請

標準処理期間30日

◀ 経営力向上計画の認定
◀ 設備の取得
◀ 事業供用
◀ 事業年度末

　なお、経営力向上計画の認定を受けてから設備を取得することが原則ですが、先に設備の取得をして、後から計画の申請をすることも例外として認められています。

　経営力向上計画の申請に先立って計画を開始して設備を取得し、その後に経営力向上計画を申請する場合には、設備取得日から60日以内に経営力向上計画が受理される必要があります。また、中小企業経営強化税制の適用を受けるためには、遅くとも設備を取得し事業供用した年度内（期末まで）に計画の認定を受ける必要があります。事業供用した年度を越えてから認定を受けた場合には、税制の適用を受けることはできません。なお、経済産業局への確認書の申請は、設備取得より前に行う必要があります。

先に設備取得をする場合のスケジュール

◀ 公認会計士又は税理士の事前確認書の交付
◀ 経済産業局の確認書の申請
◀ 設備の取得・・・・・・・・・・・・・
◀ 事業供用
◀ 経済産業局の確認書の交付　　　（60日以内）
◀ 経営力向上計画の策定
◀ 経営力向上計画の申請（受理）・・・・

標準処理期間30日

◀　経営力向上計画の認定
◀　事業年度末

　なお、令和3年8月2日以降の経営力向上計画の申請において、工業会等の証明書（A類型）、経済産業局の確認書（B・C類型）の申請手続きと同時並行で、計画認定に係る審査を行うことを可能とする計画申請に関する柔軟な取扱いがなされています。

⑷　具体的な軽減額

　300万円の設備投資によって、資金が同額流出することになりますが、一方で、中小企業経営強化税制の適用によって、税額が一部軽減されます。

　この制度には特別償却と税額控除がありますが、選択に当たっては、特別償却は課税の繰延べ効果であり、税額控除は税額の軽減効果があることを前提に選択する必要があります。

特別償却の場合

所得の減少額　3,000,000円－3,000,000円×0.200×6/12
　　　　　　　　　　　　　　　　　普通償却限度額
　　　　　　　＝2,700,000円

法人税の軽減額　2,700,000円×23.2％＝626,400円

（法人税率は原則税率を使用している。）

＊即時償却であるため、取得価額－普通償却限度額がこの制度適用による所得の減少額となります。

税額控除の場合

法人税の軽減額　3,000,000円×10％＝300,000円

＊法人税額×20％との比較が必要となりますが、ここでは省略しています。

　特別償却と税額控除を比較すると、特別償却の方が法人税の軽減額が大きいために、設備投資年度の軽減額だけで比較すると特別償却の方が有利となります。ただし、特別償却は早期償却しているにすぎませんので、翌期以降の税額は償却費の計上がないため増加することになり、長期的に見ると特に税額の軽減にはなっていません。

　一方で、税額控除は法人税額が実際に30万円減少することになります。したがって、設備投資年度の税額の負担を下げることを優先して選択する場合には特別償却を、長期的な観点から判断する場合には税額控除を選択するという判断になると考えられます。

特別償却と税額控除の選択

【設備投資年度の税額軽減額のみで判断する場合】

→　特別償却（即時償却）

【長期的な観点から判断する場合】

→　税額控除

　なお、設備投資年度が赤字の場合には、設備投資年度の税額軽減はありません。特別償却・税額控除のいずれについても、特別償却不足額の翌期への繰越又は税額控除限度超過額の翌期への繰越が可能です。

(5)　会計処理

　特別償却を選択する場合には、償却費として損金経理する必要があります。したがって、取得価額と同額を減価償却費として処理します。

特別償却の場合

【資産の取得時】

ソフトウェア　3,000,000　　　現金預金　　　3,000,000

【減価償却費の計上】（取得価額の全額を償却）

減価償却費　　300,000　　ソフトウェア　　300,000（普通償却）

減価償却費　2,700,000　　ソフトウェア　2,700,000（特別償却）

　なお、特別償却の適用を受けることに代えて、特別償却限度額以下の金額を損金経理により特別償却準備金として積み立てる方法又はその事業年度の決算確定日までに剰余金の処分により特別償却準備金として積み立てる方法により損金の額に算入することも認められます。一般的な中小企業の場合には、特別償却準備金の利用はあまり多くありません。

```
┌─ 特別償却準備金の場合 ─────────────────────────────┐
│                                                      │
│  【資産の取得時】                                    │
│    ソフトウェア      3,000,000    現金預金        3,000,000 │
│                                                      │
│  【減価償却費の計上】                                │
│    減価償却費          300,000    ソフトウェア      300,000（普通償却）│
│              （通常の減価償却費）                    │
│                                                      │
│  【特別償却準備金の積立】                            │
│    繰越利益剰余金    2,700,000    特別償却準備金  2,700,000 │
│    又は                                              │
│    特別償却準備金繰入 2,700,000   特別償却準備金  2,700,000 │
│                                                      │
└──────────────────────────────────────────┘
```

　一方、税額控除を受ける場合には、特別な会計処理は必要ありません。通常の減価償却費を計上するのみとなります。

```
┌─ 税額控除の場合 ───────────────────────────────┐
│                                                      │
│  【資産の取得時】                                    │
│    ソフトウェア   3,000,000    現金預金       3,000,000 │
│                                                      │
│  【減価償却費の計上】                                │
│    減価償却費       300,000    ソフトウェア      300,000（普通償却）│
│             （通常の減価償却費）                     │
│                                                      │
└──────────────────────────────────────────┘
```

(6)　税務申告手続

　特別償却の適用を受けるためには、確定した決算において償却費として損金経理する必要があります。そして、別表16(1)又は別表16(2)を作成するとともに確定申告書等に特定経営力向上設備等の償却限度額の計算

に関する明細書の添付がある場合に限り適用するとされています。具体的には、特別償却の付表を作成して提出します。

なお、特別償却の適用を受けることに代えて、特別償却限度額以下の金額を特別償却準備金として積み立てる方法により損金の額に算入することも認められます。この適用を受けるには、確定申告書等に特別償却準備金として積み立てた金額の損金算入に関する申告の記載をし、その積み立てた金額の計算に関する明細書を添付する必要があります。

また、このケースはB類型になりますので、経済産業局の確認書、計画申請書及び計画認定書（いずれも写し）を添付します。

特別償却の場合

・特別償却の付表
　　中小企業者等が取得した特定経営力向上設備等の特別償却
・経済産業局の確認書（写し）
・計画申請書（写し）
・計画認定書（写し）

税額控除の場合には、確定申告書等（この規定により控除を受ける金額を増加させる修正申告書又は更正請求書を提出する場合には、当該修正申告書又は更正請求書を含む。）にこの規定による控除の対象となる特定経営力向上設備等の取得価額、控除を受ける金額及び当該金額の計算に関する明細を記載した書類の添付がある場合に限り適用するとされています。具体的には、別表6(25)を作成して提出します。

この場合において、この規定により控除される金額の計算の基礎となる特定経営力向上設備等の取得価額は、確定申告書等に添付された書類に記載された特定経営力向上設備等の取得価額が限度とされます。したがって、当初提出した申告書にこれらの記載がない場合には、その後の修正申告や更正の請求手続きによっては認められません。

このケースはB類型になりますので、特別償却の場合と同様に、経済産業局の確認書、計画申請書及び計画認定書（いずれも写し）を添付し

ます。

┌─ 税額控除の場合 ─────────────────────────┐

・別表6⒅　中小企業者等が特定経営力向上設備等を取得した場合の法
　　　　　人税額の特別控除に関する明細書

・経済産業局の確認書（写し）

・計画申請書（写し）

・計画認定書（写し）

└──────────────────────────────────┘

【記載例】特別償却の付表

| 特別償却等の償却限度額の計算に関する付表 | | 事業年度
又は連結
事業年度 | ・ ・ | 法人名 | ( ) | 特別償却の付表 |

(特別償却又は割増償却の名称) 該 当 条 項	1	(中小企業者等が取得した特定経営力) (向上設備等の特別償却) 措置法・震災特例法 (42)条(の12の4)第(1)項( )号( )	( )措置法・震災特例法 ( )条(の)第( )項( )号( )
事 業 の 種 類	2	小売業	
(機械・装置の耐用年数表等の番号) 資 産 の 種 類	3	( ) ソフトウェア	( )
構造、用途、設備の種類又は区分	4		
細 目	5	その他のもの	
取 得 等 年 月 日	6	××・10・15	・ ・
事業の用に供した年月日 又 は 支 出 年 月 日	7	××・10・15	・ ・
取 得 価 額 又 は 支 出 金 額	8	3,000,000 円	円
対象となる取得価額又は支出金額	9	3,000,000 円	円
普 通 償 却 限 度 額	10	300,000 円	円
特別償却率又は割増償却率	11	100	100
特別償却限度額又は割増償却限度額 ((9)−(10))、((9)×(11)) 又は ((10)×(11))	12	2,700,000 円	円
償却・準備金方式の区分	13	(償却)・準備金	償却・準備金

適 用 要 件 等	資産の取得価額等の合計額	14	円	円
	区 域 の 名 称 等	15	収益力強化設備	
	認 定 等 年 月 日	16	××・××・××(認定)	・ ・ ( )
			××・××・××(確認)	・ ・ ( )
	その他参考となる事項	17		

中 小 企 業 者 又 は 中 小 連 結 法 人 の 判 定

発行済株式又は出資の総数又は総額	18		大規模法人の株式数等の保有する明細	順位	大 規 模 法 人		株式数又は出資金の額
(18)のうちその有する自己の株式又は出資の総数又は総額	19			1		26	
差 引 (18)−(19)	20					27	
常時使用する従業員の数	21	人				28	
大規模法人の株式等の保有割合	第1順位の株式数又は出資金の額 (20)	22				29	
	保 有 割 合 (22)/(20)	23	%			30	
	大規模法人の保有する株式数等の計 (22)	24				31	
	保 有 割 合 (24)/(20)	25	%	計 (26)+(27)+(28)+(29)+(30)+(31)		32	

【記載例】別表 6 ⑵

中小企業者等が特定経営力向上設備等を取得した場合の法人税額の特別控除に関する明細書

| 事業年度 | ： ・ ： | 法人名 | |

項目	No.	記載				
事業種目	1	小売業				
資産区分　種類	2	ソフトウェア				
設備の種類又は区分	3					
細目	4	その他のもの				
取得年月日	5	××10·15	・ ・	・ ・	・ ・	・ ・
指定事業の用に供した年月日	6	××10·15	・ ・	・ ・	・ ・	・ ・
取得価額　取得価額又は製作価額	7	円 3,000,000	円	円	円	円
法人税法上の圧縮記帳による積立金計上額	8					
差引改定取得価額 (7) − (8)	9	3,000,000				

法　人　税　額　の　特　別　控　除　額　の　計　算

項目	No.	金額	項目	No.	金額
取得価額の合計額 ((9)の合計)	10	円 3,000,000	差引当期税額基準額残額 (14)−(15)−(別表六(十七)「19」)	18	円
同上のうち特定中小企業者等に係る額	11	3,000,000	繰越税額控除限度超過額 (24の計)	19	
税額控除限度額 ((10)−(11))×$\frac{7}{100}$+(11)×$\frac{10}{100}$	12	300,000	同上のうち当期繰越税額控除可能額 ((18)と(19)のうち少ない金額)	20	
調整前法人税額 (別表一「2」又は別表一の二「2」若しくは「13」)	13	×××	調整前法人税額超過構成額 (別表六(六)「8の⑲」)	21	
当期税額基準額 (13)×$\frac{20}{100}$−(別表六(十七)「14」)	14	×××	当期繰越税額控除額 (20)−(21)	22	
当期税額控除可能額 ((12)と(14)のうち少ない金額)	15	300,000			
調整前法人税額超過構成額 (別表六(六)「8の⑯」)	16				
当期税額控除額 (15)−(16)	17	300,000	法人税額の特別控除額 (17)+(22)	23	300,000

翌　期　繰　越　税　額　控　除　限　度　超　過　額　の　計　算

事業年度	前期繰越額又は当期税額控除限度額 24	当期控除可能額 25	翌期繰越額 (24)−(25) 26
・ ・	円	円	円
・ ・		外	外 円
計		(20)	
当期分	(12) 300,000	(15) 300,000	外 0
合計			

機　械　設　備　等　の　概　要

ケース 4　テレビ会議システムを導入するとき （中小企業経営強化税制（C 類型））

前提

・青色申告書を提出する資本金1,000万円の中小企業者（3月決算）である。

・自動車部品の製造を行っている（製造業）。

・3つの工場間の生産管理・生産調整をスムーズに行うために、新たにテレビ会議システムを導入する。

（設備投資）

　　テレビ会議システム　4,500,000円（器具備品、耐用年数10年、定額法）

　　取得・供用年月日　××年8月20日

・設備メーカーに確認したところ、経営力向上計画の申請に必要な工業会の証明書は発行されない。また、5％以上の投資利益率は見込まれない。

(1)　適用可能な制度

　この場合に適用する制度を検討します。資本金1,000万円の中小企業者であること、取得する資産が器具備品であることから適用可能な制度は下記のようになります。

器具備品に適用可能な制度

税　制	適用の有無	備　考
少額減価償却資産の特例	○	30万円未満
中小企業経営強化税制	○	30万円以上
中小企業投資促進税制	−	
中小企業防災・減災投資促進税制	○	30万円以上
地域未来投資促進税制	○	投資総額が2,000万円以上

　中小企業投資促進税制は、器具備品には適用ができません。

　次に、器具備品の取得価額が450万円であるために、最低投資総額から地域未来投資促進税制は適用ができず、30万円以上であるため少額減価償却資産の特例も適用できません。また、災害等に対する事前対策のための設備投資ではありませんので中小企業防災・減災投資促進税制も適用ができません。

　中小企業経営強化税制の適用については、このケースでは、A類型の経営力向上計画の認定に必要な工業会等の証明書は発行されず、投資利益率も5％以上は見込まれないため、B類型での経営力向上計画の認定も受けられません。また、M&Aに伴う設備投資ではありませんのでD類型は適用がありません。

このケースで適用可能な制度

税　制	適用の有無	備考
中小企業経営強化税制（A類型）	－	
中小企業経営強化税制（B類型）	－	
中小企業経営強化税制（C類型）	○	30万円以上、事前手続き必要
中小企業経営強化税制（D類型）	－	

(2)　制度の選択

　中小企業経営強化税制が適用可能となっています。テレビ会議システムは、デジタル化設備に該当しますので、中小企業経営強化税制のC類型の適用を受けることになります。

　なお、中小企業経営強化税制の特別償却率や税額控除率は下記のとおりです。

適用可能な制度の特別償却率等

税　　制	特別償却	税額控除
中小企業経営強化税制	取得価額×100% （即時償却）	①　資本金3,000万円以下 　　取得価額×10% ②　①以外 　　取得価額×7%

　このケースでは資本金が1,000万円であることから、特別償却と税額控除（取得価額×10%）のいずれも適用が可能となります。

適用税制

　→　中小企業経営強化税制（C類型）を適用

(3)　必要な手続き

　C類型の適用を受ける場合には、まず、①認定経営革新等支援機関に投資計画の確認依頼をして事前確認書の交付を受け、②経済産業局に確認書の発行申請をして確認書の発行をしてもらいます。そして、③確認を受けた設備について「経営力向上計画」を策定して、④主務大臣に申請して計画の認定を受け、その後、⑤設備を取得する、という一連の手続きが必要となります。

　経営力向上計画の認定後にデジタル化設備を取得することになりますので、設備投資前に時間的な余裕が必要となります。

手続き（C類型）

①　認定経営革新等支援機関から投資計画について事前確認書の交付を
　受ける
　　　↓
②　経済産業局に申請をして確認書の交付を受ける
　　　↓
③　（自社で）経営力向上計画の策定をする
　　　↓
④　経営力向上計画を主務大臣に申請して認定を受ける

↓

⑤　設備を取得する

①　認定経営革新等支援機関から事前確認書の交付を受ける

　中小企業経営強化税制のＣ類型の適用を受けるためには、まず、申請書と裏付けとなる資料に齟齬がなく、取得する設備が「デジタル化設備」に該当することについて認定経営革新等支援機関の事前確認を受けて「事前確認書」の交付を受けます。

　なお、Ｃ類型のデジタル化設備に該当するためには、事業プロセスのイ）遠隔操作、ロ）可視化、ハ）自動制御化のいずれかを可能にする投資目的を達成するために必要不可欠な設備である必要があります。

②　経済産業局に申請をして確認書の交付を受ける

　デジタル化設備に関する投資計画の確認申請書を認定経営革新等支援機関の事前確認書を添付して経済産業局に提出します。経済産業局は、概ね１ヶ月以内に、申請書が経営力向上設備等の投資計画であるとして適切である場合に確認書を発行します。

（③経営力向上計画の策定以降は、Ａ類型・Ｂ類型と同様の手続きとなります。）

③　経営力向上計画の策定

　「日本標準産業分類」で該当する事業分野を確認し、その事業分野に対応する事業分野別指針を確認して、事業分野別指針（又は基本方針）を踏まえて経営力向上計画を策定することになります。経済産業局の確認を受けたデジタル化設備を経営力向上設備等として経営力向上計画に記載します。

④ 経営力向上計画を主務大臣に申請して認定を受ける

　各事業分野の主務大臣に計画申請書（投資計画の確認申請書及び経済産業局の確認書（いずれも写し）を添付）を提出します。そして、認定を受けた場合には、主務大臣から計画認定書と計画申請書の写しが交付されます。申請から認定までには約30日（複数省庁にまたがる場合は約45日、経営力向上計画申請プラットフォームによる電子申請かつ経済産業部局宛てのみの申請については約14日（休日等を除く））を要するようです。

⑤ 設備を取得する

　経営力向上計画の認定を受けた後に、デジタル化設備を取得します。

通常のスケジュール

◀ 認定経営革新等支援機関の事前確認書の交付
◀ 経済産業局の確認書の交付
◀ 経営力向上計画の策定
◀ 経営力向上計画の申請

　標準処理期間30日

◀ 経営力向上計画の認定
◀ 設備の取得
◀ 事業供用
◀ 事業年度末

　なお、経営力向上計画の認定を受けた後に設備を取得することが原則ですが、先に設備の取得をして、後から計画の申請をすることも例外として認められています。

　経営力向上計画の申請に先立って計画を開始して設備を取得し、その後に経営力向上計画を申請する場合には、設備取得日から60日以内に経営力向上計画が受理される必要があります。また、中小企業経営

221

強化税制の適用を受けるためには、遅くとも設備を取得し事業供用した年度内（期末まで）に計画の認定を受ける必要があります。事業供用した年度を越えてから認定を受けた場合には、税制の適用を受けることはできません。なお、経済産業局への確認書の申請は、設備取得より前に行う必要があります。

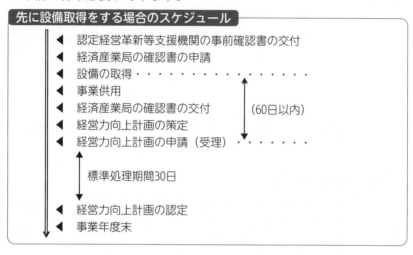

先に設備取得をする場合のスケジュール

◀ 認定経営革新等支援機関の事前確認書の交付
◀ 経済産業局の確認書の申請
◀ 設備の取得・・・・・・・・・・・・・・・・・・・
◀ 事業供用
◀ 経済産業局の確認書の交付　　　　（60日以内）
◀ 経営力向上計画の策定
◀ 経営力向上計画の申請（受理）・・・・・・・

　　　標準処理期間30日

◀ 経営力向上計画の認定
◀ 事業年度末

　なお、令和3年8月2日以降の経営力向上計画の申請において、工業会等の証明書（A類型）、経済産業局の確認書（B・C類型）の申請手続きと同時並行で、計画認定に係る審査を行うことを可能とする計画申請に関する柔軟な取扱いがなされています。

(4)　具体的な軽減額

　450万円の設備投資によって、資金が同額流出することになりますが、中小企業経営強化税制の適用によって、税額が一部軽減されることになります。

　この制度には特別償却と税額控除がありますが、選択に当たっては、特別償却は課税の繰延べ効果であり、税額控除は税額の軽減効果があることを前提に選択する必要があります。

特別償却の場合

所得の減少額　4,500,000円－4,500,000円×0.100× 8 /12

　　　　　　　＝4,200,000円

法人税の軽減額　4,200,000円×23.2％＝974,400円

（法人税率は原則税率を使用している。）

＊即時償却であるため、取得価額－普通償却限度額がこの制度適用による所得の減少額となります。

税額控除の場合

法人税の軽減額　4,500,000円×10％＝450,000円

＊法人税額×20％との比較が必要となりますが、ここでは省略しています。

　特別償却と税額控除を比較すると、特別償却の方が法人税の軽減額が大きいために、設備投資年度の軽減額だけで比較すると特別償却の方が有利となります。ただし、特別償却は早期償却しているにすぎませんので、翌期以降の税額は償却費の計上がないため増加することになり、長期的に見ると特に税額の軽減にはなっていません。

　一方で、税額控除は法人税額が実際に45万円減少することになります。したがって、設備投資年度の税額の負担を下げたいということを優先して選択する場合には特別償却を、長期的な観点から判断する場合には税額控除を選択するという判断になると考えられます。

特別償却と税額控除の選択

【設備投資年度の税額軽減額のみで判断する場合】

　→　特別償却（即時償却）

【長期的な観点から判断する場合】

　→　税額控除

　なお、設備投資年度が赤字の場合には、設備投資年度の税額軽減はあ

りません。特別償却・税額控除のいずれについても、特別償却不足額の翌期への繰越又は税額控除限度超過額の翌期への繰越が可能です。

(5)　会計処理

　特別償却を選択する場合には、償却費として損金経理する必要があります。したがって、取得価額と同額を減価償却費として処理します。

特別償却の場合

【資産の取得時】

器具備品　　　4,500,000　　　現金預金　　　4,500,000

【減価償却費の計上】（取得価額の全額を償却）

減価償却費　　　300,000　　　器具備品　　　　300,000（普通償却）

減価償却費　　4,200,000　　　器具備品　　4,200,000（特別償却）

　なお、特別償却の適用を受けることに代えて、特別償却限度額以下の金額を損金経理により特別償却準備金として積み立てる方法又はその事業年度の決算確定日までに剰余金の処分により特別償却準備金として積み立てる方法により損金の額に算入することも認められます。一般的な中小企業の場合には、特別償却準備金の利用はあまり多くありません。

特別償却準備金の場合

【資産の取得時】

器具備品　　　4,500,000　　　現金預金　　　4,500,000

【減価償却費の計上】

減価償却費　　　300,000　　　器具備品　　　　300,000（普通償却）
　　　　　　（通常の減価償却費）

【特別償却準備金の積立】

繰越利益剰余金　　4,200,000　　　特別償却準備金　4,200,000

又は

特別償却準備金繰入　4,200,000　　　特別償却準備金　4,200,000

　一方、税額控除を受ける場合には、特別な会計処理は必要ありません。通常の減価償却費を計上するのみとなります。

> **税額控除の場合**
>
> 【資産の取得時】
>
> 　器具備品　　　4,500,000　　現金預金　　4,500,000
>
> 【減価償却費の計上】
>
> 　減価償却費　　　300,000　　器具備品　　300,000（普通償却）
> 　　　　　　　　（通常の減価償却費）

⑹　税務申告手続

　特別償却の適用を受けるためには、確定した決算において償却費として損金経理する必要があります。そして、別表16⑴又は別表16⑵を作成するとともに確定申告書等に特定経営力向上設備等の償却限度額の計算に関する明細書の添付がある場合に限り適用するとされています。具体的には、特別償却の付表を作成して提出します。

　なお、特別償却の適用を受けることに代えて、特別償却限度額以下の金額を特別償却準備金として積み立てる方法により損金の額に算入することも認められます。この適用を受けるには、確定申告書等に特別償却準備金として積み立てた金額の損金算入に関する申告の記載をし、その積み立てた金額の計算に関する明細書を添付する必要があります。

　また、このケースはC類型になりますので、経済産業局の確認書、計画申請書及び計画認定書（いずれも写し）を添付します。

> **特別償却の場合**
>
> ・特別償却の付表
> 　中小企業者等が取得した特定経営力向上設備等の特別償却
> ・経済産業局の確認書（写し）
> ・計画申請書（写し）
> ・計画認定書（写し）

　税額控除の場合には、確定申告書等（この規定により控除を受ける金額を増加させる修正申告書又は更正請求書を提出する場合には、当該修正申告書又は更正請求書を含む。）にこの規定による控除の対象となる特定経営力向上設備等の取得価額、控除を受ける金額及び当該金額の計算に関する明細を記載した書類の添付がある場合に限り適用するとされています。具体的には、別表6㉕を作成して提出します。

　この場合において、この規定により控除される金額の計算の基礎となる特定経営力向上設備等の取得価額は、確定申告書等に添付された書類に記載された特定経営力向上設備等の取得価額が限度とされます。したがって、当初提出した申告書にこれらの記載がない場合には、この後の修正申告や更正の請求手続きによっては認められません。

　このケースはC類型になりますので、特別償却の場合と同様に、経済産業局の確認書、計画申請書及び計画認定書（いずれも写し）を添付します。

税額控除の場合

・別表6㉕　中小企業者等が特定経営力向上設備等を取得した場合の法
　　　　　人税額の特別控除に関する明細書

・経済産業局の確認書（写し）

・計画申請書（写し）

・計画認定書（写し）

【記載例】特別償却付表

特別償却等の償却限度額の計算に関する付表

		事業年度 又は連結 事業年度	・ ・	法人名	( )

				特別償却の付表

（特別償却又は割増償却の名称） 該 当 条 項	1	（中小企業者等が取得した特定経営力） （向上設備等の特別償却）措置法・震災特例法 （42）条の12の4第（1）項（ ）号（ ） ( )	( )措置法・震災特例法 （ ）条の（ ）第（ ）項（ ）号（ ） ( )
事 業 の 種 類	2	製造業	
（機械・装置の耐用年数表等の番号） 資 産 の 種 類	3	（ ） 器具及び備品	（ ）
構造、用途、設備の種類又は区分	4	電話設備その他の通信機器	
細 目	5	その他のもの	
取 得 等 年 月 日	6	×× ・ 8 ・ 20	・ ・
事 業 の 用 に 供 し た 年 月 日 又 は 支 出 年 月 日	7	×× ・ 8 ・ 20	・ ・
取 得 価 額 又 は 支 出 金 額	8	4,500,000 円	円
対象となる取得価額又は支出金額	9	4,500,000 円	円
普 通 償 却 限 度 額	10	300,000 円	円
特別償却率又は割増償却率	11	$\frac{}{100}$	$\frac{}{100}$
特別償却限度額又は割増償却限度額 （⑨-⑩）、（⑨×⑪）又は（⑩×⑪）	12	4,200,000 円	円
償 却・準 備 金 方 式 の 区 分	13	⟨償 却⟩・準 備 金	償 却・準 備 金
適 区 域 の 名 称 等	14	円	円
適 区 域 の 名 称 等	15	デジタル化設備	
用 認 定 等 年 月 日	16	××・××・×× （ 認定 ）	・ ・ （ ）
用 認 定 等 年 月 日	16	××・××・×× （ 確認 ）	・ ・ （ ）
要件等 その他参考となる事項	17		

中 小 企 業 者 又 は 中 小 連 結 法 人 の 判 定							
発 行 済 株 式 又 は 出 資 の 総 数 又 は 総 額	18		大規模法人の株式等の保有する明細	順位	大 規 模 法 人		株 式 数 又 は 出 資 金 の 額
⑱のうちその有する自己の株式 又は出資の総数又は総額	19			1		26	
差 引（⑱－⑲）	20					27	
常 時 使 用 す る 従 業 員 の 数	21	人				28	
大規模法人の株式の保有割合 第1順位の株式数又は 出資金の額 ㉖	22					29	
大規模法人の株式の保有割合 保 有 割 合 ㉒/⑳	23	％				30	
大規模法人の株式の保有割合 大規模法人の保有する 株式数等の計 ㉜	24					31	
大規模法人の株式の保有割合 保 有 割 合 ㉔/⑳	25	％		計 (26)+(27)+(28)+(29)+(30)+(31)		32	

【別表 6 ⒉】 記載例

中小企業者等が特定経営力向上設備等を取得した場合の法人税額の特別控除に関する明細書		事業年度	・・ ・・	法人名			別表六二十五 令五・四・一以後終了事業年度分
事　業　種　目	1	製造業					
資産区分	種　　　　　類	2	器具及び備品				
	設備の種類又は区分	3	電話設備その他の通信機器				
	細　　　　　目	4	その他のもの				
	取　得　年　月　日	5	××0・20	・・・	・・・	・・・	・・・
	指定事業の用に供した年月日	6	××8・20	・・・	・・・	・・・	・・・
取得価額	取得価額又は製作価額	7	円 4,500,000	円	円	円	円
	法人税法上の圧縮記帳による積立金計上額	8					
	差引改定取得価額 (7)-(8)	9	4,500,000				

法　人　税　額　の　特　別　控　除　額　の　計　算

当期分	取得価額の合計額 ((9)の合計)	10	円 4,500,000	前期越	差引当期税額基準額残額 (14)-(15)-(別表六(十七)「19」)	18	円
	同上のうち特定中小企業者等に係る額	11	4,500,000		繰越税額控除限度超過額 (24の計)	19	
	税額控除限度額 ((10)-(11))×7/100+(11)×10/100	12	450,000		同上のうち当期繰越税額控除可能額 ((18)と(19)のうち少ない金額)	20	
	調整前法人税額 (別表一「2」又は別表一の二「2」若しくは「13」)	13	×××	繰越	調整前法人税額超過構成額 (別表六(六)「8の⑲」)	21	
	当期税額基準額 (13)×20/100-(別表六(十七)「14」)	14	×××		当期繰越税額控除額 (20)-(21)	22	
	当期税額控除可能額 ((12)と(14)のうち少ない金額)	15	450,000	分	法人税額の特別控除額 (17)+(22)	23	450,000
	調整前法人税額超過構成額 (別表六(六)「8の⑯」)	16					
	当期税額控除額 (15)-(16)	17	450,000				

翌期繰越税額控除限度超過額の計算

事　業　年　度	前期繰越額又は当期税額控除限度額 24	当期控除可能額 25	翌期繰越額 (24)-(25) 26
・・ ・・	円	円	円
・・ ・・		外	円
計		(20)	
当　期　分	(12) 450,000	(15) 450,000	外 0
合　　計			

機　械　設　備　等　の　概　要

ケース5 急遽、効率化のために製造設備を導入するとき（中小企業投資促進税制）

前提

・青色申告書を提出する資本金5,000万円の中小企業者（3月決算）である。

・自動車用部品の製造を行っている（製造業）。

　従来は旧式化している設備によっていたが、リードタイムを短縮して生産性の向上を図るために、新たに自動車用部品の製造設備を導入する。

（設備投資）

　自動車用部品製造設備　10,000,000円（耐用年数9年、定額法）

　取得・供用年月日　××年3月25日

・メーカーに確認したところ、経営力向上計画の申請に必要な工業会の証明書は発行される。なお、3月になってから急遽、設備投資が決まったため、期末までに経営力向上計画の申請を行うのは難しい。

(1) 適用可能な制度

　この場合に適用する制度を検討します。資本金5,000万円の中小企業者であること、取得する資産が機械装置であることから適用可能な制度は下記のようになります。

機械装置に適用可能な制度

税　制	適用の有無	備　考
少額減価償却資産の特例	○	30万円未満
中小企業経営強化税制	○	160万円以上
中小企業投資促進税制	○	160万円以上
中小企業防災・減災投資促進税制	○	100万円以上
地域未来投資促進税制	○	投資総額2,000万円以上

　次に、このケースでは、機械装置の取得価額が1,000万円であるために、最低投資総額から地域未来投資促進税制は適用ができず、30万円以上であるため少額減価償却資産の特例も適用できません。また、災害等に対する事前対策のための設備投資でもありませんので、中小企業防災・減災投資促進税制も除外されます。

　最終的には、中小企業経営強化税制（Ｃ類型とＤ類型の適用はありません。）と中小企業投資促進税制のいずれかの適用となります。

このケースで適用可能な制度

税　　制	適用の有無	備　　考
中小企業経営強化税制（Ａ類型）	○	160万円以上、事前手続き必要
中小企業経営強化税制（Ｂ類型）	○	160万円以上、事前手続き必要
中小企業経営強化税制（Ｃ類型）	−	
中小企業経営強化税制（Ｄ類型）	−	
中小企業投資促進税制	○	160万円以上、事前手続き不要

(2)　制度の選択

　適用可能な２つの制度のうち、いずれか有利な制度を選択します。中小企業経営強化税制は事前の申請・認定等が必要ですが、中小企業投資促進税制は特に必要ありません。

　また、特別償却率や税額控除率は下記のとおりです。

適用可能な制度の有利選択

税　　制	特別償却	税額控除
中小企業経営強化税制	取得価額×100%（即時償却）	①　資本金3,000万円以下 　　取得価額×10% ②　①以外 　　取得価額×７%
中小企業投資促進税制	取得価額×30%（船舶除く）	資本金3,000万円以下のみ 取得価額×７%（船舶除く）

　このケースでは資本金が5,000万円であることから、中小企業経営強化税制の税額控除を適用する場合には、税額控除率は10%ではなく７%

を適用することになります。また、中小企業投資促進税制を適用する場合には、税額控除は資本金が3,000万円以下の法人しか適用できないことから、特別償却のみの適用になります。

資本金5,000万円の場合

税　　制	特別償却	税額控除
中小企業経営強化税制	取得価額×100% （即時償却）	取得価額×7％
中小企業投資促進税制	取得価額×30% （船舶除く）	－

　ただし、中小企業経営強化税制の適用を受けるためには、事前の申請・認定等の手続きが必要になりますが、このケースの場合、設備投資が急遽決まったことから、この手続きをとることが難しい状況にあるため、実際には中小企業経営強化税制の適用はできないことになります。

　したがって、最終的には、中小企業投資促進税制の適用を受けることとなります。なお、資本金3,000万円超であるために税額控除の適用を受けることができませんので、特別償却の適用を受けます。

適用税制

　→　中小企業投資促進税制（特別償却）を適用

(3)　必要な手続き

　中小企業投資促進税制の適用を受けるために、事前の特別な手続き等はありません。税務申告において所定の手続きをとることで適用が認められます。

(4)　具体的な軽減額

　1,000万円の設備投資によって、資金が同額流出することになりますが、中小企業投資促進税制の適用によって、設備投資年度の税額が一部軽減されることになります。この制度には特別償却と税額控除がありま

すが、このケースでは特別償却のみ適用可能です。

┌─ **特別償却の場合** ─────────────────────────┐

所得の減少額　　　10,000,000円×30％＝3,000,000円

法人税の軽減額　3,000,000円×23.2％＝696,000円

（法人税率は原則税率を使用している。）

└──────────────────────────────────────┘

　なお、設備投資年度が赤字の場合には、設備投資年度の税額軽減はありません。特別償却について特別償却不足額の翌期への繰越が可能です。

(5)　会計処理

　特別償却を選択する場合には、償却費として損金経理する必要があります。したがって、取得価額の30％相当額を減価償却費として処理します。

┌─ **特別償却の場合** ─────────────────────────┐

【資産の取得時】

　機械装置　　　10,000,000　　　現金預金　　　10,000,000

【減価償却費の計上】

　減価償却費　　　　93,333　　　機械装置　　　　93,333（普通償却）

　減価償却費　　3,000,000　　　機械装置　　3,000,000（特別償却）

└──────────────────────────────────────┘

　なお、特別償却の適用を受けることに代えて、特別償却限度額以下の金額を損金経理により特別償却準備金として積み立てる方法又はその事業年度の決算確定日までに剰余金の処分により特別償却準備金として積み立てる方法により損金の額に算入することも認められます。一般的な中小企業の場合には、特別償却準備金の利用はあまり多くありません。

```
┌─ 特別償却準備金の場合 ──────────────────────────────┐
│ 【資産の取得時】                                                   │
│   機械装置        10,000,000    現金預金      10,000,000        │
│ 【減価償却費の計上】                                               │
│   減価償却費          93,333    機械装置        93,333（普通償却）│
│         （通常の減価償却費）                                       │
│                                                                  │
│ 【特別償却準備金の積立】                                           │
│   繰越利益剰余金    3,000,000    特別償却準備金  3,000,000        │
│   又は                                                           │
│   特別償却準備金繰入 3,000,000   特別償却準備金  3,000,000        │
└──────────────────────────────────────────────┘
```

(6) 税務申告手続

特別償却の適用を受けるためには、確定した決算において償却費として損金経理する必要があります。そして、別表16(1)又は別表16(2)を作成するとともに確定申告書等に中小企業者等が取得をした機械等の償却限度額の計算に関する明細書の添付がある場合に限り適用するとされています。具体的には、特別償却の付表を作成して提出します。

なお、特別償却の適用を受けることに代えて、特別償却限度額以下の金額を特別償却準備金として積み立てる方法により損金の額に算入することも認められます。この適用を受けるには、確定申告書等に特別償却準備金として積み立てた金額の損金算入に関する申告の記載をし、その積み立てた金額の計算に関する明細書を添付する必要があります。

なお、証明書等の添付は必要ありません。

```
┌─ 特別償却の場合 ──────────────────────────────┐
│   特別償却の付表  中小企業者等が取得した機械等の特別償却         │
└──────────────────────────────────────────┘
```

【記載例】特別償却の付表

| 特別償却等の償却限度額の計算に関する付表 | | 事業年度
又は連結
事業年度 | ・ ・
・ ・ | 法人名 | （ ） | 特別償却の付表 |

（特別償却又は割増償却の名称） 該　当　条　項	1	（ 中小企業者等が取得した機械等の ） （ 特別償却 ）（措置法）・震災特例法 （42）条（の　6　）第（1）項（1）号（ ）	（ ） （ ）条（の ）第（ ）項（ ）号（ ）	措置法・震災特例法	
事　業　の　種　類	2	製造業			
（機械・装置の耐用年数表等の番号） 資　産　の　種　類	3	23 輸送用機械器具製造業用設備	（ ）		
構造、用途、設備の種類又は区分	4	輸送用機械器具製造業用設備			
細　　　　　　　　　　目	5				
取　得　等　年　月　日	6	××・3・25	・　　・		
事業の用に供した年月日 又　は　支　出　年　月　日	7	××・3・25	・　　・		
取　得　価　額　又　は　支　出　金　額	8	10,000,000　円	円		
対象となる取得価額又は支出金額	9	10,000,000　円	円		
普　通　償　却　限　度　額	10	円	円		
特別償却率又は割増償却率	11	$\frac{30}{100}$	$\frac{}{100}$		
特別償却限度額又は割増償却限度額 （⑼－⑽）、（⑼×⑾）又は（⑽×⑾）	12	3,000,000　円	円		
償　却・準　備　金　方　式　の　区　分	13	⓪償却・準備金	償却・準備金		

適用要件等	資産の取得価額等の合計額	14		円
	区　域　の　名　称　等	15		
	認　定　等　年　月　日	16	・　・（ ） ・　・（ ）	・　・（ ） ・　・（ ）
	その他参考となる事項	17		

中 小 企 業 者 又 は 中 小 連 結 法 人 の 判 定

					順位	大 規 模 法 人		株式数又は 出資金の額
発 行 済 株 式 又 は 出 資 の 総 数 又 は 総 額	18		大規模法人の株式数等の保有する明細	株式数等の保有する明細	1		26	
⒅のうちその有する自己の株式 又 は 出 資 の 総 数 又 は 総 額	19						27	
差　引 ⒅－⒆	20						28	
常 時 使 用 す る 従 業 員 の 数	21	人					29	
大規模法人の株式の保有割合	第1順位の株式数又は 出資金の額 ⒇	22					30	
	保有割合 $\frac{⑳}{⒅}$	23	％				31	
	大規模法人の保有する 株式数等の計 ㉒	24			計 (26)+(27)+(28)+(29)+(30)+(31)		32	
	保 有 割 合 $\frac{㉔}{⒅}$	25	％					

ケース6 補助金の交付を受け、POS レジの導入をするとき（国庫補助金等の圧縮記帳、少額減価償却資産の特例）

前提

・青色申告書を提出する資本金50万円の中小企業者（3月決算）である。

・衣料品や雑貨の販売を行っている（小売業）。

・業務を効率化するため、これまでのレジから新たにPOSレジを導入する。

（設備投資）

POSレジ　500,000円（器具備品、耐用年数5年、定額法）

取得・供用年月日　××年10月10日

・メーカーに確認したところ、経営力向上計画の申請に必要な工業会の証明書は発行されない。また、5%以上の投資利益率は見込まれない。

・小規模事業者持続化補助金250,000円の交付を受け、圧縮記帳を行う。

(1) 適用可能な制度

この場合に適用する制度を検討します。

まず、小規模事業者持続化補助金25万円は、国庫補助金等の圧縮記帳の適用を受けることができます。

また、特別償却・税額控除に関しては、資本金50万円の中小企業者であること、取得する資産が器具備品であること、取得価額が500,000円（圧縮記帳後は250,000円）であることから、適用可能な制度は下記のようになります。各制度の取得価額の金額要件は、圧縮記帳後の取得価額によって判定します。

なお、国庫補助金等の圧縮記帳と特別償却・税額控除は同時に適用することが可能です。

器具備品に適用可能な制度

税　制	適用の有無	備　考
少額減価償却資産の特例	○	30万円未満
中小企業経営強化税制	○	30万円以上
中小企業投資促進税制	−	
中小企業防災・減災投資促進税制	○	30万円以上
地域未来投資促進税制	○	投資総額2,000万円以上

　次に、各制度の取得価額の金額要件は、圧縮記帳後の取得価額によって判定しますので、圧縮記帳後の取得価額が25万円（50万円−25万円＝25万円）であるために、中小企業経営強化税制は取得価額要件を満たさず適用がありません。投資総額が少額であるために地域未来投資促進税制も適用できません。また、災害等に対する事前対策のための設備投資でもありませんので、中小企業防災・減災投資促進税制も除外されます。さらに、中小企業投資促進税制では、器具備品は対象資産となっていません。

　したがって、適用可能な制度としては、圧縮記帳を行ったうえで、少額減価償却資産の特例を適用することになります。

このケースで適用可能な制度

税　制	適用の有無	備　考
少額減価償却資産の特例	○	30万円未満

(2)　制度の選択

　適用可能な制度のうち、有利な制度を選択しますが、適用可能な制度は1つしかありませんので、「少額減価償却資産の特例」を選択します。

適用税制

→　・国庫補助金等の圧縮記帳
　　・少額減価償却資産の特例 ｝を適用

(3) 必要な手続き

　少額減価償却資産の特例制度を適用する場合には、税務申告手続以外に特別な手続きは必要ありません。

(4) 具体的な軽減額

　25万円の小規模事業者持続化補助金の交付を受け、50万円の設備投資を行いますので、差額の25万円の資金が流出することになりますが、国庫補助金等の圧縮記帳と少額減価償却資産の特例の適用によって、税額が一部軽減されることになります。

　まず、圧縮記帳についてですが、収受した補助金25万円については、原則として法人税の課税対象となります。したがって、補助金25万円に対して法人税率を乗じた金額の税額が生じてしまいます。ただし、圧縮記帳が適用されると、このケースの場合、補助金と同額の圧縮損25万円が損金として認められることになり、補助金収入と圧縮損が相殺されることになります。圧縮記帳の適用による軽減額は下記のようになります。

```
圧縮記帳の場合の法人税の軽減額

所得の減少額　　　250,000円（圧縮損）
法人税の軽減額　　250,000円×23.2%＝58,000円
（法人税率は原則税率を使用している。）
```

　仮に圧縮記帳の適用がない場合には、補助金25万円に対して法人税が課税されてしまいますので、実質的には補助金25万円の一部が設備投資に使用できないことになります。

　次に少額減価償却資産の特例の適用ですが、圧縮記帳後の取得価額が25万円ですので、30万円未満であり、かつ、年間300万円の限度額に収まっています。法人税の軽減額は下記のようになります。

　なお、本来はこれらの資産に対して計算される減価償却費と25万円との差額がこの税制の適用による所得の減少額となりますが、ここでは取

得価額の全額を所得の減少額として計算します。

> **法人税の軽減額**
>
> 所得の減少額　　250,000円
>
> 法人税の軽減額　250,000円×23.2％＝58,000円
>
> （法人税率は原則税率を使用している。）

　なお、圧縮記帳は特別償却と同様に課税の繰延べが行われるのみで、長期的には税額の軽減にはなっていません。

(5)　会計処理

　圧縮記帳の適用を受けるためには、その取得した固定資産につき圧縮限度額の範囲内でその帳簿価額を損金経理により減額し又はその圧縮限度額以下の金額をその事業年度の確定した決算において積立金として積み立てる方法により経理することとされています。中小企業においては、帳簿価額を損金経理により減額する方法を適用するのが一般的です。

　次に、少額減価償却資産の特例を適用する場合には、取得価額（圧縮記帳後）相当額を損金経理します（ここでは減価償却費とします。）。

> **圧縮記帳と少額減価償却資産の特例を適用する場合**
>
> 【資産の取得時】
>
> 　器具備品　　　　500,000　　　現金預金　　　500,000
>
> 【補助金の収受】
>
> 　現金預金　　　　250,000　　　補助金収入　　250,000
>
> 【圧縮損の計上】
>
> 　圧縮損　　　　　250,000　　　器具備品　　　250,000（圧縮記帳）
>
> 【減価償却費の計上】
>
> 　減価償却費　　　250,000　　　器具備品　　　250,000
>
> 　　　　　　　（全額損金経理）

(6) 税務申告手続

　圧縮記帳の適用を受ける場合には、確定申告書に「この規定に規定する減額し又は経理した金額に相当する金額の損金算入に関する明細の記載がある場合に限り適用する」とされています。具体的には、別表13(1)国庫補助金等、工事負担金及び賦課金で取得した固定資産等の圧縮額等の損金算入に関する明細書を作成して提出します。

　なお、税務署長は、これらの記載がない確定申告書の提出があった場合においても、その記載がなかったことについてやむを得ない事情があると認めるときは、圧縮記帳を適用することができるとされています。

圧縮記帳を適用する場合

別表13(1)　国庫補助金等、工事負担金及び賦課金で取得した固定資産等
　　　　　の圧縮額等の損金算入に関する明細書

　次に、少額減価償却資産の特例を受けるためには、確定申告書等にこの規定の適用を受ける少額減価償却資産の取得価額に関する明細書の添付がある場合に限り適用するとされています。具体的には、別表16(7)「少額減価償却資産の取得価額の損金算入の特例に関する明細書」を作成して提出します。

　なお、別表16(7)に記載されなかった資産については適用が認められませんので、記載漏れに注意が必要です。

少額減価償却資産の特例を適用する場合

別表16(7)
　少額減価償却資産の取得価額の損金算入の特例に関する明細書

【記載例】別表13⑴

国庫補助金等、工事負担金及び賦課金で取得した固定資産等の圧縮額等の損金算入に関する明細書

事業年度	：　：	法人名	

Ⅰ　国庫補助金等で取得した固定資産等の圧縮額等の損金算入に関する明細書

項目		No.	金額	項目		No.	金額
補　助　金　等　の　名　称		1	小規模事業者持続化補助金		圧　縮　限　度　超　過　額 (6) － (12)	13	円 0
補　助　金　等　を　交　付　し　た　者		2	××××		前期以前に取得をした減価償却資産の既償却額に係る取得価額調整額 (既償却額) × (10)	14	
交　付　を　受　け　た　年　月　日		3	××・××・××		取得価額に算入しない金額 ((6) と (12) のうち少ない金額) ＋ (14)	15	
交　付　を　受　け　た　補　助　金　等　の　額		4	250,000 円	特別勘定に経理した場合（条件付の場合）の計算	特　別　勘　定　に　経　理　し　た　金　額	16	
交　付　を　受　け　た　資　産　の　価　額		5			繰　　入　　限　　度　　額 ((4) のうち条件付の金額)	17	
帳簿価額を減額し、又は積立金に経理した場合（無条件の場合又は）	固定資産の帳簿価額を減額し、又は積立金に経理した金額	6	250,000		繰　入　限　度　超　過　額 (16) － (17)	18	
	圧縮限度額の計算 (4) のうち返還を要しない又は要しないこととなった金額	7	250,000		翌期繰越額の計算 当初特別勘定に経理した金額 (繰入事業年度の (16) － (18))	19	
	前期以前に取得である場合 (4) の全部又は一部の返還を要しないこととなった日における固定資産の帳簿価額	8			同上のうち前期末までに益金の額に算入された金額	20	
	固定資産の取得等に要した金額	9			当期中に益金に返　還　し　た　金　額	21	
	補　助　割　合 (7)／(9)	10			返還を要しないこととなった金額	22	
	圧縮限度基礎額 (8) × (10)	11	円		(21) 及び (22) 以外の取崩額	23	
	圧　縮　限　度　額 (5)、(7) 若しくは (11) 又は ((5)、(7) 若しくは (11)) － 1 円)	12	250,000		期　末　特　別　勘　定　残　額 (19) － (20) － (21) － (22) － (23)	24	

Ⅱ　工事負担金で取得した固定資産等の圧縮額の損金算入に関する明細書

項目		No.	金額	項目		No.	金額
交　付　を　受　け　た　金　銭　の　額　及　び　資　材　の　価　額		25	円	圧縮限度額の計算 前期以前に取得である場合の減 (25) の交付を受けた日における固定資産の帳簿価額		31	円
交　付　を　受　け　た　固　定　資　産　の　価　額		26			負　担　割　合 (25)／(29) (1 を超える場合は 1)	32	
取　得　し　た　固　定　資　産　の　種　類		27			圧　縮　限　度　基　礎　額 (31) × (32)	33	円
固定資産の帳簿価額を減額し、又は積立金に経理した金額		28	円		圧　縮　限　度　額 (26)、(30) 若しくは (33) 又は ((26)、(30) 若しくは (33)) － 1 円)	34	
圧縮限度額の計算	固定資産の取得に要した金額	29			圧　縮　限　度　超　過　額 (28) － (34)	35	
	圧　縮　限　度　基　礎　額 ((25) と (29) のうち少ない金額)	30			前期以前に取得をした減価償却資産の既償却額に係る取得価額調整額 (既償却額) × (32)	36	
					取得価額に算入しない金額 ((28) と (34) のうち少ない金額) ＋ (36)	37	

Ⅲ　非出資組合が賦課金で取得した固定資産等の圧縮額の損金算入に関する明細書

項目		No.	金額	項目		No.	金額
賦　課　に　基　づ　い　て　納　付　さ　れ　た　金　額		38	円	圧縮限度額の計算 前期以前に取得である場合の減 (38) が納付された日における固定資産の帳簿価額		43	円
取　得　し　た　固　定　資　産　の　種　類		39			賦　課　割　合 (38)／(41) (1 を超える場合は 1)	44	
固定資産の帳簿価額を減額し、又は積立金に経理した金額		40	円		圧　縮　限　度　基　礎　額 (43) × (44)	45	円
圧縮限度額の計算	固定資産の取得等に要した金額	41			圧　縮　限　度　額 (42) 若しくは (45) 又は ((42) 若しくは (45)) － 1 円)	46	
	圧　縮　限　度　基　礎　額 ((38) と (41) のうち少ない金額)	42			圧　縮　限　度　超　過　額 (40) － (46)	47	
					前期以前に取得をした減価償却資産の既償却額に係る取得価額調整額 (既償却額) × (44)	48	
					取得価額に算入しない金額 ((40) と (46) のうち少ない金額) ＋ (48)	49	

【記載例】別表16⑺

少額減価償却資産の取得価額の損金算入の特例に関する明細書			事業年度	： ：	法人名				別表十六㈦ 令五・四・一以後終了事業年度分
資産区分	種 類	1	器具及び備品						
	構 造	2	事務機器及び通信機器						
	細 目	3	金銭登録機						
	事業の用に供した年月	4	××年10月						
取得価額	取得価額又は製作価額	5	円 500,000	円	円	円	円		
	法人税法上の圧縮記帳による積立金計上額	6	250,000						
	差引改定取得価額 (5)−(6)	7	250,000						
資産区分	種 類	1							
	構 造	2							
	細 目	3							
	事業の用に供した年月	4							
取得価額	取得価額又は製作価額	5	円	円	円	円	円		
	法人税法上の圧縮記帳による積立金計上額	6							
	差引改定取得価額 (5)−(6)	7							
資産区分	種 類	1							
	構 造	2							
	細 目	3							
	事業の用に供した年月	4							
取得価額	取得価額又は製作価額	5	円	円	円	円	円		
	法人税法上の圧縮記帳による積立金計上額	6							
	差引改定取得価額 (5)−(6)	7							
当期の少額減価償却資産の取得価額の合計額 ((7)の計)		8					円 250,000		

241

ケース7　サーモグラフィ装置を導入するとき
（中小企業防災・減災投資促進税制）

前提

・青色申告書を提出する資本金1,000万円の中小企業者（３月決算）である。
・電子部品の卸売り販売を行っている（卸売業）。
・会社の出入口にサーモグラフィ装置を設置する。
（設備投資）
　　サーモグラフィ装置　1,200,000円（器具備品、耐用年数５年、定額法）
　　取得・供用年月日　××年３月10日
・設備メーカーに確認したところ、経営力向上計画の申請に必要な工業会の証明書は発行されない。また、５％以上の投資利益率は見込まれず、デジタル化設備にも該当しない。

(1)　適用可能な制度

　この場合に適用する制度を検討します。資本金1,000万円の中小企業者であること、取得する資産が器具備品であることから、適用可能な制度は下記のようになります。

器具備品に適用可能な制度

税　　制	適用の有無	備考
少額減価償却資産の特例	○	30万円未満
中小企業経営強化税制	○	30万円以上
中小企業投資促進税制	－	
中小企業防災・減災投資促進税制	○	30万円以上
地域未来投資促進税制	○	投資総額が2,000万円以上

　次に、器具備品の取得価額が120万円であるために、最低投資総額か

ら地域未来投資促進税制は適用ができず、30万円以上であるため少額減価償却資産の特例も適用できません。中小企業投資促進税制は、器具備品は適用ができません。

　中小企業経営強化税制の適用については、Ａ類型の経営力向上計画の申請に必要な工業会等の証明書は発行されず、また投資利益率も５％以上は見込めないためＢ類型での経営力向上計画の認定も受けられません。また、デジタル化設備（Ｃ類型）に該当せず、Ｍ＆Ａに伴う設備投資（Ｄ類型）でもありませんので、Ｃ類型・Ｄ類型は適用がありません。

このケースで適用可能な制度

税　制	適用の有無	備考
中小企業経営強化税制（Ａ類型）	－	
中小企業経営強化税制（Ｂ類型）	－	
中小企業経営強化税制（Ｃ類型）	－	
中小企業経営強化税制（Ｄ類型）	－	
中小企業防災・減災投資促進税制	○	30万円以上、事前手続き必要

(2)　制度の選択

　中小企業経営強化税制の適用はありません。一方、サーモグラフィ装置は、中小企業防災・減災投資促進税制の対象資産に該当しますので、中小企業防災・減災投資促進税制の適用を受けることになります。

適用可能な制度の特別償却率等

税　制	特別償却	税額控除
中小企業防災・減災投資促進税制	取得価額×18％	－

　なお、中小企業防災・減災投資促進税制は特別償却の適用はありますが、税額控除はありません。

適用税制

　→　中小企業防災・減災投資促進税制を適用

⑶　必要な手続き

　中小企業防災・減災投資促進税制の適用を受けるためには、まず、①「事業継続力強化計画」を策定して、②経済産業大臣に申請して計画の認定を受け、その後、③設備を取得する、という手続きが必要となります。

　事業継続力強化計画の認定後に設備を取得することになりますので、設備投資前に時間的な余裕が必要となります。

手続き

①　（自社で）「事業継続力強化計画」を策定をする

　　↓

②　「事業継続力強化計画」を経済産業大臣に申請して認定を受ける

　　↓

③　防災・減災設備を取得する

---

①　事業継続力強化計画の策定

　事業継続力強化の目標、内容、設備等の種類、必要な資金及びその調達方法などを事業継続力向上計画として作成します。その際に、事業継続力強化設備等について、設備の名称や取得年月、金額を記載します。

②　事業継続力強化計画を経済産業大臣に申請して認定を受ける

　事業継続力強化計画を作成した中小企業者又は連携事業継続力強化計画の代表者の主たる事業所の所在地を管轄する経済産業局に認定を申請します。

③　防災・減災設備を取得する

　認定対象期間内に経済産業大臣の認定を受けた後、事業継続力強化計画又は連携事業継続力強化計画に記載された対象設備を、当該計画の認定を受けた日から1年以内に取得等します。

(4)　具体的な軽減額

　120万円の設備投資によって、資金が同額流出することになりますが、中小企業防災・減災投資促進税制の適用によって、税額が一部軽減されることになります。

　この制度は特別償却のみとされており、税額控除はありません。

特別償却の場合

所得の減少額　　1,200,000円×18％＝216,000円

法人税の軽減額　216,000円×23.2％＝50,112円

（法人税率は原則税率を使用している。）

(5)　会計処理

　特別償却を選択する場合には、償却費として損金経理する必要があります。したがって、取得価額の18％相当額を減価償却費として処理します。

特別償却の場合

【資産の取得時】

器具備品　　　1,200,000　　現金預金　　　1,200,000

【減価償却費の計上】

減価償却費　　　20,000　　器具備品　　　　20,000　（普通償却）

減価償却費　　216,000　　器具備品　　　216,000　（特別償却）

　なお、特別償却の適用を受けることに代えて、特別償却限度額以下の金額を損金経理により特別償却準備金として積み立てる方法又はその事業年度の決算確定日までに剰余金の処分により特別償却準備金として積み立てる方法により損金の額に算入することも認められます。一般的な中小企業の場合には、特別償却準備金の利用はあまり多くありません。

┌─ **特別償却準備金の場合** ─────────────────────

　【資産の取得時】

　　器具備品　　　1,200,000　　　現金預金　　　1,200,000

　【減価償却費の計上】

　　減価償却費　　　　20,000　　器具備品　　　　20,000（普通償却）
　　　　　　（通常の減価償却費）

　【特別償却準備金の積立】

　　繰越利益剰余金　　216,000　　特別償却準備金　216,000

　　又は

　　特別償却準備金繰入　216,000　　特別償却準備金　216,000

└──────────────────────────────

(6)　税務申告手続

　特別償却の適用を受けるためには、確定した決算において償却費として損金経理する必要があります。そして、別表16(1)又は別表16(2)を作成するとともに確定申告書等に特定事業継続力強化設備等の償却限度額の計算に関する明細書の添付がある場合に限り適用するとされています。具体的には、特別償却の付表を作成して提出します。

　なお、特別償却の適用を受けることに代えて、特別償却限度額以下の金額を損金経理により特別償却準備金として積み立てる方法又はその事業年度の決算確定日までに剰余金の処分により特別償却準備金として積み立てる方法により損金の額に算入することも認められます。この適用を受けるには、確定申告書等に特別償却準備金として積み立てた金額の損金算入に関する申告の記載をし、その積み立てた金額の計算に関する明細書を添付する必要があります。

┌─ **特別償却の場合** ─────────────────────

　特別償却の付表　特定事業継続力強化設備等の特別償却

└──────────────────────────────

【記載例】特別償却付表

特別償却等の償却限度額の計算に関する付表

事業年度 又は連結 事業年度	・	・	法人名	

特別償却の付表

（特別償却又は割増償却の名称） 該 当 条 項	1	（ 特定事業継続力強化設備等の特別 ） （ 償却 ） 措置法 ・ 震災特例法 （44）条（の 2 ）第（1）項（ ）号（ ）	（ ） （ ） （ ）条（の ）	）措置法・震災特例法 ）第（ ）項（ ）号（ ）
事 業 の 種 類	2	卸売業		
（機械・装置の耐用年数表等の番号） 資 産 の 種 類	3	（ ） 器具及び備品	（ ）	
構造、用途、設備の種類又は区分	4	試験機器及び測定機器		
細 目	5	試験又は測定機器		
取 得 等 年 月 日	6	××・ 3 ・ 10	・ ・	
事 業 の 用 に 供 し た 年 月 日 又 は 支 出 年 月 日	7	××・ 3 ・ 10	・ ・	
取 得 価 額 又 は 支 出 金 額	8	1,200,000 円	円	
対象となる取得価額又は支出金額	9	1,200,000 円	円	
普 通 償 却 限 度 額	10	円	円	
特別償却率又は割増償却率	11	$\frac{18}{100}$	$\frac{}{100}$	
特別償却限度額又は割増償却限度額 （(9)−(10))、 ((9)×(11)) 又は ((10)×(11))	12	216,000 円	円	
償却・準備金方式の区分	13	（ 償却 ）・ 準備金	償却 ・ 準備金	

適	資産の取得価額等の合計額	14	円	円	
	区 域 の 名 称 等	15			
用	認 定 等 年 月 日	16	××・××・×× （ 認定 ）	・ ・ （ ）	
			・ ・ （ ）	・ ・ （ ）	
要 件 等	その他参考となる事項	17	事業継続力強化計画 補助金等受領無		

中 小 企 業 者 又 は 中 小 連 結 法 人 の 判 定

発 行 済 株 式 又 は 出 資 の 総 数 又 は 総 額	18		大 規 模 法 人 の 株 式 数 等 の 保 有 す る 明 細	株 式 数 等	順位	大 規 模 法 人		株式数又は 出資金の額
(18)のうちその有する自己の株式 又は出資の総数又は総額	19				1		26	
差 引 (18) − (19)	20						27	
常 時 使 用 す る 従 業 員 の 数	21	人					28	
大規模法人の株式等の保有割合	第1順位の株式数又は 出資金の額 (26)	22					29	
	保 有 割 合 $\frac{(22)}{(20)}$	23	%				30	
	大規模法人の保有する 株式数等の計 (32)	24					31	
	保 有 割 合 $\frac{(24)}{(20)}$	25	%		計 (26)+(27)+(28)+(29)+(30)+(31)		32	

ケース 8 　急遽、IT 化を進めるためのサーバーを導入するとき

前提

・青色申告書を提出する資本金1,000万円の中小企業者（3 月決算）である。

・キャラクターグッズの販売を行っている（小売業）。

・事業の効率化を図るために IT 化を進めており、その一環として社内サーバーを導入する。

（設備投資）

　　社内サーバー　2,000,000円（器具備品、耐用年数 5 年、定額法）

　　取得・供用年月日　××年 3 月25日

・期末現在、中小企業経営強化税制の適用を受けるための経営力向上計画は策定されていない。

(1)　適用可能な制度

　この場合に適用する制度を検討します。資本金1,000万円の中小企業者であること、取得する資産が器具備品であることから、適用可能な制度は下記のようになります。

器具備品に適用可能な制度

税　　制	適用の有無	備　　考
少額減価償却資産の特例	○	30万円未満
中小企業経営強化税制	○	30万円以上
中小企業投資促進税制	−	
中小企業防災・減災投資促進税制	○	30万円以上
地域未来投資促進税制	○	投資総額2,000万円以上

　次に、器具備品の取得価額が200万円であるために、最低設備投資総額から地域未来投資促進税制は適用ができず、また、30万円以上であるため少額減価償却資産の特例も適用できません。また、災害等に対する

事前対策のための設備投資でもありませんので、中小企業防災・減災投資促進税制も除外されます。さらに、中小企業投資促進税制では、器具備品は対象資産となっていません。

したがって、適用可能な制度としては、中小企業経営強化税制になります。

このケースで適用可能な制度

税　制	適用の有無	備　考
中小企業経営強化税制	○	30万円以上、事前手続き必要

(2) 制度の選択

中小企業経営強化税制は事前の申請・認定等の手続きが必要ですが、このケースでは、手続きを行っていないことから、適用を受けることはできません。

なお、中小企業経営強化税制においては、経営力向上計画の申請に先立って計画を開始して設備を取得し、その後に経営力向上計画を申請する例外的な取扱いがありますが、その場合には設備取得日から60日以内に経営力向上計画が受理される必要があります。そして中小企業経営強化税制の適用を受けるためには、遅くとも設備を事業供用した事業年度内に計画の認定を受ける必要がありますので、このケースでは例外的な取扱いを受けることもできません。

適用税制

→　なし

事前に申請・認定等の手続きが要求されている制度では、急に設備投資が決まり実行されてしまうと、基本的には制度の適用を受けることができません。なお、中小企業投資促進税制は、事前の申請・認定等の手続きが不要ですが、対象資産が機械装置、工具及びソフトウェア等に限定されていることに注意が必要です。

ケース9　従業員の賃上げをしたとき（賃上げ促進税制）

前提

- ・青色申告書を提出する資本金1,000万円の中小企業者（3月決算）である。
- ・近年は業績も安定しているため、従業員の給与の引上げを行っている。
- ・給与等支給額の状況は下記のとおりである。
  - (1)　当期の雇用者給与等支給額　42,860,000円（支給対象者10人）
  - (2)　前期の雇用者給与等支給額　41,960,000円（支給対象者10人）
- ・出向等はなく、また、全員が国内雇用者である。
- ・今期における教育訓練費の支出はない。
- ・雇用調整助成金が前期に800,000円、当期に500,000円支給され、それぞれ収益に計上している。

(1)　適用可能な制度

　従業員に支払う給与を引き上げた場合に適用ができる制度を検討します。このケースでは資本金1,000万円の中小企業者に該当しますので、適用可能な制度は下記のとおりです。

税　制	適用の有無	備　考
賃上げ促進税制	○	一定の賃上げ要件を満たすこと
その他の税制	－	

　上記のとおり、中小企業者が一定の賃上げ要件を満たした場合には賃上げ促進税制（中小企業向け）が適用になります。この制度以外には適用になる制度はありません。

(2)　制度の適用の有無

　賃上げ促進税制は、特に事前に申請・認定等の手続きは必要ありません。

　中小企業者等は、次の要件を満たす場合に、その事業年度において税

額控除の適用を受けることができます。

適用要件

$$\frac{雇用者給与等支給額 - 比較雇用者給与等支給額}{比較雇用者給与等支給額} \geqq 1.5\%$$

　当期の雇用者給与等支給額が前期比1.5%以上増加しているという要件です。簡単に言うと前期より1.5%以上の賃上げを行っているということです。

　なお、給与等に充てるため他の者から支払いを受ける金額がある場合には控除しますが、雇用調整助成金は雇用安定助成金に該当しますので控除しません。

当期の雇用者給与等支給額　　：42,860,000円

比較雇用者給与等支給額　　　：41,960,000円

分子：42,860,000円 − 41,960,000円 = 900,000円

分母：41,960,000円

分子 / 分母 = 2.14% ≧ 1.5%　∴適用あり

適用要件

$$\frac{42,860,000円 - 41,960,000円}{41,960,000円} = 2.14\% \geqq 1.5\%　∴適用あり$$

　以上より、中小企業向け賃上げ促進税制の適用があります。賃上げ率は2.5%以上には該当せず、また教育訓練費の10%以上増加にも該当しませんので、上乗せ措置の適用はありません。

　なお、資本金が1億円超の法人のような大企業向けの税制も別途設けられています。

適用税制

→　賃上げ促進税制

(3) 必要な手続き

賃上げ促進税制の適用にあたっては、特別な手続きは必要ありません。

(4) 具体的な軽減額

賃上げ促進税制では、当期の支給額と前期の支給額の差額(増加額)を計算の基礎とします。控除税額は、下記の算式により計算します。

税額控除額

① (雇用者給与等支給額－比較雇用者給与等支給額)×15%
   ↳調整雇用者給与等支給増加額を限度とする

② 調整前法人税額×20%

→ ①と②のいずれか少ない額

このケースにあてはめると、下記のようになります。

法人税の軽減額

支給増加額

① 42,860,000円－41,960,000円＝900,000円

② (42,860,000円－500,000円)－(41,960,000円－800,000円)＝1,200,000円

③ ①＜② ∴900,000円

法人税の軽減額　　900,000円×15%＝135,000円

(法人税額×20%との比較は省略している。)

なお、「15%」部分については、一定の上乗せ要件を満たすと高い率が適用できますが、このケースでは上乗せ要件を満たしていませんので、15%が適用となります。

(5) 会計処理

特別な会計処理はありません。

なお、要件や計算に使用する給与等支給額は、所得の計算上、損金の

額に算入される国内雇用者に対する給与等の支給額であることが前提となっています。また、このケースでは、雇用調整助成金を収受して収益に計上していますが、この助成金は法人税の計算上は課税されることとなります。

(6) 税務申告手続

税額控除の適用を受ける場合には、確定申告書等（この規定により控除を受ける金額を増加させる修正申告書又は更正請求書を提出する場合には、当該修正申告書又は更正請求書を含む。）にこの規定による控除の対象となる控除対象雇用者給与等支給増加額、控除を受ける金額及び当該金額の計算に関する明細を記載した書類の添付がある場合に限り適用するとされています。具体的には、別表6(26)を作成して提出します。

この場合において、この規定により控除される金額の計算の基礎となる控除対象雇用者給与等支給増加額は、確定申告書等に添付された書類に記載された控除対象雇用者給与等支給増加額が限度とされます。したがって、当初提出した申告書にこれらの記載がない場合には、その後の修正申告や更正の請求手続きによっては認められません。

提出書類

別表6(26)	給与等の支給額が増加した場合の法人税額の特別控除に関する明細書
別表6(26)付表1	給与等支給額及び比較教育訓練費の額の計算に関する明細書

253

【記載例】別表6 ⑵⑹

給与等の支給額が増加した場合の法人税額の特別控除に関する明細書

事業年度	・ ・	法人名	

項目	番号	金額	項目	番号	金額
期末現在の資本金の額又は出資金の額	1	円 10,000,000	適　用　可　否	3	可
期末現在の常時使用する従業員の数	2	人 10			

法　人　税　額　の　特　別　控　除　額　の　計　算

項目	番号	金額	項目	番号	金額
雇用者給与等支給額（別表六（二十六）付表一「4」）	4	円 42,860,000	控除対象雇用者給与等支給増加額（(6)と(10)のうち少ない金額）	19	円 900,000
比較雇用者給与等支給額（別表六（二十六）付表一「11」）	5	41,960,000	雇用者給与等支給増加重複控除額（別表六（二十六）付表二「12」）	20	
雇用者給与等支給増加額 (4)－(5)	6	900,000	差引控除対象雇用者給与等支給増加額 (19)－(20)（マイナスの場合は0）	21	900,000
雇用者給与等支給増加割合 (6)/(5)（(5)＝0の場合は0）	7	0.0214	税額控除限度額又は中小企業者等税額控除限度額の計算	第1項適用の場合	(14)≧4％の場合 0.1	22	
調整雇用者給与等支給額（別表六（二十六）付表一「5」）	8	円 42,360,000			(18)≧20％又は(15)＝(17)＞0の場合 0.05	23	
調整比較雇用者給与等支給額（別表六（二十六）付表一「12」）	9	41,160,000			税額控除限度額 (21)×(0.15＋(22)＋(23))（(14)＜0.03の場合は0）	24	円
調整雇用者給与等支給増加額 (8)－(9)（マイナスの場合は0）	10	1,200,000		第2項適用の場合	(7)≧2.5％の場合 0.15	25	
継続雇用者給与等支給額（別表六（二十六）付表一「19の①」）	11				(18)≧10％又は(15)＝(17)＞0の場合 0.1	26	
継続雇用者比較給与等支給額（別表六（二十六）付表一「19の②」又は「19の③」）	12				中小企業者等税額控除限度額 (21)×(0.15＋(25)＋(26))（(7)＜0.015の場合は0）	27	円 135,000
継続雇用者給与等支給増加額 (11)－(12)（マイナスの場合は0）	13		調整前法人税額（別表一「2」又は別表一の二「2」若しくは「13」）	28	×××
継続雇用者給与等支給増加割合 (13)/(12)（(12)＝0の場合は0）	14		当期税額基準額 (28)×20/100	29	×××
教育訓練費の額	15	円	当期税額控除可能額 ((24)又は(27))と(29)のうち少ない金額)	30	135,000
比較教育訓練費の額（別表六（二十六）付表一「24」）	16		調整前法人税額超過構成額（別表六（六）「8の⑰」）	31	
教育訓練費増加額 (15)－(16)（マイナスの場合は0）	17		法人税額の特別控除額 (30)－(31)	32	135,000
教育訓練費増加割合 (17)/(16)（(16)＝0の場合は0）	18				

【記載例】 別表6 ⒃付表1

給与等支給額及び比較教育訓練費の額の計算に関する明細書

| 事業年度 | ・　・ | 法人名 | |

雇 用 者 給 与 等 支 給 額 及 び 調 整 雇 用 者 給 与 等 支 給 額 の 計 算

国内雇用者に対する給与等の支給額	(1)の給与等に充てるため他の者から支払を受ける金額	(2)のうち雇用安定助成金額	雇用者給与等支給額 (1)－(2)＋(3) （マイナスの場合は0）	調整雇用者給与等支給額 (1)－(2) （マイナスの場合は0）
1	2	3	4	5
42,860,000 円	500,000 円	500,000 円	42,860,000 円	42,360,000 円

比 較 雇 用 者 給 与 等 支 給 額 及 び 調 整 比 較 雇 用 者 給 与 等 支 給 額 の 計 算

前 事 業 年 度	国内雇用者に対する給与等の支給額	(7)の給与等に充てるため他の者から支払を受ける金額	(8)のうち雇用安定助成金額	適用年度の月数 (6)の前事業年度の月数
6	7	8	9	10
××・ 4・1 ××・ 3・31	41,960,000 円	800,000 円	800,000 円	12 / 12

比 較 雇 用 者 給 与 等 支 給 額 ((7)－(8)＋(9))×(10) （マイナスの場合は0）	11	41,960,000
調 整 比 較 雇 用 者 給 与 等 支 給 額 ((7)－(8))×(10) （マイナスの場合は0）	12	41,160,000

継 続 雇 用 者 給 与 等 支 給 額 及 び 継 続 雇 用 者 比 較 給 与 等 支 給 額 の 計 算

		継続雇用者給与等支給額の計算	継続雇用者比較給与等支給額の計算	
		適 用 年 度 ①	前 事 業 年 度 ②	前一年事業年度特定期間 ③
事 業 年 度 等	13		・　・ ・　・	・　・ ・　・
継続雇用者に対する給与等の支給額	14	円	円	円
同上の給与等に充てるため他の者から支払を受ける金額	15			
同 上 の う ち 雇 用 安 定 助 成 金 額	16			
差　　引 (14)－(15)＋(16)	17			
適用年度の月数 (13の③)の月数	18			
継続雇用者給与等支給額及び継続雇用者比較給与等支給額 (17) 又は((17)×(18))	19			円

比 較 教 育 訓 練 費 の 額 の 計 算

事 業 年 度	教 育 訓 練 費 の 額	適用年度の月数 (20)の事業年度の月数	改定教育訓練費の額 (21)×(22)
20	21	22	23
調整対象年度 ・　・ ・　・	円		円
計			

比 較 教 育 訓 練 費 の 額 (23の計)÷(調整対象年度数)	24	

255

第4章

申請手続き等

中小企業等経営強化法に基づく計画認定の必要な制度

　中小企業等経営強化法に基づく計画認定が必要な制度としては下記のものがあります。

中小企業等経営強化法

(1)	中小企業経営強化税制	→
(2)	事業承継等に係る登録免許税・不動産取得税の特例	→
(3)	中小企業事業再編投資損失準備金	→
(4)	中小企業防災・減災投資促進税制	→
(5)	固定資産税（償却資産）の特例措置	→

経営力向上計画

事業継続力強化計画

先端設備等導入計画

(1)　中小企業経営強化税制（経営力向上計画）

　中小企業経営強化税制の適用を受けるためには、中小企業等経営強化法に基づく所定の手続きを経る必要があります。同法の経営力向上計画に基づいて取得した設備がこの税制の対象となります。

　設備投資を行う前の手続きは、2つの段階に分かれます。第1段階は、取得する設備がA～D類型の要件を満たしているかどうかの確認手続きであり、第2段階は経営力向上計画の策定・認定手続きです。

　まず、①A類型の場合は工業会等の証明書を取得し、B類型・D類型の場合には公認会計士又は税理士に、C類型の場合には認定経営革新等支援機関に投資計画の確認依頼をして事前確認書の発行を受けた後、経済産業局に確認書の申請をして発行をしてもらいます。そして、②設備投資により生産性を上げるための「経営力向上計画」を策定して、③その計画を主務大臣に申請して主務大臣から計画の認定を受け、その後、

④設備を取得する、という一連の手続きが必要となります。なお、先に設備を取得する例外的な取扱いや第1段階と第2段階の手続きを同時並行で行う柔軟な取扱いも行われています。

手続きの流れ

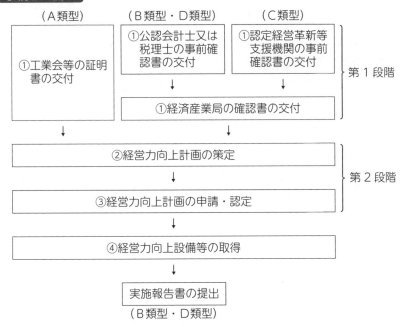

① **工業会等の証明書（A類型）又は確認書（B類型・C類型・D類型）の交付**

経営力向上計画の認定を受けるためには、A類型の場合には工業会等の証明書が、B類型・C類型・D類型の場合には経済産業局の確認書が必要になります。

イ （工業会等の証明書）A類型

企業は設備メーカーを通じて、工業会等から生産性向上要件を満たす設備であることの証明書を取得します。

まず、設備メーカーに証明書の発行を依頼します。依頼を受けた設備メーカーは、証明書及びチェックシートに必要事項を記入し

て、その設備を担当する工業会等の確認を受けます。工業会等は、証明書及びチェックシートの記入内容を確認して、設備メーカーに証明書を発行します。そして、企業は設備メーカーから証明書を受け取ります。

　なお、A類型の生産性向上設備に該当するためには、下記の2つの要件を満たす必要があります。

生産性向上設備の要件

① 　一定期間内に販売されたモデルであること
　　（最新モデルである必要はない）

② 　経営力の向上に資するものの指標（生産効率、エネルギー効率、精度など）が旧モデルと比較して年平均1％以上向上している設備であること（ソフトウェアについては、情報収集機能及び分析・指示機能を有するもの）

　工業会等の発行する証明書の様式は、下記のようになっています。

【記載例】 工業会等の証明書（A類型）……工業会等が交付

(様式1)

<証明書記載例>
赤字 → 設備メーカー等記入箇所
青字 → 工業会等記入箇所
緑字 → 設備ユーザー記入箇所

（一社）■■工業会指定用紙	
整　理　番　号	１２３４－５６
① ソフトウエア以外の場合 ☑	
② ソフトウエアである場合 □	

中小企業等経営強化法の経営力向上設備等に係る生産性向上要件証明書

1段目には、「減価償却資産の耐用年数等に関する省令」上の減価償却資産の種類（機械及び装置、器具及び備品、工具など）を記入。2段目には、器具備品であれば、「陳列棚及び陳列ケース」のように同省令の細目を記入。

当該設備の概要	減価償却資産の種類	器具及び備品
	設備の種類又は細目	陳列棚及び陳列ケース（冷凍機付又は冷蔵機付のもの）
	設備の名称	冷蔵ショーケース
	設備型式	ＭＥＴＩ　ＳＭＥ－Ｗ
	本社名・事業所名	株式会社横野商店・上藤店
	法人番号　※法人のみ	9999999999999
	本社所在地	●●県●●市●●１丁目２番地３号
	ユーザー連絡先 （会社名、担当部署、電話番号）	株式会社横野商店 管理部 設備課　00-8888-9999

登記上の法人名又は個人事業者氏名を必ず記載。（屋号は不可）

登記上の法人名又は個人事業者氏名を必ず記載。（屋号は不可）

設備メーカー等は裏付けとなる資料等を準備した上で、チェックシート（様式2）を記入。

設備メーカー等は、チェックシート（様式2）で記入した
①販売開始年度、②取得（予定）年度をそれぞれ記入。
②－①を行い一定期間内であるか記入。

○上記設備を前提とした場合における該当要件への当否

該当要件	一定期間（注1）内に販売開始された製品であるか	①販売開始年度（西暦）：　２０２０年度（注2） ②取得（予定）日を含む年度：　２０２３年度（注2） ②－①＝　　　３ 年	1．該当　2．非該当
	「生産性向上」（旧モデル比生産性年平均1％以上向上）に該当するか （※）当該設備がソフトウエアである場合、または比較すべき旧モデルが全く無い新製品の場合には、記載不要。		1．該当　2．非該当
	該当要件への当否		1．該当　2．非該当

（注1）一定期間は、機械装置：10年、工具：5年、器具・備品：6年、建物附属設備：14年、ソフトウエア：5年とする。
（注2）年度とは、その年の1月1日から12月31日までの期間をいう。

どの該当要件にも「1．該当」にチェックが入る場合に限り、該当要件への当否は「1．該当」にチェックが入ります。

（様式１）

登記上の法人名又は個人事業者氏名を必ず記載（屋号は不可）

「該当要件」欄に記載されている事項について確認し、該当要件を満たしていることを証明します。

西暦２０２３年６月２０日
〒０００－８８８８
■■県■■市■■３丁目３番地３号
一般社団法人■■工業会
　　会長　　工業　太郎

担当窓口：▼▼▼▼
連絡先（電話番号）：00-6666-7777
（任意）メールアドレス：▲▲@▲▲.▲▲

当該設備が上記該当要件を満たすものであることを証明します。

西暦２０２３年５月１日

製造事業者等の名称　　　株式会社　上倉製作所

製造事業者等の所在地　　○○県○○市○―○―○

代表者氏名：　　　　　水沢　勇弘

担当者氏名：　山田　花子
所　　属：　営業部
担当者連絡先（電話番号）：00-7777-6666

押印をしない場合は、必ず「担当窓口」及び「連絡先（電話番号）」の記入をしてください。

※経営強化税制の制度自体については、中小企業庁ホームページをご確認いただき、ご不明な点については、中小企業庁税制サポートセンター（03-6281-9821）もしくは所轄の税務署にお問い合わせください。

中小企業庁ホームページ　https://www.chusho.meti.go.jp/keiei/kyoka/kougyoukai.html

当初認定を受けた経営力向上計画に記載した設備の所在地が市町村を越えて変更となった場合、設備ユーザーが設備所在地の変更前と変更後を記入

【経営力向上計画に係る認定申請書における「８．経営力向上設備等の種類」の「所在地」】について変更がある場合

変更事項（注3）	変更前（都道府県名・市町村名）	変更後（都道府県名・市町村名）
	○○県上藤市	○○県夏川市

（注３）経営力向上計画の認定申請書の記載から変更が生じた場合、設備取得事業者が変更後の設備情報を記載。

[本証明書に関する注意事項]
　本証明書は、中小企業等経営強化法に基づく経営力向上設備等であって、中小企業経営強化税制の対象設備の要件のうち、生産性向上に係る要件（「一定期間内に販売」、「生産性向上」の要件）を満たしていることを証明するもので、税制措置の対象である設備であることを証明するものではありません。
　これら税制措置の適用を受けるためには、さらに、中小企業等経営強化法の経営力向上計画の認定を受けること、当該設備の価額が最低取得価額以上であること、適用期間中に取得すること等の要件を満たす必要があります。
　また、対象設備の種類は、同じ設備でも使用目的等によって異なる場合があります。設備の種類によっては制度の対象外となる場合や「一定期間内に販売」の要件（年数）が異なる場合がありますので、ご注意ください。　細は中小企業庁のホームページをご参照ください。
　令和５年３月３１日まで申請を行った先端設備等導入計画に添付する生産性向上要件証明書としても利用できます。詳細は中小企業庁のホームページをご確認ください。

（様式２）

<チェックリスト記載例>
　チェックリスト、工業会等と設備メーカー等との間の確認に用いることとし、証明書発行後は設備ユーザーへは送付せず、工業会で保管してください（必要に応じて設備メーカー等にコピーを共有）。

本チェックリストは工業会毎に様式を変更することが可能です。
証明書の発行を依頼する際は、各工業会のホームページ等を確認したうえで、指定の様式で申請を行って下さい。

【チェックリスト①】

			製造業者記入欄	証明者チェック欄
該 当	販売開始要件の確認	当該設備の販売開始日が、取得日から一定期間に属する年度開始の日以後であること。 所定の期間とは以下のとおりです。 機械装置：10年以内、工具：5年以内、器具備品：6年以内、建物附属設備：14年以内	1．該当　　2．非該当	✔
			販売開始年月　　：２０２０年４月 ①販売開始年度　：２０２０年度（※1） 取得等をする年度：２０２３年５月 ②取得日を含む年：２０２３年 ②－①＝３年　が一定期間（※2）の要件内 本設備（器具備品）であれば、取得等をする年から起算して6年以内に販売されたものであるか確認。例えば、2016年2月（=①2016年度）に販売開始されたものの場合、2023年5月（=②2023年）に取得したときは、6年以内の要件を満たしません（②-①=7年）ので「一定期間内」の要件に該当しませんので対象外となります。	✔
要 件	生産性向上に該当するか	当該設備の一代前モデルと比較して年平均１％以上の生産性向上を達成している。 （※3）比較すべき旧モデルが全くない場合には、記載不要。	1．該当　　2．非該当 <比較指標> （＊）以下の１～４までのいずれかの指標で比較。 １．生産効率【　　　　　　】 ２．精度【　　　　】 ３．エネルギー効率【　消費電力　】 ４．その他【　　　　】	✔ ✔
			「生産効率」「精度」「エネルギー効率」はあくまで代表例です。様々な機能に対する設備メーカーの創意工夫を促す観点より指標は幅広く認めております。工業会におかれましては、その指標が制度趣旨に沿ったものであるのかどうかをご確認ください。 例えば、上記以外にも、処理数、加工量、加工時間、検査数（検査装置）等といったものが考えられます。一方、設備の「金額」や設備導入による「副次的な効果」などは設備の「生産性」に直接関係しませんので相応しくないと考えます。	

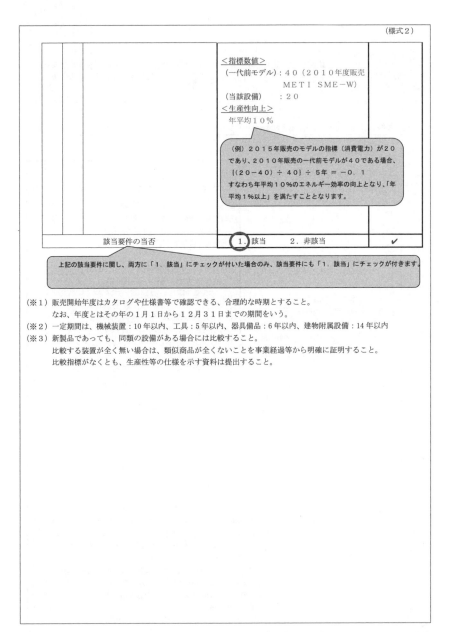

（様式2）

<指標数値>
（一代前モデル）：40（2010年度販売
　　　　　　　　　　METI SME−W)
（当該設備）　　 ：20
<生産性向上>
年平均10％

（例）2015年販売のモデルの指標（消費電力）が20
であり、2010年販売の一代前モデルが40である場合、
〔(20−40)÷40〕÷ 5年 ＝ −0．1
すなわち年平均10％のエネルギー効率の向上となり、「年
平均1％以上」を満たすこととなります。

| 該当要件の当否 | 1．該当　　2．非該当 | ✔ |

上記の該当要件に関し、両方に「1．該当」にチェックが付いた場合のみ、該当要件にも「1．該当」にチェックが付きます。

（※1）販売開始年度はカタログや仕様書等で確認できる、合理的な時期とすること。
　　　なお、年度とはその年の1月1日から12月31日までの期間をいう。
（※2）一定期間は、機械装置：10年以内、工具：5年以内、器具備品：6年以内、建物附属設備：14年以内
（※3）新製品であっても、同類の設備がある場合には比較すること。
　　　比較する装置が全く無い場合は、類似商品が全くないことを事業経過等から明確に証明すること。
　　　比較指標がなくとも、生産性等の仕様を示す資料は提出すること。

（中小企業庁ホームページより）

□ （事前確認書・確認書）B類型

　B類型により経営力向上計画を申請する場合には、計画を申請する際に経済産業局による投資利益率に関する確認書が必要になります。年平均の投資利益率が5％以上となることが見込まれる設備（収益力強化設備）であることについて経済産業大臣の確認を受けます。

　企業はまず投資計画の確認申請書に必要事項を記入して、必要書類（申請書の裏付けとなる資料等）を添付の上、公認会計士又は税理士の事前確認を受けます。公認会計士又は税理士は、申請書と裏付けとなる資料に齟齬がないか等を確認して事前確認書を発行します。

　次に、企業は事前確認書を添付の上、本社所在地を管轄する経済産業局に申請書を提出します。経済産業局は、申請書が経営力向上設備等の投資計画であるとして適切である場合に、確認書を発行します。

> 公認会計士又は税理士から投資計画について事前確認書の交付を受ける
>
> ↓
>
> 経済産業局に申請をして確認書の交付を受ける

　そして、企業は確認を受けた設備について経営力向上計画に記載し、申請・認定を受けることになります。

　なお、B類型の収益力強化設備に該当するためには、下記の要件を満たす必要があります。

収益力強化設備の要件

　年平均の投資利益率が5％以上となることが見込まれることにつき、経済産業大臣（経済産業局）の確認を受けた投資計画に記載された投資の目的を達成するために必要不可欠な設備であること

　この場合の「年平均の投資利益率」の計算は、下記の算式によって算定します。

投資利益率

$$\frac{（営業利益＋減価償却費）の増加額（翌年度以降 3 年度の平均額）}{設備投資額（設備の取得価額の合計額）}$$

【事前確認書】（Ｂ類型）……公認会計士又は税理士が交付

【公認会計士・税理士による確認書面の記載例】 （様式２）

> 文中の＿＿＿は、申請者の実情等に応じて適宜変更すべきものです。

事前確認書（手続実施結果報告書）（注1）

令和　　年　　月　　日

○○○株式会社

取 締 役 会 御 中 （ 注 2 ）

確認者の名称（注3）＿＿＿＿＿＿＿

本確認書に係る担当者氏名：＿＿＿＿＿＿＿

担当者電話番号：＿＿＿＿＿＿＿

　私は、○○○株式会社（以下「会社」という。）からの依頼に基づき、会社の作成した中小企業等経営強化法の経営力向上設備等のうち収益力強化設備に関する設備投資計画の確認申請書（以下「申請書」という。）及びこれに添付された「基準への適合状況」（以下「基準への適合状況」という。）について、以下の手続を実施した。なお、当該手続は、会社が中小企業等経営強化法の経営力向上設備等のうち収益力強化設備に関する設備投資計画の確認申請を行うために作成した「申請書」及び「基準への適合状況」に記載された記載内容を対象として確認することを目的とするものである。

<u>手続の目的（注1）</u>

　私は、「申請書」及び「基準への適合状況」に関して、本報告書の利用者が手

(注1)　公認会計士又は監査法人（公認会計士等）は、日本公認会計士協会専門業務実務指針4400「合意された手続業務に関する実務指針」に準拠して本業務を実施することができる。この場合、「その他の実施結果の利用者」に関しては、同実務指針A9項及びA10項を参照する。また、表題を「合意された手続実施結果報告書」とする他、本文例の実施者の肩書、見出し、業務依頼者及び業務実施者の責任、職業倫理及び品質管理等について、同実務指針の文例を参照して、適宜改変することができる。ただし、この場合においても「手続の目的」区分はこのままの記載とする。

(注2)　宛先は、申請者とする。または、「代表取締役　　ｘｘｘｘｘ　殿」とする等、実情に応じて、適宜、記載を行う。

(注3)　確認作業を行った公認会計士・税理士の氏名を記載する。

1

【公認会計士・税理士による確認書面の記載例】

続実施結果を以下の目的で利用することを想定し、「実施した手続」に記載された手続を実施した。
（１）「申請書」に記載された設備投資の内容（「申請書」５で記載する事項）が、必要十分な設備として、当該設備の導入の目的（「申請書」２で記載する事項）及び事業者の事業の改善に資することの説明（「申請書」４で記載する事項）に照らして整合しているかどうかについて確かめること。

　　さらに、事業者の事業の改善に資することの説明（「申請書」４で記載する事項）が「基準への適合状況」に記載された「本件設備投資による効果」に照らして整合しているかどうかについて確かめること。

　　また、「申請書」の「設備投資の内容」に記載された内容（「申請書」５で記載する内容）が、会社において承認された設備投資計画及び見積書等の根拠資料に照らして整合しているかどうかについて確認すること。
（２）「申請書」の「設備投資の内容」に記載された金額（「申請書」５で記載する金額）が、「基準への適合状況」に記載された設備投資額と整合しているかどうかについて確かめること。

　　また、「基準への適合状況」に記載された投資利益率並びに簡易CF（営業利益＋減価償却費）の各年度及び3年平均の金額が、売上高、売上原価、販管費及び減価償却費の各年度の金額を用いて算定されているかどうかについて確かめること。

　　さらに、「基準への適合状況」において記載された「本件設備投資による効果」の金額が当該数値の算出根拠資料に照らして整合しているかどうかについて確かめること。

実施した手続（注4）（注5）
（「申請書」－申請要件及び基礎となる設備投資計画関連）
1.　「申請書」に記載された設備投資の内容（「申請書」５で記載する事項）が、「申請書」２及び４に記載したとおり、中小企業等経営強化法第１７条第３項に規定する「商品の生産若しくは販売又は役務の提供の用に供する施設、設備、機器、装置又はプログラム（情報処理の促進に関する法律（昭和四十五年法律第九十号）第二条第二項に規定するプログラムをいう。）であって、経営力向上に特に資する」ものとして必要十分な設備であるかどうかについ

（注4）本業務において、通常実施することが想定される手続の他、認定申請を行う事業者による「投資計画」及び「基準への適合状況」の数値の捕捉・集計の実情に応じて、必要な手続を例示している。
　　なお、通常実施することが想定される手続については、各手続の末尾に（＊）を付している。
（注5）各手続において示されている書類（例えば、「電力料削減金額算定表」）は減免申請を行う事業者の作成・保存している記録の実情に応じた名称を記載する。

【公認会計士・税理士による確認書面の記載例】

 て、会社の□□（役職）〇〇（氏名）氏（注[6]）に質問した。（＊）
2. 「申請書」に記載された設備投資の内容（「申請書」5で記載する事項）のうち、「金額」について「数量」に「単価」を乗じて計算調べを行った。さらに、「金額」の合計について計算調べを行った。（＊）
3. 「申請書」に記載された設備投資の内容（「申請書」5で記載する事項）のうち、「設備の名称」「型式」「数量」「単価」「金額」について、会社から「申請書」に添付提出するものとして提示された設備投資計画（以下「設備投資計画」という。）の記載内容と合致するかどうかについて確かめた。さらに、「設備投資計画」に会社の代表者又はそれに代わる者の押印があるかどうかについて確かめた。（＊）
4. 「申請書」に記載された設備投資の内容（「申請書」5で記載する事項）のうち、設備別の「金額」について、当該設備に関連するため、「申請書」に添付提出するものとして会社から提示された見積書を集計して突合し、両者が合致するかどうかについて確かめた。（＊）

（「基準への適合状況」－「申請書」及び根拠資料関連）
5. 「申請書」の「設備投資の内容」に記載された金額（「申請書」5で記載する金額）が、「基準への適合状況」に記載された設備投資額と整合しているかどうかについて確かめた。（＊）
  また、「基準への適合状況」に記載された投資利益率並びに簡易CFの各年度及び3年平均の金額について、売上高、売上原価、販管費及び減価償却費の各年度の金額を用いて計算調べを行った。
6. 「基準への適合状況」に記載された「本件設備投資による効果」のうち、各年度の電力量の削減金額について、当該数値の算出根拠資料であり、「申請書」に添付提出するものとして提示を受けた「電力料削減金額算定表」の削減金額と合致しているかどうかについて確かめた。（＊）
7. 「電力料削減金額算定表」においては、「設備投資計画」に記載された生産量を前提として、新規設備について見積もった予想電力消費量と、「申請書」に記載された既存設備の過去2年間の生産記録から当該生産量に相当するものとして算定される電力消費量を比較して、「電力削減見込量」を算定し、これに最近の請求記録から把握した「電力料金額」を乗じて、各年度の電力料の削減金額を算定していると会社から説明を受けた。
  これを前提として、以下の手続を実施した。
 （1）「電力料削減金額算定表」の「電力削減見込量」に「電力料金額」を乗じて、各年度の電力量の削減金額の計算調べを行った。さらに、各年度

（注6）回答者の会社における肩書き及び氏名を記載する。回答者は「申請書」及び「基準への適合状況」の作成について責任を負う者（事業部長等、会社の代表権を有する者以外の者を含む）とする。

3

【公認会計士・税理士による確認書面の記載例】

の電力料削減見込量について、新規設備の予想電力消費量と既存設備について算定した電力消費量を比較して計算調べを行った。（＊）

（2）「電力料削減金額算定表」の記載事項のうち、新規設備の予想電力消費量と既存設備について算定した電力消費量について、当該数値の算出根拠資料であり、「申請書」に添付提出するものとして会社から提示を受けた「電力削減量算定資料」と合致しているかどうかについて確かめた。

（3）「電力料削減金額算定表」の記載事項のうち、「電力料金額」について、当該数値の算出根拠資料であり、「申請書」に添付提出するものとして会社から提示を受けた「〇〇年〇〇月度の電力料金請求書の単位当り電力料金額」の請求記録と合致しているかどうかについて確かめた。（＊）

8.「基準への適合状況」に記載された「本件設備投資による効果」のうち、各年度の仕損費の削減金額について、当該数値の算出根拠資料であり、「申請書」に添付提出するものとして会社から提示を受けた「仕損費削減金額算定表」の削減金額と合致しているかどうかについて確かめた。（＊）

9.「仕損費削減金額算定表」においては、「設備投資計画」に記載された生産量を前提として、新規設備について見積もった予想仕損費発生額と、「申請書」に記載された既存設備の過去2年間の生産記録から当該生産量に相当するものとして算定される仕損費発生額を比較して各年度の仕損費の削減金額を算定していると会社から説明を受けた。

これを前提として、以下の手続を実施した。

（1）「仕損費削減金額算定表」の記載事項のうち、各年度の仕損費削減金額について、新規設備の予想仕損費発生額と既存設備について算定した仕損費発生額を比較して計算調べを行った。（＊）

（2）「仕損費削減金額算定表」の記載事項のうち、新規設備の予想仕損費発生額について、当該数値の算出根拠資料であり、「申請書」に添付提出するものとして会社から提示を受けた「新規設備仕損費算定資料」と合致しているかどうかについて確かめた。（＊）

（3）「仕損費削減金額算定表」の記載事項のうち、既存設備について算定した仕損費発生額について、当該数値の算出根拠資料であり、「申請書」に添付提出するものとして会社から提示を受けた「既存設備仕損費算定資料」と合致しているかどうかについて確かめた。（＊）

10.「基準への適合状況」に記載された「本件設備投資による効果」のうち、各年度の修繕費の削減金額について、当該数値の算出根拠資料であり、「申請書」に添付提出するものとして提示を受けた「修繕費削減金額算定表」の削減金額と合致しているかどうかについて確かめた。（＊）

11.「修繕費削減金額算定表」においては、「設備投資計画」に記載された生産量を前提として、新規設備について見積もった予想修繕費発生額と、「申請書」に記載された既存設備の過去2年間の生産記録から当該生産量に相当

4

【公認会計士・税理士による確認書面の記載例】

　するものとして算定される修繕費発生額を比較して、各年度の修繕費の削減
金額を算定していると会社から説明を受けた。
　これを前提として、以下の手続を実施した。
（1）「修繕費削減金額算定表」の記載事項のうち、各年度の修繕費の削減
　　金額について、新規設備の予想修繕費発生額と既存設備について算定した
　　修繕費発生額を比較して計算調べを行った。（＊）
（2）「修繕費削減金額算定表」の記載事項のうち、新規設備の修繕費発生
　　額について、当該数値の算出根拠資料であり、「申請書」に添付提出する
　　ものとして会社から提示を受けた「新規設備修繕費算定資料」と合致して
　　いるかどうかについて確かめた。（＊）
（3）「修繕費削減金額算定表」の記載事項のうち、既存設備について算定
　　した修繕費発生額について、当該数値の算出根拠資料であり、「申請書」
　　に添付提出するものとして会社から提示を受けた「既存設備修繕費算定資
　　料」と合致しているかどうかについて確かめた。（＊）

<u>手続の実施結果</u>
（「申請書」－申請要件及び基礎となる設備投資計画関連）
1．上記の手続1．について、会社の□□□（役職）　○○○（氏名）氏から、
　「申請書」の対象とする設備が、「申請書」2及び4に記載したとおり、中
　小企業等経営強化法第17条第3項に規定する「商品の生産若しくは販売又
　は役務の提供の用に供する施設、設備、機器、装置又はプログラム（情報処
　理の促進に関する法律（昭和四十五年法律第九十号）第二条第二項に規定す
　るプログラムをいう。）であって、経営力向上に特に資する」ものであり、
　必要な十分な設備である旨の回答を得た。
2．上記の手続2．について、計算調べを行った結果、計算結果は「申請書」に
　記載された設備投資の内容の「金額」及び「金額」の合計と合致した。
3．上記の手続3．について、「申請書」と「設備投資計画」を突合した結果、
　「設備の名称」「型式」「数量」「単価」「金額」の記載内容は合致した。
　また、提示された「設備投資計画」に代表取締役□□□氏の押印が記載され
　ていた。
4．上記の手続4．について、会社から提示された見積書を集計して「申請書」
　と突合した結果、設備別の金額は合致した。

（「基準への適合状況」－「申請書」及び根拠資料関連）
5．上記の手続5．について、「設備投資の内容」と「基準への適合状況」を突
　合した結果、「設備投資の内容」に記載された金額は「基準への適合状況」
　に記載された設備投資額と整合した。また、「基準への適合状況」に記載さ

5

【公認会計士・税理士による確認書面の記載例】

れた投資利益率並びに簡易 CF の各年度及び3年平均の金額は、売上高、売上原価、販管費及び減価償却費の各年度の金額を用いた計算結果と合致した。

6. 上記の手続6.について、「基準への適合状況」と「電力料削減金額算定表」を突合した結果、各年度の電力量の削減金額は合致した。

7. 上記の手続7.（1）について、計算調べ及び合計調べを行った結果、計算結果は「電力料削減金額算定表」に記載された各年度の電力量の削減金額及び各年度の電力削減見込量と合致した。
   上記の手続7.（2）について、「電力料削減金額算定表」と「電力削減量算定資料」を突合した結果、新規設備の予想電力消費量と既存設備について算定した電力消費量は合致した。
   上記の手続7.（3）について、「電力料削減金額算定表」と「〇〇年〇〇月度の電力料金請求書の単位当り電力料金額」の請求記録を突合した結果、「単位当り電力料金額」は合致した。

8. 上記の手続8.について、「基準への適合状況」と「仕損費削減金額算定表」を突合した結果、各年度の仕損費の削減金額は合致した。

9. 上記の手続9.（1）について、計算調べ及び合計調べを行った結果、計算結果は「仕損費削減金額算定表」に記載された各年度の仕損費削減金額と合致した。
   上記の手続9.（2）について、「仕損費削減金額算定表」と「新規設備仕損費算定資料」を突合した結果、新規設備の予想仕損費発生額は合致した。
   上記の手続9.（3）について、「仕損費削減金額算定表」と「既存設備仕損費算定資料」を突合した結果、既存設備について算定した仕損費発生額は合致した。

10.上記の手続10.について、「基準への適合状況」と「修繕費削減金額算定表」を突合した結果、各年度の修繕費の削減金額は合致した。

11.上記の手続11.（1）について、計算調べ及び合計調べを行った結果、計算結果は「修繕費削減金額算定表」に記載された各年度の修繕費削減金額と合致した。
   上記の手続11.（2）について、「修繕費削減金額算定表」と「新規設備修繕費算定資料」を突合した結果、新規設備の修繕費発生額は合致した。
   上記の手続11.（3）について、「修繕費削減金額算定表」と「既存設備修繕費算定資料」を突合した結果、既存設備について算定した修繕費発生額は合致した。

6

【公認会計士・税理士による確認書面の記載例】

業務の特質

　上記の手続は、会社が行う中小企業等経営強化法の経営力向上設備等のうち収益力強化設備に関する設備投資計画の確認申請に関連して実施したものであり、全体としての「申請書」又は「基準への適合状況」の各記載事項に対する監査意見又はレビューの結論の報告を目的とした一般に公正妥当と認められる監査の基準又はレビューの基準に準拠するものではない。

したがって、私は、「申請書」又は「基準への適合状況」の記載事項について、将来情報の予測の正確性に関する結論や保証を含め、手続実施結果から導かれるいかなる結論の報告も、また保証の提供もしない。また、実施した手続が十分であるかどうかについての結論の報告もしていない（注7）。

配布及び利用制限

　本報告書は、会社の中小企業等経営強化法の経営力向上設備等のうち収益力強化設備に関する設備投資計画の確認申請のために作成されたものであり、他のいかなる目的にも使用してはならず、確認申請以外の目的で配布及び利用されるべきものではない。

（以　上）

　（注7）　公認会計士等が業務を行う場合には、〔日本公認会計士協会専門業務実務指針4400〕を参考として、例えば、次のような表現を「業務の特質」に追加することができる。
　「当監査法人が一般に公正妥当と認められる監査の基準若しくはレビューの基準に準拠してこれらの売上高及び指標の監査若しくはレビューを実施した場合、手続を追加して実施した場合又は手続の範囲を拡大した場合、報告すべき事項が新たに発見される可能性がある」

7

（中小企業庁ホームページより）

【記載例】確認申請書（Ｂ類型）……経済産業局へ申請

申請書記載例①

中小企業等経営強化法の経営力向上設備等のうち収益力強化設備に関する
投資計画の確認申請書

令和〇年〇月〇日

経済産業大臣　殿

　中小企業等経営強化法第１７条第３項並びに同法施行規則第１６条第１項第２号及び第２項第２号の規定に基づき、下記の投資計画について確認を受けたいので申請します。

記

1　事業者の名称等

事業者及び代表者名	株式会社太刀井工業　（法人番号　〇〇〇〇〇〇〇〇〇〇〇〇） 代表取締役　平川　貴徹
所在地	東京都千代田区霞ヶ関１－３－１
事業内容	自動車部品製造業

2　経営力向上設備等の導入の目的

①当社は、独立系の自動車部品製造業者であり、独自の鋳造技術による高性能エンジン部品が主な製品であり、主に国内の大手自動車メーカーに販売している。
　昨今の円安傾向により今後自動車の輸出が増加することが見込まれることに加え、提携先を活用した独自ルートにより海外販売先の開拓も進んでいることから、今後は輸出販売を中心に受注増が予想される一方で、海外部品メーカーとの競合が激化する見込み。

②既存の設備は老朽化が進んだ結果、歩留まり率が悪化しており、また、生産量に限界があることから、今般の受注拡大や競合メーカーとの競争力強化を図るため、最新の生産設備への入替えを計画している。最新のプレス機械、油圧ハンマー、フォージングロールの導入により生産ラインの刷新を行うことで、歩留り率の改善による製造原価の低減や、生産量の拡大による売上の向上を図り、当社の強みである高性能エンジン部品の国際競争力を強化することを目的とする。

　投資計画の概要について要約的に記載する。①まず、申請事業者を取り巻く経営環境についての概況を記載し、②その後、今般の計画において経営力向上設備等を導入

申請書記載例①

する目的及び必要性を記載。

3　経営力向上設備等の導入を行う場所の住所

　　Ａ工場：東京都練馬区○－○－○

4　経営力向上設備等が事業者の事業の改善に資することの説明

> 　既存設備では、高性能エンジン部品年間生産量が9，495トンである。また歩留り率は95％に留まっている。当社はこれらの抜本的な改善を目指すため、このたび、最新のプレス機械、油圧ハンマーの導入により時間あたり生産量を年間20％向上させることで売上拡大を図るとともに、フォージングロール導入により歩留り率を4％改善し、99％とすることを目指す。

　　経営力向上設備等が、どのように事業を改善するかという内容を記載。（例えば、工場の生産ラインの一部を取り替えることによる生産量の増加や原価の低減、ソフトウェアの導入による販管費の削減の内容等を説明。）

5　設備投資の内容（必要に応じて別紙）

	取得年月	設備等の名称/型式	所在地	設備等の種類	単価（千円）	数量	金額（千円）	用途
1	令和元年8月	プレス機器/PR123-45	東京都練馬区	機械装置	40,000	1	40,000	高性能エンジン製造
2	令和元年8月	空調設備/HM4321	東京都練馬区	建物附属設備	15,000	1	15,000	同上
3	令和元年8月	測定機器/FR21－2	東京都練馬区	器具備品	45,000	1	45,000	同上
計							100,000	

6　基準への適合状況
　　別紙

申請書記載例①

提出資料

（１）登記簿謄本の写し（個人の場合、税務申告書等の事業実施を確認できる書類）

（２）貸借対照表・損益計算書（直近１年分）

（３）対象となる新規設備投資につき、既存設備の現況と設備投資後の状況を確認できる資料。

　　　例えば、導入しようとする設備が、建物附属設備、機械・装置、器具・備品の場合においてはその設置場所（工場や店舗のレイアウト図等で、設備導入前と導入後の変化を確認できるもの。建物図面等、当該設備を特定する情報を記載した資料等）、ソフトウェアの場合は当該ソフトウェアがシステム全体にどう組み込まれる予定であり、システム導入前と導入後の変化を確認できる図表等。

（４）投資計画の分かる資料（本申請書の根拠となる資料）

　　　代表者又はそれに代わる者の押印がなされた社内で決裁された、当該申請書に係る投資計画又はそれに代わるもの（稟議書、取締役会議事録等）、導入する設備の見積り書、設備導入により同様の商品やサービスを生産する場合の過去の同様の商品・サービスの過去の実績（１単位当たり売上、製造・販売原価等）、売上高・営業利益が増加する場合の根拠となる資料、売上原価・販管費が減少する場合の根拠となる資料等。

（５）公認会計士又は税理士による確認書

（中小企業庁ホームページより）

【確認申請書別紙】（Ｂ類型）

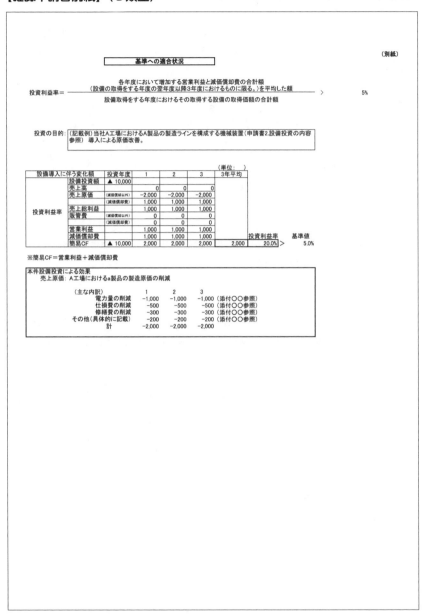

（別紙）

基準への適合状況

投資利益率＝ $\dfrac{\text{各年度において増加する営業利益と減価償却費の合計額}}{\text{（設備の取得をする年度の翌年度以降3年度におけるものに限る。）を平均した額}}$ ＞ 5%
設備取得をする年度におけるその取得する設備の取得価額の合計額

投資の目的：(記載例)当社A工場におけるA製品の製造ラインを構成する機械装置(申請書2.設備投資の内容参照) 導入による原価改善。

（単位： ）

設備導入に伴う変化額	投資年度	1	2	3	3年平均		
投資利益率	設備投資額	▲ 10,000					
	売上高	0	0	0			
	売上原価 (減価償却以外)	−2,000	−2,000	−2,000			
	(減価償却費)	1,000	1,000	1,000			
	売上総利益	1,000	1,000	1,000			
	販管費 (減価償却以外)	0	0	0			
	(減価償却費)	0	0	0			
	営業利益	1,000	1,000	1,000			
	減価償却費	1,000	1,000	1,000		投資利益率	基準値
	簡易CF	▲ 10,000	2,000	2,000	2,000	20.0% ＞	5.0%

※簡易CF＝営業利益＋減価償却費

本件設備投資による効果
売上原価：A工場におけるa製品の製造原価の削減
（主な内訳） 1 2 3
電力量の削減 −1,000 −1,000 −1,000 （添付○○参照）
仕損費の削減 −500 −500 −500 （添付○○参照）
修繕費の削減 −300 −300 −300 （添付○○参照）
その他（具体的に記載） −200 −200 −200 （添付○○参照）
計 −2,000 −2,000 −2,000

（中小企業庁ホームページより）

【確認書】（Ｂ類型）……経済産業局が交付

（様式３）

案

番　号

株式会社〇〇
　　代表取締役　　〇〇　　〇〇　　宛て

　　　中小企業等経営強化法の経営力向上設備等のうち収益力強化設備に
　　関する投資計画の確認書

　　中小企業等経営強化法第１７条第３項並びに同法施行規則第１６条第１項第
２号及び第２項第２号の規定に基づき、申請書の投資計画が要件を満たすこと
を確認した。

　　年　　　月　　　日

　　　　経済産業大臣　　名

（中小企業庁ホームページより）

　なお、中小企業等経営強化法の経営力向上設備等のうちＢ類型の収益力強化設備に係る確認書の交付を受けた場合は、申請書の実施状況について、３年間にわたり実施状況報告書を確認書の交付を受けた経済産業局に提出します。具体的には、投資計画実施状況報告書を記載して、初回は設備の取得等を行った事業年度の翌事業年度終了後４ヶ月以内に提出します。

【記載例】投資計画実施状況報告書（B類型）……経済産業局へ提出

（様式6）

中小企業等経営強化法の経営力向上設備等のうち収益力強化設備に関する
投資計画実施状況報告書（〇回目）

令和〇年〇月〇日

経済産業大臣　殿

住　所　　東京都千代田区霞ヶ関１－３－１
名　称　　株式会社　太刀井工業
　　　　　代表取締役社長　平川　貴徹

　〇年〇月〇日付けで確認を受けた中小企業等経営強化法の経営力向上設備等
のうち収益力強化設備に関する投資計画の実施状況を下記のとおり報告します。

［確認書番号］（例）２０●●関経確申第〇〇号※

　　　　　　　　２０●●関経確変第〇〇号※

※発行された確認書の右上に記載されているものを記載する。
　変更を受けた場合は、その確認書番号も併記する。

１．収益力強化設備の導入状況等

①収益力強化設備等の導入状況
（記載例）
　平成〇年〇月〇日付けで確認を受けた中小企業等経営強化法の経営力向上
設備等のうち収益力強化設備に関する投資計画に基づき、設備を導入した。
　プレス機器（ＰＲ１２３-４５）について、当初の計画では平成２９年４月
の導入を予定していたが、仕様の決定に時間を要したことから、計画よりも２
カ月遅い平成２９年６月に導入した。
　空調設備（ＨＭ４３２１）について、工事費用が当初の想定より安価であ
ったことから、全体の金額が減少した。

②投資計画の実施状況（効果等）

（記載例）

　　プレス機器（ＰＲ１２３-４５）の導入が遅れたため、当初の投資計画に遅れが生じたが、従前の設備に比べて、歩留まり率の改善、及び生産量および販売量の拡大が図れている。

　　具体的には、歩留まり率が２％改善し（９７％）、投入量を増加させたことから、高性能エンジン部品の年間生産量は 11,737 トンまで増加した、また、売上についても、当初想定よりも受注を獲得でき売上拡大を図れたため、販売数量は 11,637 トンまで伸びた。

　　今後も生産ラインの効率化を図り、歩留まり率を当初予定の９９％まで改善することで、更なる経営力の向上を行う。

２．導入した収益力強化設備の内容（必要に応じて別紙）

	取得年月	設備等の名称/型式	所在地	設備等の種類	単価（千円）	数量	金額（千円）	用途
1	平成29年6月15日	プレス機器/ＰＲ123-45	東京都練馬区	機械装置	40,000	1	40,000	高性能エンジン製造
2	平成29年4月15日	空調設備/HM4321	東京都練馬区	建物附属設備	14,500	1	14,500	同上
3	平成29年4月15日	測定機器/FR21－2	東京都練馬区	器具備品	45,000	1	45,000	同上
計							99,500	

３．投資利益率の状況

　　別紙

４．税制措置の利用状況

設備の種類	資産の種類	取得金額（千円）	特別償却の場合は償却額（千円）	税額控除の場合は税額控除額（千円）
プレス機器/PR123-45	機械装置	40,000	0	4,000
空調設備/HM4321	建物附属設備	14,500	14,500	0
測定機器/FR21-2	器具備品	45,000	45,000	0
計		99,500	59,500	4,000

（中小企業庁ホームページより）

ハ （事前確認書・確認書）C類型

　C類型により経営力向上計画を申請する場合には、計画を申請する際に経済産業局によるデジタル化設備に関する確認書が必要になります。

　企業はまず投資計画の確認申請書に必要事項を記入して、必要書類（申請書の裏付けとなる資料等）を添付の上、認定経営革新等支援機関の事前確認を受けます。認定経営革新等支援機関は、申請書と裏付けとなる資料に齟齬がないか等を確認して事前確認書を発行します。

　次に、企業は事前確認書を添付の上、本社所在地を管轄する経済産業局に申請書を提出します。経済産業局は、申請書が経営力向上設備等の投資計画であるとして適切である場合に、確認書を発行します。

> 認定経営革新等支援機関から投資計画について事前確認書の交付を受ける

↓

> 経済産業局に申請をして確認書の交付を受ける

　そして、企業は確認を受けた設備について経営力向上計画に記載し、申請・認定を受けることになります。

　なお、C類型のデジタル化設備に該当するためには、事業プロセスの(イ)遠隔操作、(ロ)可視化、(ハ)自動制御化のいずれかを可能にする設備として、経済産業大臣（経済産業局）の確認を受けた投資計画に記載された投資の目的を達成するために必要不可欠な設備である必要があります。

(イ)　遠隔操作

　　a　デジタル技術を用いて、遠隔操作をすること

　　b　以下のいずれかを目的とすること

　　　(a)　事業を非対面で行うことができるようにすること

　　　(b)　事業に従事する者が、通常行っている業務を、通常出勤し
　　　　ている場所以外の場所で行うことができるようにすること
　(ロ)　可視化
　　a　データの集約・分析を、デジタル技術を用いて行うこと
　　b　aのデータが、現在行っている事業や事業プロセスに関係す
　　るものであること
　　c　aにより事業プロセスに関する最新の状況を把握し経営資源
　　等の最適化※を行うことができるようにすること
　　※「経営資源等の最適化」とは、「設備、技術、個人の有する
　　　知識及び技能等を含む事業活動に活用される資源等の最適な
　　　配分等」をいう。
　(ハ)　自動制御化
　　a　デジタル技術を用いて、状況に応じて自動的に指令を行うこ
　　とができるようにすること
　　b　aの指令が、現在行っている事業プロセスに関する経営資源
　　等を最適化するためのものであること

【事前確認書】（Ｃ類型）……認定経営革新等支援機関が交付

【認定経営革新等支援機関による確認書面の記載例】　　　　　　　（様式２）

文中の　　　は、申請者の実情等に応じて適宜変更すべきものです。

事前確認書（手続実施結果報告書）

令和　　年　　月　　日

○○○株式会社
取締役会御中（注¹）

確認者の名称（注²）

認定経営革新等支援機関ID：

本確認書に係る担当者氏名：

担当者電話番号：

　私は、○○○株式会社（以下「会社」という。）からの依頼に基づき、会社の作成した中小企業等経営強化法の経営力向上設備等のうちデジタル化設備に関する設備投資計画の確認申請書（以下「申請書」という。）及びこれに添付された「基準への適合状況」（以下「基準への適合状況」という。）について、以下の手続を実施した。なお、当該手続は、会社が中小企業等経営強化法の経営力向上設備等のうちデジタル化設備に関する設備投資計画の確認申請を行うために作成した「申請書」及び「基準への適合状況」に記載された記載内容を対象として確認することを目的とするものである。

手続の目的
　私は、「申請書」及び「基準への適合状況」に関して、本報告書の利用者が手続実施結果を以下の目的で利用することを想定し、「実施した手続」に記載された手続を実施した。

（注１）　宛先は、申請者とする。または、「代表取締役　ｘｘｘｘｘ　殿」とする等、実情に応じて、適宜、記載を行う。
（注２）　確認作業を行った認定経営革新等支援機関のIDと氏名又は名称を記載する。なお、氏名については、当該認定経営革新等支援機関に所属する担当者のものでも可とする。

1

【認定経営革新等支援機関による確認書面の記載例】

（1）「申請書」に記載された設備投資の内容（「申請書」5で記載する事項）
が、当該設備の導入の目的（「申請書」2で記載する事項）及び事業者の事
業のデジタル化に資することの説明（「申請書」4で記載する事項）に照ら
して整合しているかどうかについて確かめること。

　　さらに、事業者の事業のデジタル化に資することの説明（「申請書」4で
記載する事項）が「基準への適合状況」に記載された「本件設備投資による
要件への該当性」に照らして整合しているかどうかについて確かめること。

　　また、「申請書」の「設備投資の内容」に記載された内容（「申請書」5
で記載する内容）が、会社において承認された設備投資計画及び見積書等の
根拠資料に照らして整合しているかどうかについて確認すること。

（2）「申請書」の「設備投資の内容」に記載された金額（「申請書」5で記載
する金額）が、「基準への適合状況」に記載された設備投資額と整合してい
るかどうかについて確かめること。

<u>実施した手続</u>（注[3]）（注[4]）
（「申請書」－申請要件及び基礎となる設備投資計画関連）

1. 「申請書」に記載された設備投資の内容（「申請書」5で記載する事項）が、
「申請書」2及び4に記載したとおり、中小企業等経営強化法第17条第3
項に規定する「商品の生産若しくは販売又は役務の提供の用に供する施設、
設備、機器、装置又はプログラム（情報処理の促進に関する法律（昭和四十
五年法律第九十号）第二条第二項に規定するプログラムをいう。）であって、
経営力向上に特に資する」ものとして必要十分な設備であるかどうかについ
て、会社の□□（役職）〇〇（氏名）氏（注[5]）に質問した。（＊）

2. 「申請書」に記載された設備投資の内容（「申請書」5で記載する事項）の
うち、「金額」について「数量」に「単価」を乗じて計算調べを行った。さ
らに、「金額」の合計について計算調べを行った。（＊）

3. 「申請書」に記載された設備投資の内容（「申請書」5で記載する事項）の
うち、「設備の名称」「型式」「数量」「単価」「金額」について、会社か
ら「申請書」に添付提出するものとして提示された設備投資計画（以下「設

（注[3]）本業務において、通常実施することが想定される手続の他、認定申請を行う事業者
による「投資計画」及び「基準への適合状況」の数値の捕捉・集計の実情に応じて、
必要な手続を例示している。

　　なお、通常実施することが想定される手続については、各手続の末尾に（＊）を付
している。

（注[4]）各手続において示されている書類は減免申請を行う事業者の作成・保存している記
録の実情に応じた名称を記載する。

（注[5]）回答者の会社における肩書き及び氏名を記載する。回答者は「申請書」及び「基準
への適合状況」の作成について責任を負う者（事業部長等、会社の代表権を有する者
以外の者を含む）とする。

【認定経営革新等支援機関による確認書面の記載例】

備投資計画」という。）の記載内容と合致するかどうかについて確かめた。
さらに、「設備投資計画」に会社の代表者又はそれに代わる者の押印がある
かどうかについて確かめた。（＊）
4. 「申請書」に記載された設備投資の内容（「申請書」5で記載する事項）の
うち、設備別の「金額」について、「申請書」に添付提出するものとして会
社から提示された見積書を集計して突合し、両者が合致するかどうかについ
て確かめた。（＊）

（「基準への適合状況」－「申請書」及び根拠資料関連）
5. 「申請書」の「設備投資の内容」に記載された金額（「申請書」5で記載す
る金額）が、「基準への適合状況」に記載された設備投資額と整合している
かどうかについて確かめた。（＊）
6. 「申請書」の「設備投資の内容」に記載された設備が、「基準への適合状況」
に記載する「投資の目的」及び「要件への該当性」と合理的に対応している
といえるかどうかについて確かめた。

<u>手続の実施結果</u>
（「申請書」－申請要件及び基礎となる設備投資計画関連）
1. 上記の手続1．について、会社の□□□（役職）　○○○（氏名）氏から、
「申請書」の対象とする設備が、「申請書」2及び4に記載したとおり、中
小企業等経営強化法第17条第3項に規定する「商品の生産若しくは販売又
は役務の提供の用に供する施設、設備、機器、装置又はプログラム（情報処
理の促進に関する法律（昭和四十五年法律第九十号）第二条第二項に規定す
るプログラムをいう。）であって、経営力向上に特に資する」ものであり、
必要な十分な設備である旨の回答を得た。
2. 上記の手続2．について、計算調べを行った結果、計算結果は「申請書」に
記載された設備投資の内容の「金額」及び「金額」の合計と合致した。
3. 上記の手続3．について、「申請書」と「設備投資計画」を突合した結果、
「設備の名称」「型式」「数量」「単価」「金額」の記載内容は合致した。
また、提示された「設備投資計画」に代表取締役□□□氏の押印が記載され
ていた。
4. 上記の手続4．について、会社から提示された見積書を集計して「申請書」
と突合した結果、設備別の金額は合致した。

（「基準への適合状況」－「申請書」及び根拠資料関連）
5. 上記の手続5．について、「設備投資の内容」と「基準への適合状況」を突
合した結果、「設備投資の内容」に記載された金額は「基準への適合状況」

3

287

【認定経営革新等支援機関による確認書面の記載例】

　　に記載された設備投資額と整合した。

6. 「申請書」の「設備投資の内容」に記載された設備が、「基準への適合状況」
　　に記載する「投資の目的」及び「要件への該当性」と合理的に対応している
　　ことを確認した。

__配布及び利用制限__

　本報告書は、会社の中小企業等経営強化法の経営力向上設備等のうちデジタ
ル化設備に関する設備投資計画の確認申請のために作成されたものであり、他
のいかなる目的にも使用してはならず、確認申請以外の目的で配布及び利用さ
れるべきものではない。

（以　上）

4

（中小企業庁ホームページより）

【記載例】確認申請書（Ｃ類型）……経済産業局へ申請

申請書記載例①

中小企業等経営強化法の経営力向上設備等のうちデジタル化設備に関する
投資計画の確認申請書

令和〇年〇月〇日

経済産業大臣　殿

　中小企業等経営強化法第１７条第３項並びに同法施行規則第１６条第１項第３号及び第２項第３号の規定に基づき、下記の投資計画について確認を受けたいので申請します。

記

1　事業者の名称等

事業者及び代表者名	株式会社中小工業　　（法人番号　〇〇〇〇〇〇〇〇〇〇〇〇） 代表取締役　中小　太郎
所在地	東京都千代田区霞ヶ関１－３－１
事業内容	自動車部品製造業

2　経営力向上設備等の導入の目的

① 当社は、独立系の自動車部品製造業者であり、独自の鋳造技術による高性能エンジン部品が主な製品であり、主に国内の大手自動車メーカーに販売している。
近年、米中の貿易摩擦に加え、新型コロナウイルスの影響もあり、自動車業界においては、サプライチェーンに大きな影響を受けたところ。

② 新型コロナウイルスの影響により、対面での営業も困難なため、ウェブ会議用設備を導入し、社内外でのコミュニケーションの活性化を図ることで事業遂行の安定化、多様化を図る。

③ 併せて、遠隔にて作業できるマシニングセンターを製造現場に導入し、新型コロナウイルスの影響下において、人手に頼らない生産体制を構築する。

　投資計画の概要について要約的に記載する。①まず、申請事業者を取り巻く経営環境についての概況を記載し、②その後、今般の計画において経営力向上設備等を導入

申請書記載例①

する目的及び必要性を記載。

3　経営力向上設備等の導入を行う場所の住所

　Ａ工場：東京都練馬区〇ー〇ー〇

4　経営力向上設備等が事業者の事業のデジタル化に資することの説明

> 　既存設備では、高性能エンジン部品年間生産量が9,495トンである。また歩留り率は95％に留まっている。当社はこれらの抜本的な改善を目指すため、このたび小型のマシニングセンターを導入し、製造工程を一部自動化することで、時間当たり生産量を年間20％向上させ、売り上げ拡大を図るとともに、歩留まり率についても、4％の改善を目指す。
> 　また、対面での営業活動や、支店との会議も困難なため、テレビ会議とさまざまなウェブ会議を接続可能にするWebハイブリッドモード拡張ゲートウェイボックスや大型ディスプレイ、専用カメラ等を導入し、テレビ会議・ウェブ会議に特化した会議スペースを設ける。

　経営力向上設備等が、どのように事業のデジタル化を可能とするかという内容を記載。（例えば、当該設備を導入することによって目指すデジタル化の内容等を説明。）

5　設備投資の内容（必要に応じて別紙）

	取得年月	設備等の名称/型式	所在地	設備等の種類	単価（千円）	数量	金額（千円）	用途
1	令和3年8月	立型マシニングセンター/MC-1234	東京都練馬区	機械装置	49,400	2	98,800	高性能エンジン製造
2	令和3年8月	Webハイブリッドモード拡張ゲートウェイボックス/BX-5678	東京都練馬区	器具備品	500	1	500	リモート会議
3	令和3年	60インチ4Kディス	東京都練馬区	器具備品	400	1	400	同上

申請書記載例①

	8月	プレイ/DP-9876						
4	令和3年8月	リモート会議専用カメラ/CM-4321	東京都練馬区	器具備品	300	1	300	同上
計							100,000	

6　基準への適合状況
　別紙

申請書記載例①

提出資料
（1）登記簿謄本の写し（個人の場合、税務申告書等の事業実施を確認できる書類）
（2）対象となる新規設備投資につき、既存設備の現況と設備投資後の状況を確認できる資料。
　　　例えば、導入しようとする設備が、建物附属設備、機械・装置、器具・備品の場合においては、当該設備の導入前後で事業プロセスがどのように変化するかが分かる資料。ソフトウェアの場合は当該ソフトウェアがシステム全体にどう組み込まれる予定であり、システム導入前と導入後の変化を確認できる図表等。
（3）投資計画の分かる資料（本申請書の根拠となる資料）
　　　代表者又はそれに代わる者の押印がなされた社内で決裁された、当該申請書に係る投資計画又はそれに代わるもの（稟議書、取締役会議事録等）、導入する設備の見積り書。
（4）認定経営革新等支援機関による事前確認書

（中小企業庁ホームページより）

【確認申請書別紙】（C類型）

（別紙）

基準への適合状況	
投資の目的	記載内容：デジタル化に向けた投資をすることで実現したいことを記載する。

要件への該当性		
□ 遠隔操作		記載内容：「投資の目的」を実現するための「遠隔操作」の具体的内容を記載。（例：導入する設備を遠隔地から操作することによって、顧客と対面しない方法で〇〇事業を行う（又は店舗等で勤務している従業員がテレワークにより商品の在庫管理等を行う）ことを可能とする。） ※新規事業であるか既存事業であるかを問わない。
□ 可視化		記載内容：「投資の目的」を実現するための「可視化」の具体的内容を記載。（例：導入する設備を活用して当社の製造ラインに係る〇〇に関する情報をリアルタイムで把握し、人員配置の適正化等を実現する。） ※既存事業の可視化に限る。
□ 自動制御化		記載内容：「投資の目的」を実現するための「自動制御化」の具体的内容を記載。（例：導入する設備を活用して、リアルタイムに最適な製造工程を実現する。） ※既存事業の自動制御化に限る。

投資合計額　　　　　　　　円

【遠隔操作、可視化、自動制御化の要件について】
①遠隔操作
　1）デジタル技術を用いて、遠隔操作をすること
　2）以下のいずれかを目的とすること
　　A)事業を非対面で行うことができるようにすること
　　B)事業に従事する者が、通常行っている業務を、通常出勤している場所以外の場所で行う
　　　ことができるようにすること
②可視化
　1）データの集約・分析を、デジタル技術を用いて行うこと
　2）1）のデータが、現在行っている事業や事業プロセスに関係するものであること
　3）1）により事業プロセスに関する最新の状況を把握し経営資源等の最適化※を行うことが
　　　できるようにすること
③自動制御化
　1）デジタル技術を用いて、状況に応じて自動的に指令を行うことができるようにすること
　2）1）の指令が、現在行っている事業プロセスに関する経営資源等を最適化するためのもの
　　　であること
※「経営資源等の最適化」とは、「設備、技術、個人の有する知識及び技能等を含む事業活動に活用される
資源等の最適な配分等」をいいます。

【参考：該当条文（中小企業等経営強化法施行規則第16条）】
●遠隔操作
情報処理技術を用いた遠隔操作を通じて、事業を対面以外の方法により行うこと又は事業に従事する者が
現に常時労務を提供している場所以外の場所において常時労務を提供することができるようにすること。

●可視化
現に実施している事業に関するデータ（電磁的記録（電子的方式、磁気的方式その他人の知覚によっては認
識することができない方式で作られる記録をいう。）に記録された情報をいう。）の集約及び分析を情報処理
技術を用いて行うことにより、当該事業の工程に関する最新の状況の把握及び経営資源（中小企業等経営
強化法第2条第11項に規定する経営資源をいう。）等の最適化を行うことができるようにすること。

●自動制御化
情報処理技術を用いて、現に実施している事業の工程に関する経営資源等の最適化のための指令を状況
に応じて自動的に行うことができるようにすること。

（中小企業庁ホームページより）

【確認書】（Ｃ類型）……経済産業局が交付

（様式３）

案

番号

株式会社○○
　代表取締役　○○　○○　宛て

　　　中小企業等経営強化法の経営力向上設備等のうちデジタル化設備に
　　関する投資計画の確認書

　中小企業等経営強化法第１７条第３項並びに同法施行規則第１６条第１項第３号
及び第２項第３号の規定に基づき、申請書の投資計画が要件を満たすことを確認し
た。

　年　　月　　日

　　　経済産業大臣　名

（中小企業庁ホームページより）

二　（事前確認書・確認書）Ｄ類型

　Ｄ類型により経営力向上計画を申請する場合には、計画を申請する際に経済産業局による経営資源集約化設備に関する確認書が必要になります。

　企業はまず投資計画の確認申請書に必要事項を記入して、必要書類（申請書の裏付けとなる資料等）を添付の上、公認会計士又は税理士の事前確認を受けます。公認会計士又は税理士は、申請書と裏付けとなる資料に齟齬がないか等を確認して事前確認書を発行します。

　次に、企業は事前確認書を添付の上、本社所在地を管轄する経済産業局に申請書を提出します。経済産業局は、申請書が経営力向上設備等の投資計画であるとして適切である場合に、確認書を発行します。

> 公認会計士又は税理士から投資計画について事前確認書の交付を受ける
>
> ↓
>
> 経済産業局に申請をして確認書の交付を受ける

　そして、企業は確認を受けた設備について経営力向上計画に記載し、申請・認定を受けることになります。

　なお、Ｄ類型の経営資源集約化設備に該当するためには、以下の要件を満たすもので、経営力向上計画に事業承継等事前調査に関する事項の記載があるものであって、経営力向上計画に従って事業承継等を行った後に取得又は製作もしくは建設をするものである必要があります。

経営資源集約化設備の要件

　計画終了年次の修正ＲＯＡ又は有形固定資産回転率が以下の表の要件を満たすことが見込まれるものであることにつき、経済産業大臣（経済産業局）の確認を受けた投資計画に記載された投資の目的を達成するために必要不可欠な設備であること

計画期間	有形固定資産回転率	修正ＲＯＡ
3年	＋2％	+0.3%ポイント
4年	+2.5%	+0.4%ポイント
5年	＋3％	+0.5%ポイント

【事前確認書】（D類型）……公認会計士又は税理士が交付

（様式2）

【公認会計士・税理士による確認書面の記載例】

> 文中の　　　　は、申請者の実情等に応じて適宜変更すべきものです。

事前確認書（手続実施結果報告書）（注¹）

　　年　　月　　日

○○○株式会社

取 締 役 会 御 中 （注²）

確認者の名称（注³）

本確認書に係る担当者氏名：

担当者電話番号：

　私は、○○○株式会社（以下「会社」という。）からの依頼に基づき、会社の作成した中小企業等経営強化法の経営力向上設備等のうち経営資源集約化に資する設備に関する設備投資計画の確認申請書（以下「申請書」という。）及びこれに添付された「基準への適合状況」（以下「基準への適合状況」という。）について、以下の手続を実施した。なお、当該手続は、会社が中小企業等経営強化法の経営力向上設備等のうち経営資源集約化に資する設備に関する設備投資計画の確認申請を行うために作成した「申請書」及び「基準への適合状況」に記載された記載内容を対象として確認することを目的とするものである。

<u>手続の目的</u>（注¹）

（注1）　公認会計士又は監査法人（公認会計士等）は、日本公認会計士協会専門業務実務指針4400「合意された手続業務に関する実務指針」に準拠して本業務を実施することができる。この場合、「その他の実施結果の利用者」に関しては、同実務指針A9項及びA10項を参照する。また、表題を「合意された手続実施結果報告書」とする他、本文例の実施者の肩書、見出し、業務依頼者及び業務実施者の責任、職業倫理及び品質管理等について、同実務指針の文例を参照して、適宜改変することができる。ただし、この場合においても「手続の目的」区分はこのままの記載とする。
（注2）　宛先は、申請者とする。または、「代表取締役　　xxxxx　殿」とする等、実情に応じて、適宜、記載を行う。
（注3）　確認作業を行った公認会計士・税理士の氏名を記載する。

1

【公認会計士・税理士による確認書面の記載例】

　　私は、「申請書」及び「基準への適合状況」に関して、本報告書の利用者が手続実施結果を以下の目的で利用することを想定し、「実施した手続」に記載された手続を実施した。
（1）「申請書」に記載された設備投資の内容（「申請書」5で記載する事項）が、必要十分な設備として、当該設備の導入の目的（「申請書」2で記載する事項）及び事業者の事業の改善に資することの説明（「申請書」4で記載する事項）に照らして整合しているかどうかについて確かめること。
　　　さらに、事業者の事業の改善に資することの説明（「申請書」4で記載する事項）が「基準への適合状況」に記載された「本件M&Aによる効果及び本件設備投資による効果」に照らして整合しているかどうかについて確かめること。
　　　また、「申請書」の「設備投資の内容」に記載された内容（「申請書」5で記載する内容）が、会社において承認された投資計画及び見積書等の根拠資料に照らして整合しているかどうかについて確認すること。
（2）「申請書」の「設備投資の内容」に記載された金額（「申請書」5で記載する金額）が、「基準への適合状況」に記載された設備投資額と整合しているかどうかについて確かめること。
　　　また、「基準への適合状況」に記載された修正ROA又は有形固定資産回転率の各年度の金額が、修正ROAの場合は総資産、売上高、売上原価、販管費、減価償却費及び研究開発費を、有形固定資産回転率の場合は有形固定資産及び売上高の各年度の金額を用いて算定されているかどうかについて確かめること。
　　　さらに、「基準への適合状況」において記載された「本件M&Aによる効果及び設備投資による効果」の金額が当該数値の算出根拠資料に照らして整合しているかどうかについて確かめること。

実施した手続（注4）（注5）
（「申請書」－申請要件及び基礎となる投資計画関連）
1.　「申請書」に記載された設備投資の内容（「申請書」5で記載する事項）が、「申請書」2及び4に記載したとおり、中小企業等経営強化法第17条第3

（注4）本業務において、通常実施することが想定される手続の他、認定申請を行う事業者による「投資計画」及び「基準への適合状況」の数値の捕捉・集計の実情に応じて、必要な手続を例示している。
　　　なお、通常実施することが想定される手続については、各手続の末尾に（＊）を付している。
（注5）各手続において示されている書類（例えば、「電力料削減金額算定表」）は減免申請を行う事業者の作成・保存している記録の実情に応じた名称を記載する。

2

【公認会計士・税理士による確認書面の記載例】

　　項に規定する「商品の生産若しくは販売又は役務の提供の用に供する施設、設備、機器、装置又はプログラム（情報処理の促進に関する法律（昭和四十五年法律第九十号）第二条第二項に規定するプログラムをいう。）であって、経営力向上に特に資する」ものとして必要十分な設備であるかどうかについて、会社の□□（役職）○○（氏名）氏（注6）に質問した。（＊）
2. 「申請書」に記載された設備投資の内容（「申請書」5で記載する事項）のうち、「金額」について「数量」に「単価」を乗じて計算調べを行った。さらに、「金額」の合計について計算調べを行った。（＊）
3. 「申請書」に記載された設備投資の内容（「申請書」5で記載する事項）のうち、「設備の名称」「型式」「数量」「単価」「金額」について、会社から「申請書」に添付提出するものとして提示された投資計画（以下「投資計画」という。）の記載内容と合致するかどうかについて確かめた。さらに、「投資計画」に会社の代表者又はそれに代わる者の押印があるかどうかについて確かめた。（＊）
4. 「申請書」に記載された設備投資の内容（「申請書」5で記載する事項）のうち、設備別の「金額」について、当該設備に関連するため、「申請書」に添付提出するものとして会社から提示された見積書を集計して突合し、両者が合致するかどうかについて確かめた。（＊）

（「基準への適合状況」－「申請書」及び根拠資料関連）
5. 「基準への適合状況」に記載された修正ROA又は有形固定資産回転率の各年度の金額が、修正ROAの場合は総資産、売上高、売上原価、販管費、減価償却費及び研究開発費を、有形固定資産回転率の場合は有形固定資産及び売上高の各年度の金額を用いて計算調べを行った。
6. 「基準への適合状況」に記載された「本件M&Aによる効果及び本件設備投資による効果」のうち、各年度の売上高について、当該数値の算出根拠資料であり、「申請書」に添付提出するものとして提示を受けた「売上高増加見込額算定表」の増加金額と合致しているかどうかについて確かめた。（＊）
7. 「売上高増加見込額算定表」においては、「投資計画」に記載された取引量を前提として、M&A後において見積もった売上高を比較して、各年度の売上高の増加額を算定していると会社から説明を受けた。これを前提として、「売上高増加見込額算定表」に記載された売上高と「投資計画」に記載された売上額が一致しているかどうか確かめた。
8. 「基準への適合状況」に記載された「本件M&Aによる効果」のうち、各年度の売上原価について、当該数値の算出根拠資料であり、「申請書」に添付

（注6）回答者の会社における肩書き及び氏名を記載する。回答者は「申請書」及び「基準への適合状況」の作成について責任を負う者（事業部長等、会社の代表権を有する者以外の者を含む）とする。

3

【公認会計士・税理士による確認書面の記載例】

提出するものとして提示を受けた「売上原価減少見込額算定表」の減少金額と合致しているかどうかについて確かめた。（＊）

9. 「売上原価減少見込額算定表」においては、「投資計画」に記載された仕入価格及び数量を前提として、M&A 後において見積もった売上原価と、「申請書」に記載された過去の売上原価を比較して、各年度の売上原価を算定していると会社から説明を受けた。これを前提として、「売上原価減少見込額算定表」に記載された売上原価と「投資計画」に記載された売上原価が一致しているかどうか確かめた。

10. 「基準への適合状況」に記載された「本件設備投資による効果」のうち、各年度の売上原価について、当該数値の算出根拠資料であり、「申請書」に添付提出するものとして提示を受けた「電力料削減金額算定表」「仕損費削減金額算定表」「修繕費削減金額算定表」の減少金額と合致しているかどうかについて確かめた。（＊）

11. 「電力料削減金額算定表」においては、「投資計画」に記載された生産量を前提として、新規設備について見積もった予想電力消費量と、「申請書」に記載された既存設備の過去 2 年間の生産記録から当該生産量に相当するものとして算定される電力消費量を比較して、「電力削減見込量」を算定し、これに最近の請求記録から把握した「電力料金額」を乗じて、各年度の電力料の削減金額を算定していると会社から説明を受けた。

　これを前提として、以下の手続を実施した。

（1）「電力料削減金額算定表」の「電力削減見込量」に「電力料金額」を乗じて、各年度の電力量の削減金額の計算調べを行った。さらに、各年度の電力料削減見込量について、新規設備の予想電力消費量と既存設備について算定した電力消費量を比較して計算調べを行った。（＊）

（2）「電力料削減金額算定表」の記載事項のうち、新規設備の予想電力消費量と既存設備について算定した電力消費量について、当該数値の算出根拠資料であり、「申請書」に添付提出するものとして会社から提示を受けた「電力削減量算定資料」と合致しているかどうかについて確かめた。

（3）「電力料削減金額算定表」の記載事項のうち、「電力料金額」について、当該数値の算出根拠資料であり、「申請書」に添付提出するものとして会社から提示を受けた「〇〇年〇〇月度の電力料金請求書の単位当り電力料金額」の請求記録と合致しているかどうかについて確かめた。（＊）

12. 「基準への適合状況」に記載された「本件設備投資による効果」のうち、各年度の仕損費の削減金額について、当該数値の算出根拠資料であり、「申請書」に添付提出するものとして会社から提示を受けた「仕損費削減金額算定表」の削減金額と合致しているかどうかについて確かめた。（＊）

13. 「仕損費削減金額算定表」においては、「投資計画」に記載された生産量を前提として、新規設備について見積もった予想仕損費発生額と、「申請書」

4

【公認会計士・税理士による確認書面の記載例】

に記載された既存設備の過去 2 年間の生産記録から当該生産量に相当する
ものとして算定される仕損費発生額を比較して各年度の仕損費の削減金額
を算定していると会社から説明を受けた。
　これを前提として、以下の手続を実施した。
　（1）「仕損費削減金額算定表」の記載事項のうち、各年度の仕損費削減金
　　額について、新規設備の予想仕損費発生額と既存設備について算定した仕
　　損費発生額を比較して計算調べを行った。（＊）
　（2）「仕損費削減金額算定表」の記載事項のうち、新規設備の予想仕損費
　　発生額について、当該数値の算出根拠資料であり、「申請書」に添付提出
　　するものとして会社から提示を受けた「新規設備仕損費算定資料」と合致
　　しているかどうかについて確かめた。（＊）
　（3）「仕損費削減金額算定表」の記載事項のうち、既存設備について算定
　　した仕損費発生額について、当該数値の算出根拠資料であり、「申請書」
　　に添付提出するものとして会社から提示を受けた「既存設備仕損費算定資
　　料」と合致しているかどうかについて確かめた。（＊）
14.「基準への適合状況」に記載された「本件設備投資による効果」のうち、各
　年度の修繕費の削減金額について、当該数値の算出根拠資料であり、「申請
　書」に添付提出するものとして提示を受けた「修繕費削減金額算定表」の削
　減金額と合致しているかどうかについて確かめた。（＊）
15.「修繕費削減金額算定表」においては、「投資計画」に記載された生産量を
　前提として、新規設備について見積もった予想修繕費発生額と、「申請書」
　に記載された既存設備の過去 2 年間の生産記録から当該生産量に相当する
　ものとして算定される修繕費発生額を比較して、各年度の修繕費の削減金額
　を算定していると会社から説明を受けた。
　　これを前提として、以下の手続を実施した。
　（1）「修繕費削減金額算定表」の記載事項のうち、各年度の修繕費の削減
　　金額について、新規設備の予想修繕費発生額と既存設備について算定した
　　修繕費発生額を比較して計算調べを行った。（＊）
　（2）「修繕費削減金額算定表」の記載事項のうち、新規設備の修繕費発生
　　額について、当該数値の算出根拠資料であり、「申請書」に添付提出する
　　ものとして会社から提示を受けた「新規設備修繕費算定資料」と合致して
　　いるかどうかについて確かめた。（＊）
　（3）「修繕費削減金額算定表」の記載事項のうち、既存設備について算定
　　した修繕費発生額について、当該数値の算出根拠資料であり、「申請書」
　　に添付提出するものとして会社から提示を受けた「既存設備修繕費算定資
　　料」と合致しているかどうかについて確かめた。（＊）

手続の実施結果

5

301

【公認会計士・税理士による確認書面の記載例】

（「申請書」－申請要件及び基礎となる投資計画関連）

1. 上記の手続1．について、会社の□□□（役職）　〇〇〇（氏名）氏から、「申請書」の対象とする設備が、「申請書」2及び4に記載したとおり、中小企業等経営強化法第17条第3項に規定する「商品の生産若しくは販売又は役務の提供の用に供する施設、設備、機器、装置又はプログラム（情報処理の促進に関する法律（昭和四十五年法律第九十号）第二条第二項に規定するプログラムをいう。）であって、事業の生産性の向上に特に資する」ものであり、必要な十分な設備である旨の回答を得た。

2. 上記の手続2．について、計算調べを行った結果、計算結果は「申請書」に記載された設備投資の内容の「金額」及び「金額」の合計と合致した。

3. 上記の手続3．について、「申請書」と「投資計画」を突合した結果、「設備の名称」「型番」「数量」「単価」「金額」の記載内容は合致した。
また、提示された「投資計画」に代表取締役□□□氏の押印が記載されていた。

4. 上記の手続4．について、会社から提示された見積書を集計して「申請書」と突合した結果、設備別の金額は合致した。

（「基準への適合状況」－「申請書」及び根拠資料関連）

5. 上記の手続5．について、「設備投資の内容」と「基準への適合状況」を突合した結果、「設備投資の内容」に記載された金額は「基準への適合状況」に記載された設備投資額と合致した。また、「基準への適合状況」に記載された修正ROA又は有形固定資産回転率の各年度の金額は、修正ROAの場合は総資産、売上高、売上原価、販管費、減価償却費及び研究開発費を、有形固定資産回転率の場合は有形固定資産及び売上高の各年度の金額を用いた計算結果と合致した。

6. 上記の手続6．について、「基準への適合状況」と「売上高増加見込額算定表」を突合した結果、各年度の売上高の金額は合致した。

7. 上記の手続7について、「売上高増加見込額算定表」と「投資計画」を突合した結果、各年度の売上高の金額は一致した。

8. 上記の手続8．について、「基準への適合状況」と「売上原価減少見込額算定表」を突合した結果、各年度の売上原価の金額は合致した。

9. 上記の手続9．について、「売上原価減少見込額算定表」と「投資計画」を突合した結果、各年度の売上原価の金額は合致した。

10. 上記の手続10．について、「基準への適合状況」と「電力料削減金額算定表」を突合した結果、各年度の電力量の削減金額は合致した。

11. 上記の手続11．（1）について、計算調べ及び合計調べを行った結果、計

6

【公認会計士・税理士による確認書面の記載例】

算結果は「電力料削減金額算定表」に記載された各年度の電力量の削減金額及び各年度の電力削減見込量と合致した。

上記の手続11.（2）について、「電力料削減金額算定表」と「電力削減量算定資料」を突合した結果、新規設備の予想電力消費量と既存設備について算定した電力消費量は合致した。

上記の手続11.（3）について、「電力料削減金額算定表」と「○○年○○月度の電力料金請求書の単位当り電力料金額」の請求記録を突合した結果、「単位当り電力料金額」は合致した。

12.上記の手続12.について、「基準への適合状況」と「仕損費削減金額算定表」を突合した結果、各年度の仕損費の削減金額は合致した。

13.上記の手続13.（1）について、計算調べ及び合計調べを行った結果、計算結果は「仕損費削減金額算定表」に記載された各年度の仕損費削減金額と合致した。

上記の手続13.（2）について、「仕損費削減金額算定表」と「新規設備仕損費算定資料」を突合した結果、新規設備の予想仕損費発生額は合致した。

上記の手続13.（3）について、「仕損費削減金額算定表」と「既存設備仕損費算定資料」を突合した結果、既存設備について算定した仕損費発生額は合致した。

14.上記の手続14.について、「基準への適合状況」と「修繕費削減金額算定表」を突合した結果、各年度の修繕費の削減金額は合致した。

15.上記の手続15.（1）について、計算調べ及び合計調べを行った結果、計算結果は「修繕費削減金額算定表」に記載された各年度の修繕費削減金額と合致した。

上記の手続15.（2）について、「修繕費削減金額算定表」と「新規設備修繕費算定資料」を突合した結果、新規設備の修繕費発生額は合致した。

上記の手続15.（3）について、「修繕費削減金額算定表」と「既存設備修繕費算定資料」を突合した結果、既存設備について算定した修繕費発生額は合致した。

7

303

【公認会計士・税理士による確認書面の記載例】

業務の特質

　上記の手続は、会社が行う中小企業等経営強化法の経営力向上設備等のうち経営資源集約化に資する設備に関する投資計画の確認申請に関連して実施したものであり、全体としての「申請書」又は「基準への適合状況」の各記載事項に対する監査意見又はレビューの結論の報告を目的とした一般に公正妥当と認められる監査の基準又はレビューの基準に準拠するものではない。
　したがって、私は、「申請書」又は「基準への適合状況」の記載事項について、将来情報の予測の正確性に関する結論や保証を含め、手続実施結果から導かれるいかなる結論の報告も、また保証の提供もしない。また、実施した手続が十分であるかどうかについての結論の報告もしていない（注7）。

配布及び利用制限

　本報告書は、会社の中小企業等経営強化法の経営力向上設備等のうち経営資源集約化に資する設備に関する設備投資計画の確認申請のために作成されたものであり、他のいかなる目的にも使用してはならず、確認申請以外の目的で配布及び利用されるべきものではない。

（以　上）

（注7）　公認会計士等が業務を行う場合には、〔日本公認会計士協会専門業務実務指針4400〕を参考として、例えば、次のような表現を「業務の特質」に追加することができる。
「当監査法人が一般に公正妥当と認められる監査の基準若しくはレビューの基準に準拠してこれらの売上高及び指標の監査若しくはレビューを実施した場合、手続を追加して実施した場合又は手続の範囲を拡大した場合、報告すべき事項が新たに発見される可能性がある」

8

（中小企業庁ホームページより）

【記載例】 確認申請書（Ｄ類型）……経済産業局へ申請

申請書記載例

中小企業等経営強化法の経営力向上設備等のうち経営資源集約化に資する設備
に関する投資計画の確認申請書

令和〇年〇月〇日

経済産業大臣　殿

　中小企業等経営強化法第１７条第３項並びに同法施行規則第１６条第１項第４号及
び第２項第４号の規定に基づき、下記の投資計画について確認を受けたいので申請し
ます。

記

1　事業者の名称等

事業者及び代表者名	株式会社　中小工業　（法人番号　〇〇〇〇〇〇〇〇〇〇〇〇） 代表取締役　中小　太朗
所在地	東京都千代田区霞ヶ関１－３－１
事業内容	自動車部品製造業

2　経営支援集約化設備の導入の目的

①当社は、独立系の自動車部品製造業者であり、独自のプレス加工技術による車体
　部品が主な製品であり、主に国内の大手自動車メーカーに販売している。
　　コロナ禍で自動車生産量は一時的に落ち込みを見せたものの、カーボンニュート
　ラルの潮流の中で、ＥＶなど新エネルギー車の需要が高まっており、足下では新車
　販売台数も回復基調にある中で、当社の月次生産量もコロナ前と同程度の水準まで
　回復している。今後は新エネルギー車用部品を中心に受注増が予想される一方で、
　産業構造の転換に伴い競争が激化する見込み。
②このような状況の中で、競争力を確保し、製品の高付加価値化を進めるべく、独自
　のプレス加工技術を有する株式会社経産工業の株式を取得し、子会社化を行う。こ
　れにより、経産工業社の有するプレス加工技術を当社の工程で用いることで、製品
　の軽量化が図られ、加工工程の複雑化に伴う加工賃の増加、発注の増加に繋がる見
　込み。
③既存の設備は老朽化が進んだ結果、歩留まり率が悪化しており、また、経産工業社
　の加工技術を活用することが困難なことから、今般の受注拡大や競合メーカーとの
　競争力強化を図るため、経産工業社の技術を活用できる最新の生産設備への入替え
　を計画している。最新のプレス機械、油圧ハンマーの導入により生産ラインの刷新

申請書記載例

> を行うことで、歩留り率の改善による製造原価の低減や、より高付加価値な製品の製造を図り、当社の強みである軽量フレームの国際競争力を強化することを目的とする。

投資計画の概要について要約的に記載する。①まず、申請事業者を取り巻く経営環境についての概況を記載し、②今般の計画において経営資源の集約化（M&A）を実施する目的及び必要性を記載し、③その後、当該計画において経営支援集約化設備等を導入する目的及び必要性を記載する。

3　経営力向上設備等の導入を行う場所の住所

　Ａ工場：東京都練馬区〇－〇－〇

4　経営資源集約化設備が事業者の事業の改善に資することの説明

> 子会社化を行う経産工業社の加工技術を最大限に活用し、より軽量化されたフレームを生産することを目的とする。具体的には、既存設備では、フレーム部品年間生産量が1,00トンであり、歩留り率は95％に留まっている。
> これらの抜本的改善を目指すため、このたび、最新のプレス機械の導入により時間あたり生産量を年間10％向上、歩留り率を4％改善することを目指すとともに、軽量フレームとしてより高い販売価格にて取引を行うことで、売上高を5％改善させる見込み。

経営資源集約化設備がどのように経営資源の集約化や事業改善に資するかという内容を記載。（例えば、自社と取得した技術を組み合わせた新製品を製造するための設備の導入による販売単価の上昇、原材料の仕入れ・製品販売にかかる共通システムの導入による販管費の削減の内容等を説明。）

5　設備投資の内容（必要に応じて別紙）

	取得年月	設備等の名称/型式	所在地	設備等の種類	単価（千円）	数量	金額（千円）	用途
1	令和3年10月	プレス機器/PR123-45	東京都練馬区	機械装置	40,000	1	40,000	軽量フレーム製造
2	令和3年10月	空調設備/HM4321	東京都練馬区	建物附属設備	15,000	1	15,000	同上

申請書記載例

	月							
3	令和 3年 10 月	測定機器/ FR21 −2	東京都練 馬区	器具備 品	45,000	1	45,000	同上
計							100,000	

　6　基準への適合状況
　　別紙

申請書記載例

提出資料

（１）登記簿謄本の写し（個人の場合、税務申告書等の事業実施を確認できる書類）
（２）貸借対照表・損益計算書（直近１年分）
（３）対象となる新規設備投資につき、既存設備の現況と設備投資後の状況を確認できる資料。
　　　　例えば、導入しようとする設備が、建物附属設備、機械・装置、器具・備品の場合においてはその設置場所（工場や店舗のレイアウト図等で、設備導入前と導入後の変化を確認できるもの。建物図面等、当該設備を特定する情報を記載した資料等）、ソフトウェアの場合は当該ソフトウェアがシステム全体にどう組み込まれる予定であり、システム導入前と導入後の変化を確認できる図表等。
（４）投資計画の分かる資料（本申請書の根拠となる資料）
　　　　代表者又はそれに代わる者の押印がなされた社内で決裁された、当該申請書に係る投資計画又はそれに代わるもの（稟議書、取締役会議事録等）、導入する設備の見積り書、設備導入により同様の商品やサービスを生産する場合の過去の同様の商品・サービスの過去の実績（１単位当たり売上、製造・販売原価等）、売上高・営業利益が増加する場合の根拠となる資料、売上原価・販管費が減少する場合の根拠となる資料等。
（５）公認会計士又は税理士による確認書

（中小企業庁ホームページより）

【確認申請書別紙】（D類型）

（別紙）

基準への適合状況

$$修正ROA = \frac{計画終了年度における営業利益＋減価償却費＋研究開発費}{計画終了年度における総資産} - \frac{計画開始年度における営業利益＋減価償却費＋研究開発費}{計画開始年度における総資産} > +0.5\%$$

※計画期間5年の場合

M&Aの目的：同業他社であるa社を株式取得により子会社化することで、販売チャネル活用、新製品の共同開発等の競争力強化を目的とする。

設備投資の目的：上記販売チャネル増加を見込み、販売数量の増強のため機械装置を導入
a社と共通の中小企業向け原価管理システム導入し、販管費の削減を目指す

単位： 千円

		投資年度	1	2	3	4	5
総資産		3,000,000	3,050,000	3,050,000	3,050,000	3,050,000	3,050,000
売上高		4,000,000	4,000,000	4,010,000	4,010,000	4,015,000	4,020,000
売上原価	（減価償却費）	100,000	104,000	104,000	104,000	104,000	104,000
	（研究開発費）	0	0	0	0	0	0
	（それ以外）	3,300,000	3,300,000	3,295,000	3,295,000	3,295,000	3,295,000
売上総利益		600,000	596,000	611,000	611,000	616,000	621,000
販管費	（減価償却費）	50,000	49,500	49,500	49,500	49,500	49,500
	（研究開発費）	10,000	10,000	10,000	10,000	10,000	10,000
	（それ以外）	500,000	500,000	500,000	500,000	500,000	500,000
営業利益		40,000	36,500	51,500	51,500	56,500	61,500
減価償却費		150,000	153,500	153,500	153,500	153,500	153,500
研究開発費		10,000	10,000	10,000	10,000	10,000	10,000
修正ROA		6.7%	6.6%	7.0%	7.0%	7.2%	7.4%

修正ROA増加分	基準値
+0.7% ＞	+0.5%

1. 本件M&Aによる効果
①売上高： 子会社化したa社の販売チャネル活用に伴う安定的な販売先の確保に伴う販売数量の増加
（添付「売上高増加見込額算定表」参照）

②売上原価： a社との原材料共同仕入れによる売上原価の低減
（添付「売上原価減少見込額算定表」参照）

2. 本件設備投資による効果
①総資産 機械装置・ソフトウェアの導入に伴う総資産の増加

②減価償却費 機械装置・ソフトウェアの導入に伴う総資産の増加

③売上原価 販売数量の増強のため実施する設備投資による設備入れ替えに伴う歩留り率向上による原価改善
（添付「電力料削減金額算定表」「仕損費削減金額算定表」「修繕費削減金額算定表」参照）

④販管費 a社と共通の中小企業向け原価管理システム導入に伴う販管費の低減

（別紙）

基準への適合状況

有形固定資産回転率＝ $\dfrac{\text{計画終了年度における売上高}}{\text{計画終了年度における有形固定資産}} - \dfrac{\text{計画開始年度における売上高}}{\text{計画開始年度における有形固定資産}}$ / $\dfrac{\text{計画開始年度における売上高}}{\text{計画開始年度における有形固定資産}}$ ＞ 3.0%

※計画期間5年の場合

M&Aの目的：同業他社であるa社を株式取得により子会社化することで、販売チャネル活用、新製品の共同開発等の競争力強化を目的とする。

設備投資の目的：上記販売チャネル増加を見込み、販売数量の増強のため機械装置を導入
a社と共通の中小企業向け原価管理システム導入し、販管費の削減を目指す

単位　：　千円

	投資年度	1	2	3	4	5		変化率	基準値
有形固定資産	1,000,000	1,000,000	1,000,000	1,000,000	1,000,000	1,000,000			
売上高	4,000,000	4,150,000	4,150,000	4,150,000	4,150,000	4,150,000		3.8% ＞	3.0%
有形固定資産回転率(回)	4.0	4.2	4.2	4.2	4.2	4.2			

1. 本件M&Aによる効果
①売上高：　子会社化したa社の販売チャネル活用に伴う安定的な販売先の確保に伴う販売数量の増加
（添付「売上高増加見込額算定表」参照）

2. 本件設備投資による効果
①総資産　機械装置・ソフトウェアの導入に伴う総資産の増加

（中小企業庁ホームページより）

310

【確認書】（Ｄ類型）……経済産業局が交付

（様式３）

案

番　号

株式会社○○
代表取締役　○○　○○　宛て

中小企業等経営強化法の経営力向上設備等のうち経営資源集約化に資する設備に関する投資計画の確認書

中小企業等経営強化法第１７条第３項及び中小企業等経営強化法施行規則第１６条第２項第４号の規定に基づき、申請書の投資計画に記載された設備が、経営力向上に著しく資する設備であることを確認した。

年　月　日

経済産業大臣　名

（中小企業庁ホームページより）

　中小企業等経営強化法の経営力向上設備等のうち経営資源集約化に資する設備に係る確認書の交付を受けた場合は、申請書の実施状況を、事業承継等を行った事業年度の翌事業年度終了後4ヶ月以内に、認定書の交付を受けた主務大臣に提出する必要があります。

【事業承継等状況報告書（各年度）】（D類型）……主務大臣に提出

（様式）

事業承継等状況報告書（各年度・〇回目）

令和〇年〇月〇日

経済産業大臣　殿

住　所
名　称

　〇年〇月〇日付けで認定を受けた、中小企業等経営強化法の経営力向上計画
の実施状況を下記のとおり報告します。

1．事業承継等（M&A）を行った事業の状況

2．継続雇用者の状況

（中小企業庁ホームページより）

②　経営力向上計画の策定

　中小企業等経営強化法では、事業分野を所管する省庁において、基本方針に基づき事業分野ごとに生産性向上の方法等を示した事業分野別の指針を策定することとされています。経営力向上計画に取り組む事業分野において、「事業分野別指針」が策定されている場合はその指針を踏まえて策定していきます。

　したがって、まず、「日本標準産業分類」で該当する事業分野を確認し、その事業分野に対応する事業分野別指針を確認して、事業分野別指針を踏まえて経営力向上計画の策定をすることになります。なお、事業分野別指針が策定されていない事業分野では「基本方針」を踏まえて計画を策定します。

事業分野別指針

　製造業、卸・小売業、外食・中食、旅館業のように事業分野ごとに指針が作成されています。

事業分野別指針【製造業の場合（実施事項について）】

　デジタル技術を活用して競争力の源泉たる「企業変革力」を強化することが重要。

（自社の強みを直接支える項目）

イ．従業員等に関する事項

（1）　組織の活力の向上による人材の有効活用

（2）　多能工化及び機械の多台持ちの推進

（3）　継続的な改善提案の奨励

ロ．製品・製造工程に関する事項

（1）　実際原価の把握とこれを踏まえた値付けの実行

（2）　製品の設計、開発、製造及び販売の各工程を通じた費用の管理

ハ．標準化、知的財産権等に関する事項

（1）　異なる製品間の部品や原材料等の共通化

（2）　暗黙知の形式知化

（3）　知的財産権等の保護の強化

二．営業活動に関する事項

　(1)　営業活動から得られた顧客の要望等の製品企画、設計、開発等への反映

　(2)　海外の顧客に対応出来る営業及び販売体制の構築

　(3)　他の事業者と連携した製造体制の構築等による受注機会の増大

（自社の強みをさらに伸ばす項目）

ホ．設備投資並びにロボット及び IT の導入等に関する事項

　(1)　設備投資

　(2)　ロボットの導入又は増設

　(3)　IT の導入

　(4)　設備投資等が製品の品質及び製品一単位当たりの製造費用に大きな影響を及ぼす分野に関する留意事項（鉄鋼、化学、電子・電気、重電、航空・宇宙、医療機器等）

ヘ．省エネルギーの推進に関する事項

　　エネルギー使用量の把握、設備の稼働時間の調整及び最適な管理の実施、省エネルギー設備の導入、エネルギー管理体制の構築等

ト．経営資源の組合せ

　　現に有する経営資源及び他の事業者から取得した又は提供された経営資源を有効に組み合わせて一体的に活用

（規模別の整理）

●小規模製造業（20人以下）

　イ(1)～ニ(3)から 1 項目以上

　※上記に加え、ホ(1)～トの 1 項目以上にも取り組むことを推奨

●中規模製造業（21～500人以下）

　イ(1)～ニ(3)から 2 項目以上

　ホ(1)～トから 1 項目以上

●中堅製造業（501～2000人以下）

　イ(1)～ニ(3)から 3 項目以上

ホ(1)〜トから 2 項目以上

（中小企業庁「事業分野別指針の概要について」より）

基本方針の概要（一部抜粋）

1．経営力向上の定義及び内容に関する事項

　中小企業等の経営強化に関する基本方針における経営力向上は、「経営資源を事業活動において十分効果的に利用すること」とし、具体的には、「事業活動に有用な知識又は技能を有する人材の育成」、「組織の活力の向上による人材の有効活用」、「財務内容の分析の結果の活用※」、「商品又は役務の需要の動向に関する情報の活用」、「経営能率の向上のためのデジタル技術の活用」、「経営資源の組合せ」等とする。

※　売上高増加率、営業利益率、一人当たり営業利益、EBITDA 有利子負債倍率、自己資本比率等の指標を活用

2．経営力向上の実施方法に関する事項

　計画期間を 3 年から 5 年とし、労働生産性を計画認定の判断基準とする。

　原則、5 年間の計画の場合、計画期間である 5 年後までの労働生産性の目標伸び率が 2 ％以上とするが、業種・事業規模等を勘案して弾力的に目標を設定することができることとし、地域の中核的な企業を中心とした取組等のグループによる申請については、グループ全体としての経営指標又は参加者個々の経営指標のいずれでも用いることができることとする。

　なお、計画期間が終了した時点での労働生産性の値は正とする。

（中小企業庁ホームページより）

③ 経営力向上計画の申請・認定

　各事業分野の主務大臣に計画申請書（工業会等による証明書（写し）又は投資計画の確認申請書及び経済産業局の確認書（いずれも写し）を添付する。）を提出します。そして、認定を受けた場合には、主務大臣から計画認定書と計画申請書の写しが交付されます。申請から認定までには約30日（複数省庁にまたがる場合は約45日、経営力向上計画申請プラットフォームによる電子申請かつ経済産業部局宛てのみの申請については約14日（休日等を除く。））を要するようです。

　なお、認定を受けた中小企業者等は、認定を受けた経営力向上計画を変更しようとする場合（設備の追加取得等）は、その認定をした主務大臣の認定を受けなければなりません。経営力向上計画に設備を追加する場合には、原則として取得前に経営力向上計画の変更認定を受けることが必要です。

【記載例】経営力向上計画認定申請書（製造業の場合）……主務大臣に申請

記載例（製造業）

事業譲渡に伴う不動産取得税の軽減措置を希望する場合のみ、様式第2で
ご申請ください。なお、様式第2で申請する場合、申請書は都道府県経由
で提出する必要があります。

様式第1、様式2

経営力向上計画に係る認定申請書

○○年○月○日

○○経済産業局長　殿

提出先は業種によって異なります。詳細は「経
営力向上計画　策定・活用の手引き」を参照く
ださい。また、官職名が記載されていれば、氏
名は省略しても差し支えありません。

住　　　所　　●●県××市△△1−3−1
名　称　及　び　　株式会社METI
代表者の氏名　　代表取締役　中小太郎

中小企業等経営強化法第17条第1項の規定に基づき、別紙の計画について認定を受けたいので申請
します。

認定申請書の提出の際に、（備考）及び
（実施要領）は、必要ありません。

1

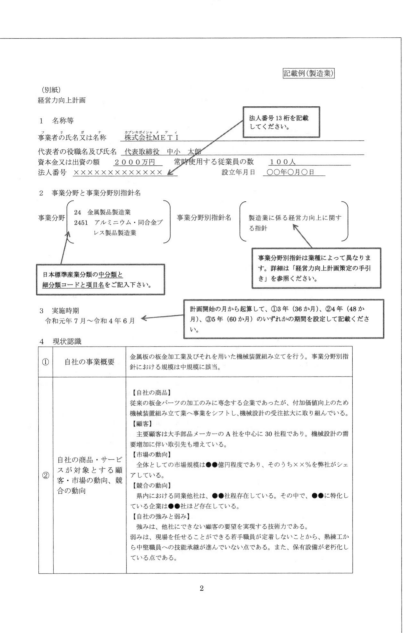

記載例（製造業）

(別紙)
経営力向上計画

1 名称等

事業者の氏名又は名称　株式会社METI

> 法人番号13桁を記載
> してください。

代表者の役職名及び氏名　代表取締役　中小　太郎
資本金又は出資の額　２０００万円　常時使用する従業員の数　１００人
法人番号　××××××××××××　　設立年月日　○○年○月○日

2 事業分野と事業分野別指針名

事業分野
24　金属製品製造業
2451　アルミニウム・同合金プレス製品製造業

事業分野別指針名
製造業に係る経営力向上に関する指針

> 日本標準産業分類の中分類と
> 細分類コードと項目名をご記入下さい。

> 事業分野別指針は業種によって異なります。詳細は「経営力向上計画策定の手引き」を参照ください。

3 実施時期
令和元年7月～令和4年6月

> 計画開始の月から起算して、①3年（36か月）、②4年（48か月）、③5年（60か月）のいずれかの期間を設定して記載ください。

4 現状認識

①	自社の事業概要	金属板の板金加工業及びそれを用いた機械装置組み立てを行う。事業分野別指針における規模は中規模に該当。
②	自社の商品・サービスが対象とする顧客・市場の動向、競合の動向	【自社の商品】 従来の板金パーツの加工のみに専念する企業であったが、付加価値向上のため機械装置組み立て業へ事業をシフトし、機械設計の受注拡大に取り組んでいる。 【顧客】 　主要顧客は大手部品メーカーのA社を中心に30社程であり。機械設計の需要増加に伴い取引先も増えている。 【市場の動向】 　全体としての市場規模は●●億円程度であり、そのうち××%を弊社がシェアしている。 【競合の動向】 　県内における同業他社は、●●社程存在している。その中で、●●に特化している企業は●●社ほど存在している。 【自社の強みと弱み】 　強みは、他社にできない顧客の要望を実現する技術力である。 弱みは、現場を任せることができる若手職員が定着しないことから、熟練工から中堅職員への技能承継が進んでいない点である。また、保有設備が老朽化している点である。

2

319

記載例（製造業）

③	自社の経営状況	ローカルベンチマークの算出結果

ローカルベンチマークの算出結果

（現状値）

指標	算出結果	評点
①売上高増加率	3.1%	3
②営業利益率	2.0%	3
③労働生産性	100 千円	2
④EBITDA 有利子負債倍率	0.8 倍	5
⑤営業運転資本 回転期間	0.6 ヶ月	4
⑥自己資本比率	40.0%	3

（計画終了時目標値）

指標	算出結果	評点
①売上高増加率	25.0%	5
②営業利益率	3.3%	3
③労働生産性	227 千円	2
④EBITDA 有利子負債倍率	0.6 倍	5
⑤営業運転資本 回転期間	0.8 ヶ月	4
⑥自己資本比率	41.7%	3

売上は〇〇年度〇〇〇千円、〇〇年度〇〇〇千円と増加している一方で営業利益については〇〇年度〇〇〇千円、〇〇年度〇〇〇千円と減少している。

④	経営課題	【事業転換の必要性】 　海外からの受注の減少により、売り上げに影響を受けている。また、●●の影響により●●市場規模は中長期的に縮小傾向にあるため、事業転換を図る必要がある。 【社員の定着率の低さ】 　毎年、新入社員を●名受け入れているが、●年以上続く社員は●名ほどであり定着率が低い。また、定着率が低いことから技術の承継も進んでおらず、人手不足のため若手職員は短期間で技術を習得する必要がある。 【保有設備の老朽化】 　導入した設備はすでに 10 年経っているため、業務の効率化を図るため、また品質向上の観点から設備投資が必要。

上記①～③を踏まえて自社の経営課題を整理し、記載してください。

「ローカルベンチマークツール」をご活用ください。
https://www.meti.go.jp/policy/economy/keiei_innovation/sangyokinyu/locaben/

※ローカルベンチマークで算出される労働生産性と5番の労働生産性とは、計算式が異なるため、それぞれ値が一致しないことがあります。

5　経営力向上の目標及び経営力向上による経営の向上の程度を示す指標
※労働生産性を用いる場合は、「B計画終了時の目標」は正の値とすること。

指標の種類	A現状（数値）	B計画終了時の目標 （数値）	伸び率 （（B−A）／A） （％）
労働生産性	6,930 千円	7,000 千円	1 %

事業分野別指針を元に、指標の種類を選び経営力向上計画の実施期間に応じた伸び率を記載ください。
※事業分野別指針において、労働生産性以外の指標を選択する場合でも「B計画終了時の目標」は正の値とする旨規定されている場合は、正の値としてください。

3

記載例（製造業）

6　経営力向上の内容

> **事業承継の取組がない場合は（1）有（2）無と記載してください。**
> **事業承継の取組がある場合は（1）有又は無、（2）有と記載してください。**
> **なお、（1）無、（2）無との記載となることはなく、必ず（1）（2）どちらかが有もしくは両方有との記載になります。**

（1）現に有する経営資源を利用する取組　　　　　　　　　　　　有 ・ 無

（2）他の事業者から取得した又は提供された経営資源を利用する取組　有 ・ 無

（3）具体的な実施事項

	事業分野別指針の該当箇所	事業承継等の種類	実施事項 （具体的な取組を記載）	実施期間	新事業活動への該非（該当する場合は〇）
ア	イ（1）		【組織の活力の向上による人材の有効活用】 技術力の維持・拡大を図り、高品質な商品を製造することを目的に、大企業や研究所、ベンチャー企業などとの人材交流を図り、多様な知見を参考にし、技術力の向上や個人のスキルアップを行っていく。例えば、年2回のワークショップを開き、アイデアの共有や業界/市場分析等を行っていく。また、若手職員が異分野の人脈を広げるため、ワークショップの運営は若手職員を起用し外部とのコミュニケーションを積極的にとってもらう。	2019年10月 ・他企業、研究所、またはベンチャー企業とのワークショップイベントを立案 2020年5月 ・ワークショップの実施に向けた調整を行う。 2021年10月 ・ワークショップ実施（半年に1回のペースで開催予定。）	
イ	ハ（2）		【暗黙知の形式知化】 若手職員が短期間で技術を習得できるよう、熟練社員は有する技能を反映した、図や写真等をも用いて分かりやすい業務マニュアルを作成する。業務マニュアルを活用して、一定の技術水準を達するよう知識・技術の共有化を図る。なお、業務マニュアルは随時更新を行う。 さらに生産管理に知見のある技術者を中途採用し、工程設計の担当者と同様にノウハウを共有し技術の早期承継を図る。	2020年4月 ・中途採用 2020年10月 ・業務マニュアルの作成を社員へ依頼。 2021年4月 ・マニュアルの修正を行う。 2021年8月 ・マニュアルの完成	

4

記載例（製造業）

ウ	ニ(1)		【営業活動から得られた顧客の要望等の製品企画、設計、開発等への反映】これまで製造していた、●●は●●市場の規模の縮小に伴い売り上げは減少している。そこで、これまでの営業活動や市場分析を行い、大手企業である●●メーカー等へ提案営業を図る。同時に、展示会等の機会を通して、自社製品のPRを積極的に行っていく。また、提案営業を強化する観点から、営業部門を確立し、製造部門と営業部門の連携を図りニーズに合った製品を開発する。	2021年4月・営業部門に従業員を二人増員。2021年12月・●●展示会にむけてPRの準備。	
エ	ホ(1)		【設備投資】主要取引先A社と共同で新規商品開発を行い、A社の助言の基、生産体制を構築するための生産ラインの合理化と設備の更新を行う。これに伴い、現在保有しているパンチングマシンのうち旧機種（一機種3台）をパンチ・レーザ複合マシンへ（一機種2台）と更新する。この機械は、旧機種では対応できなかった成形等の後工程についても対応可能であり、また幅広い加工部品を生産できるため、工程が統合でき、時間あたりの生産性が向上するとともに、発注者のニーズに柔軟に対応可能。また、生産管理システムを導入して各製造設備と連動させる。さらに検査工程の自動化のために導入する検査装置とも連動させることで、生産ライン全体を一元管理する。生産ラインのネットワーク化は当社が初めて行う取組であり、新事業活動に該当する。	2020年4月・設備の購入準備2020年8月・設備購入2020年10月・設備購入（検査装置）	○
オ	ト	吸収分割	【経営資源の組合せ】当社では扱っていない小物板金をこれまでC株式会社に外注していたが、後継者不足のC株式会社から吸収分割により小物板金製造事業を引き継ぐ。C株式会社の従業員15人は継続雇用とする。小物の板金加工を内製化することで、組立までのリードタイムを短縮化するとともに、コミュニケーションの緊密化により不良率を減少させ、当社の強みである板金から組立までの一貫生産体制を強化する。	2020年4月・吸収合併を実行	

5

記載例（製造業）

7　経営力向上を実施するために必要な資金の額及びその調達方法

（1）　具体的な資金の額及びその調達方法

実施事項	使途・用途	資金調達方法	金額（千円）
ア	イベント開催費用	自己資金	5,000
イ・ウ	採用費用	自己資金	10,000
エ	経営力向上設備購入費	融資	25,000
オ	分割対価	自己資金	10,000
オ	分割対価	融資	25,000

※7（2）以降の項目は、希望する支援措置に応じて記載。

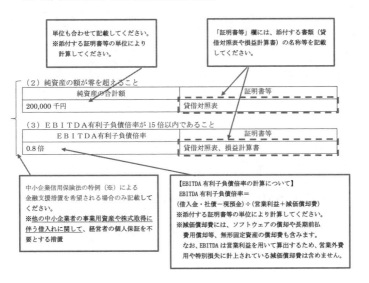

単位も合わせて記載してください。
※添付する証明書等の単位により
　計算してください。

「証明書等」欄には、添付する書類（貸
借対照表や損益計算書）の名称等を記載
してください。

（2）純資産の額が零を超えること

純資産の合計額	証明書等
200,000 千円	貸借対照表

（3）ＥＢＩＴＤＡ有利子負債倍率が15倍以内であること

ＥＢＩＴＤＡ有利子負債倍率	証明書等
0.8 倍	貸借対照表、損益計算書

中小企業信用保険法の特例（※）による
金融支援措置を希望される場合のみ記載して
ください。
※他の中小企業者の事業用資産や株式取得に
伴う借入れに関して、経営者の個人保証を不
要とする措置

【EBITDA 有利子負債倍率の計算について】
　EBITDA 有利子負債倍率＝
（借入金・社債－現預金）÷（営業利益＋減価償却費）
※添付する証明書等の単位により計算してください。
※減価償却費には、ソフトウェアの償却や長期前払
　費用償却等、無形固定資産の償却費も含みます。
　なお、EBITDA は営業利益を用いて算出するため、営業外費
　用や特別損失に計上されている減価償却費は含めません。

6

323

記載例（製造業）

想定している措置（経営強化税制A類型～D類型）に〇を記載してください。
※Dを選択した場合、6番の事業承継の取組及び10番の事業承継等事前調査に関する事項が記載されている必要があります。

取得予定年月を記載ください。

8　経営力向上設備等の種類

	実施事項	取得年月	利用を想定している支援措置	設備等の名称／型式	所在地
1	エ	R2.8	Ⓐ・B・C・D	パンチ・レーザ複合マシン／METI001	●●県××市
2	エ	R2.8	A・Ⓑ・C・D	生産管理システム／SME002	●●県××市
3	エ	R2.10	A・Ⓑ・C・D	検査装置／SME003	●●県××市

各番号の設備の情報を続けて記載ください。

	設備等の種類	単価（千円）	数量	金額（千円）	証明書等の文書番号等
1	機械装置	5,000	2	10,000	123456
2	ソフトウエア	5,000	1	5,000	20200523 中生投第〇号
3	器具備品	10,000	1	10,000	20200523 中生投第〇号

各設備の減価償却資産の種類を記載ください。

各設備の種類毎に数量、金額の小計を記載ください。

設備等の種類別小計	設備等の種類	数量	金額（千円）
	機械装置	2	10,000
	器具備品	1	10,000
	工具	0	0
	建物附属設備	0	0
	ソフトウエア	1	5,000
合計		4	25,000

工業会等の証明書の整理番号や、経済産業局の確認書の文書番号を記載ください。
また、工業会等証明書と経産局確認書の両方を添付している場合は、両方の番号を記載ください。

※以下の9番以降の項目については、6番の事業承継の取組がある場合のみ記載してください。

9　特定許認可等に基づく被承継等特定事業者等の地位

なし

特定許認可等の承継を希望する場合に記載してください。

7

記載例（製造業）

経営資源集約化税制の活用を希望する場合に記載してください。
※希望される場合、「法務に関する事項」「財務・税務に関する事項」は必ず記載し、事業承継等事前調査チェックシートを添付してください。

１０　事業承継等事前調査に関する事項

事業承継等事前調査の種類	実施主体	実施内容
法務に関する事項	○○法律事務所　弁護士○○	別紙（事業承継等事前調査チェックシート）に記載
財務・税務に関する事項	○○会計事務所　税理士○○	別紙（事業承継等事前調査チェックシート）に記載
その他の調査（事業）	○○コンサルティング　中小企業診断士○○	対象企業のビジネスモデルの把握、事業性の評価及びシナジー効果分析・事業統合に関するリスク評価等を行う予定。

１１　事業承継等により、譲受け又は取得する不動産の内容

（土地）

	実施事項	所在地番	地目	面積（㎡）	事業承継等の種類	事業又は資産の譲受け元名
1	エ	○○県○○市○○丁目○番地	宅地	320㎡	吸収分割	C株式会社
2						
3						

実施事項欄の記載、事業承継等の種類欄の記載は、いずれも６番の記載内容と整合性がとれているかご確認ください。
なお、事業承継等の種類が①吸収合併、②新設合併、③吸収分割、④新設分割、⑧事業又は資産の譲受けのいずれかの場合は登録免許税の軽減措置を受けることができます。

（家屋）

	実施事項	所在家屋番号		面積（㎡）	事業承継等の種類	事業又は資産の譲受け元名
1	エ	○○県○○市○○丁目○番地	RC造	240㎡	吸収分割	C株式会社
2						
3						

事業承継等により取得する不動産について、所有権移転登記の登録免許税の軽減措置の適用を希望する不動産について記載してください。
「実施事項」欄には、「６　経営力向上の内容」の実施事項ごとの記号を記載してください。
当該不動産の登記簿に記載されている情報を記載してください。

8

325

記載例（製造業）

<注意事項>
１２　事業又は資産の譲受けにより、譲受け又は取得する不動産の内容については、様式第２のみ記載項目があります（様式第１の記載項目は１１の事業承継等により、譲受け又は取得する不動産の内容までです）。

事業譲渡に伴う不動産取得税の軽減措置を希望する場合(様式第２でご申請いただく場合)のみ記載してください。

１２　事業又は資産の譲受けにより、譲受け又は取得する不動産の内容
（土地）

	実施事項	所在地番	地目	面積（㎡）	事業又は資産の譲受け元名
1					
2					
3					

（家屋）

	実施事項	所在家屋番号	種類構造	床面積（㎡）	事業又は資産の譲受け元名
1					
2					
3					

9

（中小企業庁ホームページより）

【記載要領】

　申請者は以下の要領に従って、経営力向上計画の必要事項を記載し、中小企業等経営強化法第17条第6項の認定要件を満たすことを示すこと。

　申請者名は、共同で経営力向上計画を実施する場合においては、当該計画の代表事業者の名称及びその代表者の氏名を記載し、代表事業者以外の経営力向上計画参加事業者については、申請書の余白に事業者名を記載すること。

1　名称等

　正確に記載すること。

　ただし、法人番号については、個人事業主や民法上の組合等、法人番号が指定されていない者は、記載不要とする。

2　事業分野と事業分野別指針名

　「事業分野」の欄には、経営力向上計画に係る事業の属する事業分野について、日本標準産業分類の中分類及び細分類を記載すること。

　「事業分野別指針名」の欄は、経営力向上計画に係る事業の属する事業分野において、事業分野別指針が定められていない場合には、記載不要とする。

3　実施時期

　3年以上5年以内として定めること。

4　現状認識

　①　自社の事業概要

　　自社の事業の内容について、概要を記載すること。

　②　自社の商品・サービスが対象とする顧客・市場の動向、競合の動向

　　自社の商品・サービスについて、顧客の数やリピート率、主力取引先企業の推移、市場の規模やシェア、競合他社との比較等について分析し、自社の強み及び弱みを記載すること。

　③　自社の経営状況

　　自社の財務状況について、売上高増加率、営業利益率、労働生産性、EBITDA有利子負債倍率、営業運転資本回転期間、自己資本比率その他の財務情報の数値を記載し、これらの数値を参考に分析し、改善すべき項目等について記載すること。

　④　経営課題

　　上記①～③を踏まえて自社の経営課題を整理し、記載すること。

5　経営力向上の目標及び経営力向上による経営の向上の程度を示す指標

　「指標の種類」の欄には、事業分野別指針で定められた指標がある場合は、当該指標を記載することとし、定められていない場合は、労働生産性を記載すること。

　労働生産性は、営業利益、人件費及び減価償却費の合計を、労働投入量（労働者数又は労働者数×一人当たり年間就業時間）で除したものを用いること。

　なお、計画期間が終了した時点での労働生産性の値は正とすること。

6　経営力向上の内容

(1)　「(1)現に有する経営資源を利用する取組」「(2)他の事業者から取得した又は提供された経営資源を利用する取組」の欄は、それぞれ該当する取組の有無について「○」で囲むこと。

(2)　「(3)具体的な実施事項」の欄は、「4　現状認識」等に記載した内容を踏まえ、経営課題の解決に資することを明確化し、具体的に記載すること。

(3)　「(3)具体的な実施事項」の欄のうち、「実施期間」の欄は、「実施事項」の欄に記載した内容を踏まえて具体的に記載すること。

(4)　経営力向上計画に係る事業の属する事業分野において事業分野別指針が定められている場合には、各実施事項について、当該事業分野別指針の該当箇所を記載すること。

(5)　「事業承継等の種類」の欄には、事業承継等の種類について、中小企業等経営強化法第2条第10項各号に掲げる措置（第2条第2項に規定する事業又は資産の譲受けを除く。）のうち該当するものについて記載すること。

(6)　実施事項が新事業活動に該当する場合は、「新事業活動への該非」の欄に「○」を記載すること。なお、新事業活動とは、新商品の開発又は生産、新役務の開発又は提供、商品の新たな生産又は販売の方式の導入、役務の新たな提供の方式の導入その他の新たな事業活動をいう。

(7)　項目数が足りない場合は、列を追加すること。

(8)　実施期間終了時に、記載された実施事項の実施状況及び目標の達成状況の報告を求める場合がある。

7　経営力向上を実施するために必要な資金の額及びその調達方法

(1)　経営力向上計画の実施に当たって必要な資金の額及びその使途・用途を記載すること。

(2)　「実施事項」の欄には、「6　経営力向上の内容」の実施事項ア、イ、ウ等との対応関係を記載すること。

(3) 同一の使途・用途であっても、複数の資金調達方法により資金を調達する場合には、資金調達方法ごとに項目を分けて記載すること。

(4) 「資金調達方法」の欄には、自己資金、融資、補助金その他の資金の調達方法を記載すること。

(5) 中小企業等経営強化法第22条第6項に規定する保証を受けようとする場合には、中小企業等経営強化法施行規則第17条に規定する要件に該当することを証する書類を添付し、「純資産の合計額」及び「EBITDA 有利子負債倍率」の欄に数値を記載するとともに、「証明書等」の欄に、当該書類の名称又は当該要件に対応する書類であることを特定する情報を記載すること。

(6) 項目数が足りない場合は、列を追加すること。

8 経営力向上設備等の種類

(1) 経営力向上計画に基づき経営力向上設備等を取得する場合に記載すること。

(2) 「実施事項」の欄には、「6 経営力向上の内容」の実施事項ア、イ、ウ等との対応関係を記載すること。

(3) 「利用を想定している支援措置」の欄には、申請段階において利用を想定している支援措置について記載すること。

(4) 「所在地」の欄には、当該設備等が所在する場所を都道府県名及び市町村（特別区を含む。）名により記載すること。

(5) 「設備等の種類」の欄には、機械及び装置、器具及び備品、工具、建物附属設備並びにソフトウエア等の減価償却資産の種類を記載すること。

(6) 経営力向上設備等を取得する場合には、中小企業等経営強化法施行規則第16条に規定する要件に該当することを証する書類を添付し、「証明書等の文書番号等」の欄に、当該書類の名称又は文書番号等当該設備等に対応する書類であることを特定する情報を記載すること。

(7) 「設備等の種類別小計」の欄には、減価償却資産の種類ごとの小計値を記載すること。

(8) 項目数が足りない場合は、列を追加すること。

9 特定許認可等に基づく被承継等特定事業者等の地位

(1) 特定許認可等に基づく被承継等特定事業者等の地位であって、承継等特定事業者等が承継しようとするものがある場合には、当該特定許認可等に基づく地位を記載すること。

(2) 項目数が足りない場合は、列を追加すること。

10　事業承継等事前調査に関する事項

(1) 「事業承継等事前調査の種類」の欄には、法務、財務・税務等の調査の種類を記載すること。

(2) 「実施主体」の欄には、実施する予定の事業承継等事前調査について、当該調査を実施する者の所属及び氏名を記載すること。

(3) 「実施内容」の欄には、事業承継等事前調査の内容について記載し、当該調査の内容を補足する書類を添付すること。

(4) 項目数が足りない場合は、列を追加すること。

11　事業承継等により、譲受け又は取得する不動産の内容

(1) 事業承継等に伴い不動産の譲受け又は取得を予定しているときは、当該不動産の内容について記載すること。

(2) 「事業承継等の種類」の欄には、事業承継等の種類について、中小企業等経営強化法第2条第10項各号に掲げる措置（第2条第2項に規定する事業又は資産の譲受けを除く。）のうち該当するものについて記載すること。

(3) 合併・分割に伴う不動産については、「事業又は資産の譲受け元名」の欄にその旨を記載し、併せて事業又は資産の譲受け元名を明記する。

(4) 項目数が足りない場合は、列を追加すること。

（中小企業庁ホームページ【参照用】経営力向上計画認定申請書より）

(2)　事業承継等に係る登録免許税・不動産取得税の特例（経営力向上計画）

後継者が不在のため事業承継が行えないといった課題を抱える場合に、いわゆるM＆Aにより経営資源や事業の再編・統合を図ることによって、事業の継続・技術の伝承等を図ることが重要です。そのため、中小企業等経営強化法において、M＆Aによる事業承継を支援対象として第三者への事業承継を後押しするために、中小企業者等が認定を受けた経営力向上計画に基づいて、合併、会社分割又は事業譲渡を通じて他の特定事業者等から不動産を含む事業用資産等を取得する場合、不動産の権利移転について生じる登録免許税・不動産取得税を軽減する制度で

す。

①　適用期間

平成30年 7 月 9 日から令和 6 年 3 月31日までの期間です。

②　特例の内容

登録免許税と不動産取得税に係る特例の内容は下記のとおりです。

登録免許税

不動産所有権移転の登記

	通常税率		軽減後税率
・合併・・・・・	0.4%	→	0.2%
・分割・・・・・	2.0%	→	0.4%
・事業譲渡・・・	2.0%（※）	→	1.6%

※　令和 8 年 3 月31日までの間、土地を売買した場合の登録免許税は、一般的に1.5％に軽減されている。

不動産取得税（事業譲渡の場合のみ（※ 1 ））

・土地・住宅

　　不動産価格×3.0%　→　不動産価格の 1 / 6 を課税標準から控除

・住宅以外の家屋

　　不動産価格×4.0%　→　不動産価格の 1 / 6 を課税標準から控除
　　　（※ 2 ）

※ 1　合併や一定の会社分割の場合は非課税。

※ 2　事務所や宿舎等の一定の不動産を除く。

③　特例を受けるための手続き

手続きの流れ

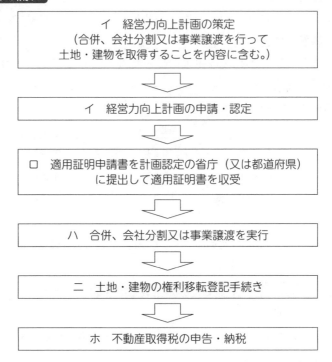

イ　経営力向上計画の策定
（合併、会社分割又は事業譲渡を行って
土地・建物を取得することを内容に含む。）

↓

イ　経営力向上計画の申請・認定

↓

ロ　適用証明申請書を計画認定の省庁（又は都道府県）
に提出して適用証明書を収受

↓

ハ　合併、会社分割又は事業譲渡を実行

↓

ニ　土地・建物の権利移転登記手続き

↓

ホ　不動産取得税の申告・納税

イ　合併、会社分割又は事業譲渡を行って土地・建物を取得すること
　を内容に含む経営力向上計画を策定し、認定を受けます。経営力向
　上計画の申請、認定手続きについては、中小企業経営強化税制の場
　合と同じです。

ロ　登録免許税の軽減措置を受ける場合には、適用証明申請書を計画
　認定の省庁に提出して軽減措置の対象であることを示す適用証明書
　を受け取ります。不動産取得税の軽減措置を受ける場合には、申請
　書の提出先が土地・建物が所在する都道府県になります。

ハ　認定計画の内容に従って、合併、会社分割又は事業譲渡を行いま
　す。

ニ　土地・建物の権利移転に係る移転登記手続きを法務局に申請しま

す。登録免許税の軽減措置を受ける場合には、適用証明書を添付し
て申請します。なお、登録免許税の軽減措置を受けるためには、計
画認定の日から1年以内に移転登記手続きを完了することが必要で
す。

ホ　不動産取得税の軽減措置を受ける場合には、不動産の取得に係る
申告の際に、認定書の写しを添付して申告します。その後、都道府
県から送付される納税通知書に従い、軽減された税額を支払いま
す。

⑶　中小企業事業再編投資損失準備金

中小企業者が、中小企業等経営強化法第17条第1項に規定する経営力
向上計画について認定を受け、事業承継等として他の法人の株式等の取
得（購入による取得に限る。）をして、取得の日を含む事業年度終了の日
まで引き続き有している場合（その取得した株式等の取得価額が10億円を
超える場合を除く。）に、その特定株式等の取得価額の70％に相当する金
額以下の金額を中小企業事業再編投資損失準備金として積み立てたとき
は、その積み立てた金額は、その事業年度の損金の額に算入されます。
また、積み立てた準備金は、5年経過後、5年間で均等に取り崩して益
金の額に算入します。

手続きの流れ

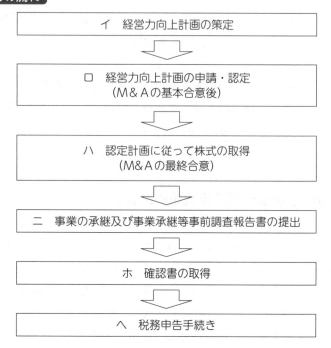

イ 経営力向上計画の策定

　　経営力向上の内容に株式取得を含み、かつ、事業承継等事前調査の内容を記載した経営力向上計画を策定します。

ロ 経営力向上計画の申請・認定（Ｍ＆Ａの基本合意後）

　　Ｍ＆Ａの基本合意後、策定した経営力向上計画の申請を行い、認定を受けます。申請時には事業承継等事前調査チェックシートを作成して添付します。

ハ 認定計画に従って株式の取得（Ｍ＆Ａの最終合意）

　　Ｍ＆Ａの最終合意によって、認定計画の内容に従って株式を取得します。

ニ 事業の承継及び事業承継等事前調査報告書の提出

　　認定を受けた経営力向上計画に従って事業を承継したこと及び事業承継等事前調査の内容について報告書を作成して主務大臣に提出

します。

ホ　確認書の取得

　　事業承継等及び事業承継等事前調査が認定経営力向上計画に従っ
　て実施されたことについて確認書の交付を受けます。

ヘ　税務申告手続き

　　計画申請書、計画認定書及び確認書（いずれも写し）を添付して、
　所定の税務申告手続きを行います。

　なお、経営力向上計画に「事業承継等事前調査に関する事項」を記
載し、中小企業事業再編投資損失準備金・中小企業経営強化税制Ｄ類
型のいずれかを活用した場合は、経営力向上計画の実施期間中に、事
業承継等状況報告を行う必要があります。

【認定経営力向上計画に係る事業の承継及び事業承継等事前調査報告書】

様式第５

認定経営力向上計画に係る事業の承継及び事業承継等事前調査報告書

年　　月　　日

主務大臣名　殿

住　　　所
名　称　及　び
代表者の氏名

　年　　月　　日付けで認定を受けた経営力向上計画に従って事業を承継したこと及び事業承継等事前調査を実施したことを、経営力向上に関する命令第５条第１項の規定に基づき報告します。

記

　経営力向上の内容については、認定経営力向上計画の添付資料「株式譲渡契約書」に基づき、株式会社○○の株式について、令和○年○月○日にてすべて取得したことを報告いたします。
　また事業承継等事前調査については、添付資料の通り実施したことを報告します。

（備考）
　用紙の大きさは、日本産業規格Ａ４とする。

（記載要領）
　実施した経営力向上の内容については、事業承継等の概要及びその実施時期を記載する。
　実施した事業承継等事前調査の内容については、当該調査の内容について記載し、調査の内容を補足する書類を添付する。

1

336

【経営力向上に関する命令第5条第2項の規定に係る確認書】

経営力向上に関する命令第5条第2項の規定に係る確認書

番　号
年　月　日

会　社　名
役職・代表者の氏名　殿

主務大臣　名

　年　月　日付けの下記の報告について、経営力向上に関する命令第5条第2項の規定に基づき確認しました。

記

1．事業承継等及び事業承継等事前調査が、認定経営力向上計画に従って実施されたこと
　（1）経営力向上計画の認定を受けた日
　（2）株式等の取得を行った日
　（3）買収対象法人の名称

以上

(4) 中小企業防災・減災投資促進税制（事業継続力強化計画）

中小企業者等が単独で行う「事業継続力強化計画」や複数の中小企業が連携して行う「連携事業継続力強化計画」について経済産業大臣の認定を受けた認定事業者は、防災・減災設備への投資に対して特別償却が認められるという制度です。

手続きの流れ

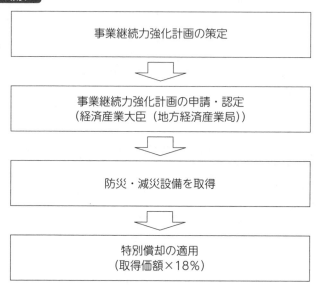

「事業継続力強化計画」は、中小企業が自社の災害リスクを認識し、防災・減災対策の第一歩として取り組むために、必要な項目を盛り込んだもので、将来的に行う災害対策などを記載するものです。

検討ステップ

STEP 1　事業継続力強化の目的の検討

　事業継続力の強化を図るうえで、まずはその目的を考えることが重要です。

　目的を記載する際は、事業継続力強化計画作成指針に基づき、自らの事業継続力強化が自然災害等が起こった際に、経済社会に与える影響の軽減に資する観点を踏まえて記載します。

STEP 2　災害等のリスクの確認・認識

　　ハザードマップ等を活用しながら、まずは事業所・工場などが立地している地域の災害等のリスクを確認・認識します。被害想定を基に、「ヒト（人員）」「モノ（建物・設備・インフラ）」「カネ（リスクファイナンス）」「情報」の4つの切り口から自社にどのような影響が生じるかを考えます。

STEP 3　初動対応の検討

　　災害等が発生した直後の初動対応を検討します。以下の取組が求められます。

　　①　人命の安全確保

　　②　非常時の緊急時体制の構築

　　③　被害状況の把握・被害情報の共有

STEP 4　ヒト、モノ、カネ、情報への対応

　　STEP 2で検討したヒト、モノ、カネ、情報への影響を踏まえ、災害等に備え事前にどのような対策を実行することが適当か検討します。

STEP 5　平時の推進体制

　　事業継続力の強化は計画するだけではなく、平時の取組（訓練）が大切です。平時から繰り返し取り組むことで、緊急時においても落ち着いて、適切に対応することができるようになります。以下の点に留意することが大切です。

　　①　経営層の指揮の下、事業継続力強化計画の内容を実行すること（平時の推進体制に経営陣が関与すること）

　　②　年に1回以上の訓練・教育を実施すること

　　③　計画の見直しを年1回以上実施すること

（中小企業庁「事業継続力強化計画策定の手引き」より一部加筆修正）

【記載例】事業継続力強化計画に係る認定申請書（１頁目のみ掲載）

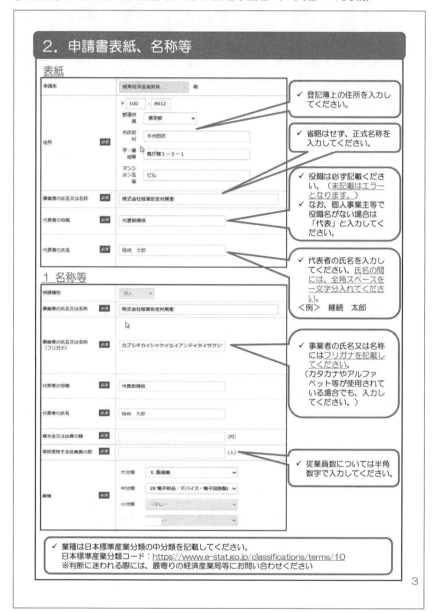

2. 申請書表紙、名称等

表紙

申請先	関東経済産業局長　殿
住所　必須	〒 100 - 8912　都道府県 東京都　市区町村 千代田区　字・番地等 霞が関1-3-1　マンション名等 ビル
事業者の氏名又は名称　必須	株式会社経営安定対策室
代表者の役職　必須	代表取締役
代表者の氏名　必須	継続　太郎

- ✓ 登記簿上の住所を入力してください。
- ✓ 省略はせず、正式名称を入力してください。
- ✓ 役職は必ず記載ください。（未記載はエラーとなります。）
- ✓ なお、個人事業主等で役職名がない場合は「代表」と入力してください。
- ✓ 代表者の氏名を入力してください。氏名の間には、全角スペースを一文字分入れてください。＜例＞ 継続　太郎

1 名称等

申請種別	法人
事業者の氏名又は名称　必須	株式会社経営安定対策室
事業者の氏名又は名称（フリガナ）　必須	カブシキカイシャケイエイアンテイタイサクシツ
代表者の役職　必須	代表取締役
代表者の氏名　必須	継続　太郎
資本金又は出資の額　必須	（円）
常時使用する従業員の数　必須	（人）
業種　必須	大分類 E 製造業　中分類 28 電子部品・デバイス・電子回路製造　小分類 --なし--

- ✓ 事業者の氏名又は名称にはフリガナを記載してください。（カタカナやアルファベット等が使用されている場合でも、入力してください。）
- ✓ 従業員数については半角数字で入力してください。

✓ 業種は日本標準産業分類の中分類を記載してください。
日本標準産業分類コード：https://www.e-stat.go.jp/classifications/terms/10
※判断に迷われる際には、最寄りの経済産業局等にお問い合わせください

3

（中小企業庁「事業継続力強化計画策定の手引き」より）

⑸　中小企業等経営強化法による固定資産税（償却資産）の特例措置（先端設備等導入計画）

　中小企業等経営強化法に規定する認定先端設備等導入計画に従って取得をした先端設備等に対して課する固定資産税の課税標準を、3年間、2分の1（一定の場合には最大5年間3分の1）に軽減する制度です。

　計画期間内に、労働生産性を一定程度向上させるため、先端設備等を導入する計画を策定し、新たに導入する設備が所在する市区町村における「導入促進基本計画」等に合致する場合に認定を受けることにより、適用を受けることができます。なお、この計画は、市区町村が国から「導入促進基本計画」の同意を受けている場合に認定を受けることができます。

　したがって、まず、新たに導入する設備が所在する市区町村が「導入促進基本計画」を策定しているかを確認する必要があります。

手続きの流れ

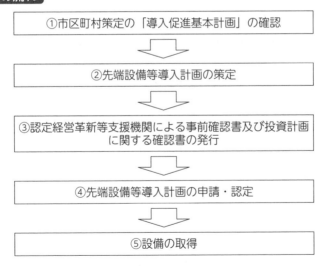

①市区町村策定の「導入促進基本計画」の確認

②先端設備等導入計画の策定

③認定経営革新等支援機関による事前確認書及び投資計画に関する確認書の発行

④先端設備等導入計画の申請・認定

⑤設備の取得

①　市区町村策定の「導入促進基本計画」の確認

　新たに導入する設備が所在する市区町村が「導入促進基本計画」を策定していることを確認します。

②　先端設備等導入計画の策定

　市区町村が策定した「導入促進基本計画」の内容に合致するように、一定期間内に、労働生産性を一定程度向上させるために先端設備等を導入する計画を策定します。

　なお、賃上げ方針を表明し、1／3に軽減される措置を受けたい場合には、賃上げ方針を策定して従業員へ表明した旨を認定申請書に記載し、従業員へ賃上げ方針を表明したことを証する書面を添付します。

記載内容

　イ　一定期間

　　3年間、4年間又は5年間（市区町村が策定する導入促進基本計画で定めた期間）

　ロ　労働生産性

　　（労働生産性）

$$\frac{（営業利益＋人件費＋減価償却費）}{労働投入量（労働者数又は労働者数×1人当たり年間就業時間）}$$

　ハ　一定程度向上

　　基準年度（直近の事業年度末）比で労働生産性が年平均3％以上向上すること。

　ニ　先端設備等

　　労働生産性の向上に必要な生産、販売活動等の用に直接供される下記設備。

　　＜対象設備＞

　　機械装置、測定工具及び検査工具、器具備品、建物附属設備、ソフトウェア

　　※市区町村が策定する導入促進基本計画で異なる場合があります。

　　＜計画の記載内容＞

　　a　先端設備等導入の内容

　　　・事業の内容及び実施時期

　　　・労働生産性の向上に係る目標
　b　先端設備等の種類及び導入時期
　　　・直接当該事業の用に供する設備として取得する設備の概要
　　　　例）機械の種類、名称・型式、設置場所等
　c　先端設備等導入に必要な資金の額及びその調達方法
　d　雇用に関する事項（賃上げ方針を従業員へ表明した旨を記載）

（中小企業庁「先端設備等導入計画策定の手引き」より）

先端設備等の要件

年平均の投資利益率が5％以上となることが見込まれることについ
て、認定経営革新等支援機関の確認を受けた投資計画に記載された投
資の目的を達成するために必要不可欠な設備

③　認定経営革新等支援機関による事前確認書及び確認書の発行

　認定経営革新等支援機関（商工会議所、商工会等）において、「先端
設備等導入計画」及び「投資計画」の内容を確認して事前確認書及び
投資計画に関する確認書の発行を受けます。

④　先端設備等導入計画の申請・認定

　計画申請書とともに認定経営革新等支援機関の「事前確認書」及び
「投資計画に関する確認書」を添付して、市区町村に計画を申請しま
す。市区町村は、内容を確認して認定書を交付します。

⑤　設備の取得

　「先端設備等導入計画」の策定をして認定を受けた後に設備の取得
をします。既に取得した設備を対象とする計画は認定されませんので
留意が必要です。中小企業等経営強化法における「経営力向上計画」
のように設備取得後に計画申請を認める特例はありません。

通常のスケジュール

◀　認定経営革新等支援機関へ確認を依頼
◀　認定経営革新等支援機関による事前確認書及び投資計画に関する確認書の発行
◀　先端設備等導入計画の申請（受理）

（審査）

◀　先端設備等導入計画の認定
◀　設備の取得
◀　1月1日（賦課期日）

【先端設備等導入計画に関する確認書】（事前確認書）

認定支援機関確認書

年　　月　　日

事業者名　　殿

認定支援機関ＩＤ番号

住　　所
名　　称
代表者役職
代表者氏名

先端設備等導入計画に関する確認書

先端設備等導入計画の記載内容について、以下のとおり確認しました。

１．認定経営革新等支援機関担当者名等
　①認定経営革新等支援機関担当者名　　　＿＿＿＿＿＿＿＿＿＿＿＿
　②認定経営革新等支援機関電話番号　　　＿＿＿＿＿＿＿＿＿＿＿＿
　③認定経営革新等支援機関担当者メールアドレス　＿＿＿＿＿＿＿＿

２．先端設備等導入計画の実施に対する所見

　・先端設備等導入計画の期間　　　　年間

項目（注）	所見
生産・販売活動等に直接つながる先端設備等を導入することにより、目標を達成しうるような労働生産性の向上が見込めるか。	

※　認定支援機関ＩＤ番号については、各経済産業局 web サイトを参照のうえ記入ください。web サイトに記載がない場合は、認定を受けた各経済産業局にお問い合わせください。
※　「事業者名」は、先端設備等導入計画を申請する中小企業者を記入してください。
※　「代表者氏名」に記入する氏名は、本確認書を記載する認定支援機関の内部規定等により判断してください。
※　「所見」は、導入する先端設備等が生産・販売活動等に直接利用されているか、先端設備等の導入によって労働生産性向上の目標の達成に寄与するかといった観点から内容を確認し、所見を記載してください。確認にあたり、事業内容や計画の記載内容に対する改善提案、アドバイスを行った場合は、その内容も記載してください。

（中小企業庁ホームページより）

【記載例】投資計画に関する確認依頼書

投資計画（確認依頼書）の記載例

中小企業等経営強化法の先端設備等に係る投資計画に関する確認依頼書

令和5年10月1日

（認定経営革新等支援機関）　殿

　　　　　　住　　　　所　〒○○○−○○○○
　　　　　　　　　　　　　東京都千代田区霞ヶ関１−３−１
　　　　　　名　称　及　び　株式会社太刀井工業
　　　　　　代表者の氏名　代表取締役　平川　貴徹

　下記の先端設備等に係る投資計画について、中小企業等経営強化法施行規則第7条第2項に定める投資計画の要件を満たしていることの確認を依頼します。

記

1　事業者の名称等

事業者名	事業者名株式会社太刀井工業（法人番号○○○○○○○○○○○○○）
事業内容	輸送用機械器具製造業

2　先端設備等の導入の目的

> 　当社は、独立系の自動車部品製造業者であり、独自の鋳造技術による高性能エンジン部品が主な製品であり、主に国内の大手自動車メーカーに販売している。
> 　昨今の円安傾向により今後自動車の輸出が増加することが見込まれることに加え、提携先を活用した独自ルートにより海外販売先の開拓も進んでいることから、今後は輸出販売を中心に受注増が予想される一方で、海外部品メーカーとの競合が激化する見込み。
> 　既存の設備は老朽化が進んだ結果、歩留まり率が悪化しており、また、生産量に限界があることから、今般の受注拡大や競合メーカーとの競争力強化を図るため、最新の生産設備への入替えを計画している。最新のプレス機械、油圧ハンマー、フォージングロールの導入により生産ラインの刷新を行うことで、歩留り率の改善による製造原価の低減や、生産量の拡大による売上の向上を図り、当社の強みである高性能エンジン部品の国際競争力を強化することを目的とする。

　投資計画の概要について要約的に記載する。

3 先端設備等の導入を行う場所の住所

A工場：東京都練馬区○－○－○

4 先端設備等が事業者の事業の改善等に資することの説明

> 既存設備では、高性能エンジン部品年間生産量が9,495トンである。また歩留り率は95％に留まっている。当社はこれらの抜本的な改善を目指すため、このたび、最新のプレス機械、油圧ハンマーの導入により時間あたり生産量を年間20％向上させることで売上拡大を図るとともに、フォージングロール導入により歩留り率を4％改善し、99％とすることを目指す。

先端設備等が、どのように事業の改善等に寄与するかという内容を記載する。

（例えば、生産量・販売量の増加や製造原価・販管費の削減の内容等を説明。）

5 設備投資の内容（必要に応じて別紙）

	取得年月	設備等の名称/型式	所在地	設備等の種類	単価（千円）	数量	金額（千円）	用途
1	令和5年12月	プレス機器/PR123-45	東京都練馬区	機械装置	40,000	1	40,000	高性能エンジン製造
2	令和5年12月	空調設備/HM4321	東京都練馬区	建物附属設備	15,000	1	15,000	同上
3	令和6年3月	測定機器/FR21－2	東京都練馬区	器具備品	45,000	1	45,000	同上
計							100,000	

6 基準への適合状況

別紙

（中小企業庁ホームページより）

【投資計画に関する確認書】

認定支援機関確認書

年　月　日

事業者名　殿

認定支援機関ID番号

住　　　所
名　　　称
代表者役職
代表者氏名

先端設備等に係る投資計画に関する確認書

　先端設備等に係る投資計画について、中小企業等経営強化法施行規則第7条第2項に定める投資計画の要件を満たしていることを下記のとおり確認しました。

記

1．認定経営革新等支援機関担当者名等
　①認定経営革新等支援機関担当者名　　　　　　　　＿＿＿＿＿＿＿＿
　②認定経営革新等支援機関電話番号　　　　　　　　＿＿＿＿＿＿＿＿
　③認定経営革新等支援機関担当者メールアドレス　　＿＿＿＿＿＿＿＿

2．投資計画に対する所見

別添の投資計画の実施により、目標を達成しうるような投資収益率が見込めるか	

※　認定支援機関ID番号については、各経済産業局webサイトを参照のうえ記入ください。webサイトに記載がない場合は、認定を受けた各経済産業局にお問い合わせください。
※　「事業者名」は、先端設備等導入計画を申請する中小企業者を記入してください。
※　「代表者氏名」に記入する氏名は、本確認書を記載する認定支援機関の内部規定等により判断してください。

※　投資利益率の計算にあたっては、複数の事業所や工場を有する場合等において、投資計画
　　（設備投資）の対象範囲が各事業所や各工場の単位に収まる場合は、これらの単位で投資利
　　益率を算出していただくことが基本ですが、投資効果を会社単位でしか測ることができない
　　ケースなど、会社単位で測ることが適当な場合は、会社単位の数値を用いて投資計画を策定
　　して投資利益率を計算していただくことも可能です。

※　「所見」は、以下の点を確認の上、記載してください。確認にあたり、事業内容や計画の
　　記載内容に対する改善提案、アドバイスを行った場合は、その内容も記載してください。
　　・設備投資の内容が、必要十分な設備として、当該設備の導入の目的及び事業者の事業の
　　　改善に資することの説明に照らして整合しているかどうか。
　　・事業者の事業の改善に資することの説明が「基準への適合状況」に記載された「本件設
　　　備投資による効果」に照らして整合しているかどうか。
　　・「設備投資の内容」に記載された金額が、「基準への適合状況」に記載された設備投資額
　　　と整合しているかどうか。
　　・「基準への適合状況」に記載された投資利益率並びに「営業利益＋減価償却費」の各年
　　　度及び3年平均の金額が、売上高、売上原価、販管費及び減価償却費の各年度の金額を
　　　用いて算定されているかどうか。
　　・「基準への適合状況」において記載された「本件設備投資による効果」の金額が当該数
　　　値の算出根拠資料に照らして整合しているかどうか。

※　別添については、事業者が確認を依頼した際の投資計画（投資計画に関する確認依頼書及
　　び基準への適合状況）の写しの添付でも構いません。

（別添）

1　事業者の名称等

事業者及び代表者名	事業者名　　　　　　　（法人番号　　　　　　　） 　　　　　　　役職　　　　　　　名前
所在地	
事業内容	

2　先端設備等の導入の目的

投資計画の概要について要約的に記載する。

3　先端設備等の導入を行う場所の住所
　　※設備を導入する建物（工場、店舗等）の所在地を記載する。

4　先端設備等が事業者の事業の改善等に資することの説明

※先端設備等が、どのように事業の改善等に寄与するかという内容を記載する。
　（例えば、生産量・販売量の増加や製造原価・販管費の削減の内容等を説明。）

5　設備投資の内容（必要に応じて別紙）

	取得 年月	設備等の 名称/型式	所在地	設備等 の種類	単価 （千円）	数量	金額 （千円）	用途
1								
2								
3								
4								
5								
計								

6　基準への適合状況
　　別紙

（別紙）

基準への適合状況

（単位：千円、％）

設備投資に伴う変化額		投資年度	投資年度の翌年度以降			3年度平均（⑫の平均）	投資利益率（⑬／①）
			1	2	3		
設備投資額	①						
売上高	②						
売上原価	③						
減価償却費以外	④						
減価償却費	⑤						
売上総利益	⑥						
販管費	⑦						
減価償却費以外	⑧						
減価償却費	⑨						
営業利益	⑩						
減価償却費（⑤＋⑨）	⑪						
営業利益＋減価償却費（⑩＋⑪）	⑫					⑬	⑭

⑭投資利益率（％）＞ 5 ％（基準値）

（中小企業庁ホームページより）

【記載例】従業員へ賃上げ方針を表明したことを証する書面

従業員へ賃上げ方針を表明したことを証する書面

【記載例】

令和5年10月10日

（市区町村長）　　　　　殿

住　　　　所　　〒000－0000
　　　　　　　　東京都千代田区霞ヶ関1－3－1
名　称　及　び　　株式会社　太刀井工業
代表者の氏名　　代表取締役　平川　貴徹

　令和5年度（令和5年4月1日から令和6年3月31日までの当社事業年度）〔注1・2〕において、従業員に対する給与総額（雇用者給与等支給額）を令和4年度〔注3〕と比較して1．5％以上増加させる方針を従業員代表の賃上　太郎に説明し、賃上げ方針について従業員に対する表明を行いました。

　上記の賃上げ方針について、我々従業員は令和5年10月10日に○○○という方法によって、代表者より表明を受けました。

令和5年10月10日
　従業員代表　　賃上　太郎

署名（記名・押印も可）が必要。
記名のみは不可。

（例）
・社員全員へのメール
・朝の朝礼で口頭説明
・社内の掲示板への掲載
・社内のポータルサイトへの掲載
・書面の配布

（記載上の注意）
　1．法人は事業年度、個人事業主は暦年での賃上げ方針について記載してください。
　2．新規の計画申請日を含む事業年度（令和5年4月1日以降に開始するものに限る）又はその翌事業年度における賃上げ方針について記載してください。
　3．賃上げ方針において、上記2と比較するのは、新規の計画申請日を含む事業年度の直前の事業年度における雇用者給与等支給額になります。

（中小企業庁ホームページより）

【記載例】先端設備等導入計画に係る認定申請書

4．手続き方法 （1）先端設備等導入計画の策定

申請様式の記載方法

注）以下の内容は一般的な記載方法を示したものです。申請先となる市区町村の導入促進基本計画やHP等をよく確認下さい。

先端設備等導入計画の認定申請書の入手方法

➤ 申請様式類は以下のURLからダウンロードできます。
　　http://www.chusho.meti.go.jp/keiei/seisansei/index.html
　（中小企業庁ホームページ → 経営サポート → 先端設備等導入制度による支援 → 4．
　　先端設備等導入計画について）

【様式第22（申請書表紙）】

様式第二十二

先端設備等導入計画に係る認定申請書

年　　月　　日

○○市長　○○　○○殿

住　　　所　〒000−0000
名　称　及　び　株式会社○○
代表者の氏名　代表取締役　○○　○○

中小企業等経営強化法第52条第1項の規定に基づき、別紙の計画について認定を受けたいので申請します。

（備考）
用紙の大きさは、日本産業規格A4とする。

（記載要領）
申請者は以下の要領に従って、先端設備等導入計画の必要事項を記載し、中小企業等経営強化法第52条第4項の認定要件を満たすことを示すこと。
申請者名は、共同で先端設備等導入計画を実施する場合においては、当該計画の代表事業者の名称及びその代表者の氏名を記載し、代表事業者以外の先端設備等導入計画参加事業者については、申請書の余白に事業者名を記載すること。

> **＜宛名＞**は、先端設備等の所在地を管轄する市区村長です。
> 官職名が記載されていれば、氏名は省略しても差し支えありません。

> 共同申請の場合は、代表となる1社（者）について記載し、代表者以外の参加企業については、余白に住所、名称及び代表者の氏名を記載してください。

> 認定申請書の提出の際に、（備考）及び（記載要領）は必要ありません。

【別紙（計画書）】

別　紙

先端設備等導入計画

1　名称等

1	事業者の氏名又は名称	株式会社○○
2	代表者名（事業者が法人の場合）	代表取締役　○○　○○
3	法人番号	XXXXXXXXXXXXX
4	資本金又は出資の額	X,XXX万円
5	常時使用する従業員の数	XX人
6	主たる業種	輸送用機械器具製造業

→ 次ページへ

＜1　名称等＞
> 個人事業主など、資本金を有しない場合や法人番号（13桁）が指定されていない場合は、それぞれ記載不要です。

> 主たる業種において、中小企業者の判定を行います。日本標準産業分類の中分類を記載してください。
> 複数事業を行っている場合、売上高や付加価値額・従業員数などの経営指標の割合が最も多くの割合を占める事業をさします。

14

４．手続き方法　（１）先端設備等導入計画の策定

申請様式の記載方法

2　計画期間
　　令和5年10月　〜　令和8年9月

＜２　実施時期＞
➢ 計画開始の月から起算して、①3年（36ヶ月）、②4年（48ヶ月）、5年（60ヶ月）のいずれかの期間を設定して記載して下さい。

3　現状認識

①自社の事業概要
　　自動車部品の製造を事業の中核としつつ、電動工具の部品など、多品種小ロットの金属製品の部品製造を行う。

②自社の経営状況
　　売上は令和4年3月期210,000千円、令和5年3月期225,000千円と増加しており、営業利益についても令和4年3月期1,200千円から令和5年度3月期2,700千円と増加している。要因としては、大手取引先からの受注量の増加や、熟練工を中心に歩留まり改善に向けた地道な取組みの成果によるものである。
　　他方で、(1)近年設備投資を行っておらず、現在の受注量を大幅に増加させることは難しいこと、(2)熟練工が定年退職の時期を迎えており、適切な工程設計ができる人員が不足しているほか、長年の経験を活かした歩留まりの改善や品質の向上を図るには限界があることが、今後、当社の生産性を高め、業績を伸ばしていくうえでの課題である。

➢ ①欄は、自社の事業等について記載してください。

➢ ②欄は、売上高等の財務指標や顧客の数、主力取引先企業の推移、市場の規模やシェア、自社の強み・弱み等を記載してください。

4　先端設備等導入の内容
（１）事業の内容及び実施時期

①具体的な取組内容
・現在の設備は導入から年数が経っており、今後の受注増に対応できないことから、新たにNC旋盤1台を導入する。新しい設備の導入により、従来よりも高精度な加工が可能になることに加え、生産期間の短縮が見込めることから、新規取引先の開拓も含めて受注増に取り組む。
・受注が増え、新しい部品を製造する場合であっても品質を維持していけるよう、新たに三次元測定器を導入して熟練工以外の従業員であっても検査にばらつきが生じない体制の構築を図る。
・新たに導入するNC旋盤及び三次元測定器により、製造工程から検査工程を自動化することができるため、これに対応した新しい生産管理システムを導入する。

②将来の展望
・新たな設備の導入により、より多くの受注に対応できるとともに、受注できる製品の幅も広がることから、積極的な新規顧客の開拓にも取り組み、売上の増加を図る。
・熟練工が定年退職を迎え、貴重な経験が失われることへの対応及び人員の確保が当面の懸案であるが、三次元測定器の導入による品質管理や、製造工程と検査工程の統合による工程の短縮により、熟練工以外の従業員であっても品質のばらつきがなく、限られた人員でもより多くの受注に対応できる体制を構築することにより、大幅な生産性の向上を実現することができる。

＜４　先端設備等導入の内容＞
➢ 「①具体的な取組内容」欄は、実際に先端設備等を導入し、行う取組の内容について記載してください。その際には取組を行う業種についても併せて記載ください。市区町村が策定する基本計画における業種等の限定については、当該内容で判断されることとなります。

➢ 「②将来の展望」欄は、先端設備等導入による効果について記載してください。

＜（２）先端設備等の導入による労働生産性向上の目標＞
➢ 原則として、「A 現状」は計画開始直前の決算（実績）、「B計画終了時の目標」は計画終了直前決算（目標）を基に計算してください。
➢ 「A 現状」について、決算一期を経ていない場合は合理的な算出方法で現状値を求めて下さい。

（２）先端設備等の導入による労働生産性向上の目標

現状 (A)	計画終了時の目標 (B)	伸び率 (B-A)/A
8,000千円	8,720千円	9.0%

【指標の計算について】
労働生産性＝
（営業利益＋人件費＋減価償却費）
÷労働投入量（労働者数又は労働者数×1人当たり年間就業時間）

➢ 伸び率の計算式の分母Aは絶対値です。また計画終了時は正の値であることが必要です。

15

４．手続き方法　（１）先端設備等導入計画の策定

申請様式の記載方法

（３）先端設備等の種類及び導入時期

	設備名／型式	導入時期	所在地
1	NC旋盤／AAA-0123	5年11月	○○県○○市○○1-2-3
2	三次元測定器／XYZ99	5年11月	○○県○○市○○1-2-3
3	生産管理システム／ABC55Ⅱ	6年 4月	○○県○○市○○1-2-3
4		年　月	
5		年　月	

	設備等の種類	単価（千円）	数量	金額（千円）	備考
1	機械装置	20,000	1	20,000	
2	器具備品	10,000	1	10,000	
3	ソフトウエア	5,000	1	5,000	
4					
5					

	設備等の種類	数量	金額（千円）
設備等の種類別小計	機械装置	1	20,000
	器具備品	1	10,000
	ソフトウエア	1	5,000
	合計	3	35,000

5　先端設備等導入に必要な資金の額及びその調達方法

使途・用途	資金調達方法	金額（千円）
先端設備等購入資金	融資	30,000
先端設備等購入資金	自己資金	5,000

6　雇用に関する事項

　　令和5年度（事業年度）において、雇用者給与等支給額を令和4年度に比べて1.5％以上増加させる方針を策定し、同方針について、令和5年9月30日に従業員代表　●●　●●に対して表明した。

＜（３）先端設備等の種類及び導入時期＞
➤ 導入を予定している先端設備等を、この欄に記載します。
➤ 本欄に記載する設備は、直接生産若しくは販売又は役務の提供の用に供するもののみになります。
➤ 「導入時期」欄には、設備取得予定年月を記載して下さい。
➤ 「所在地」欄には、当該設備の設置予定地（都道府県名・市区町村名）を記載して下さい。
※ 同じ型式の設備を複数取得する場合でも、「取得年月」や「所在地」が異なる場合には、列を分けて記載して下さい。
➤ 「設備等の種類」欄には各設備の減価償却資産の種類を記載して下さい。
➤ 「設備等の種類別小計」欄には、各設備等の種類毎に数量、金額の小計を記載して下さい。

＜5　先端設備等導入に必要な資金の額及びその調達方法＞
➤ 「使途・用途」欄には、必要とする資金について、具体的な　使途・用途を記載してください。
➤ 「資金調達方法」欄には、自己資金、融資、補助金等を記載してください。
➤ なお、同一の使途・用途であっても、複数の資金調達方法により資金を調達する場合には、資金調達方法ごとに項目を分けて記載してください。

＜6　雇用に関する事項＞※
➤ 従業員全体に対する給与等の総額（雇用者給与等支給額）について、計画申請日を含む事業年度又はその翌事業年度において、前事業年度と比較して1.5％以上増加させる方針を従業員に対して表明する場合は、本欄にその内容を記載の上、表明したことを証明する書面を計画申請時に添付します。
※賃上げ方針を伴う計画を申請しない（固定資産税の1/3軽減を希望しない）場合は、記載不要です。

16

（中小企業庁「先端設備等導入計画策定の手引き」より）

2　その他

(1)　地域未来投資促進税制（地域経済牽引事業計画）

　承認地域経済牽引事業者が、承認地域経済牽引事業に係る促進区域内において承認地域経済牽引事業計画に従って特定地域経済牽引事業施設等を構成する特定事業用機械等を取得しその事業の用に供した場合に特別償却又は税額控除が認められる制度です。

　この制度では、国の基本方針に基づき市町村及び都道府県が基本計画を策定して国がこれに同意します。同意された基本計画に基づき、事業者が策定する地域経済牽引事業計画を都道府県知事が承認します。そして、その承認後に先進性等に関する主務大臣による確認を受け、設備等の取得を行った場合に税制措置が認められます。

手続きの流れ

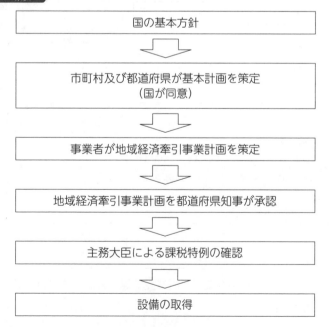

① 地域経済牽引事業計画

　促進区域において地域経済牽引事業を行おうとする者は、単独で又は共同して地域経済牽引事業計画を作成して当該促進区域を管轄する都道府県知事の承認を申請します。そして都道府県知事は、その申請を受けた場合に、その地域経済牽引事業計画が同意基本計画に適合すると認めるときは、その承認をするものとされています。事業は、地域の特性を生かし、高い付加価値を創出し、地域の事業者への経済的効果を有する事業である必要があります。

　地域経済牽引事業計画には、下記の事項を記載しなければなりません。

記載事項

　イ　地域経済牽引事業の内容及び実施時期
　ロ　地域経済牽引事業に必要な資金の額及びその調達方法
　ハ　地域経済牽引事業の実施による経済的効果

② 主務大臣による課税特例の確認

　承認地域経済牽引事業者が、課税の特例制度の適用を受けるためには、地域の成長発展の基盤強化に特に資するものとして主務大臣が定める基準に適合することについて、主務大臣の確認を受けなければなりません。

特例を受けるための要件

　次のイからホの全てを満たす必要があります。
　イ　先進性を有すること（特定非常災害で被災した区域を除く。）
　　具体的には、以下の通常類型又はサプライチェーン類型に該当すること
　（通常類型）
　・労働生産性の伸び率が4％以上又は投資収益率が5％以上
　（サプライチェーン類型）
　・海外への生産拠点の集中の程度が50％以上の製品を製造

・事業を実施する都道府県内の取引額の増加率が5％以上　等

ロ　設備投資額が2,000万円以上であること

ハ　設備投資額が、前年度減価償却費の20％以上であること

二　対象事業の売上高伸び率が、ゼロを上回り、かつ、過去5年度の対象事業に係る市場規模の伸び率より5％以上高いこと

ホ　旧計画が終了しており、その労働生産性の伸び率が4％以上かつ投資収益率5％以上であること

〈上乗せ要件〉（平成31年4月1日以降に承認を受けた事業が対象）

次のヘ、トの要件を満たす必要があります。

ヘ　次の(イ)又は(ロ)のどちらかを満たすこと

(イ)　直近事業年度の付加価値額増加率が8％以上

(ロ)　対象事業者の前事業年度と前々事業年度の平均付加価値額が50億円以上、かつ、対象事業において創出される付加価値額が3億円以上（令和5年4月1日以後に承認を受けた事業が対象）

ト　労働生産性の伸び率が4％以上、かつ、投資収益率が5％以上

※サプライチェーン類型・災害特例に基づく申請は上乗せ要件の対象外となる。

【地域経済牽引事業計画の承認申請書】

様式第1（第2条第1項関係）

地域経済牽引事業の促進による地域の成長発展の基盤強化に関する法律
に基づく地域経済牽引事業計画の承認申請書

年　　月　　日

　　　　殿

住　　　　所
名　　　　称
代表者の氏名

　地域経済牽引事業の促進による地域の成長発展の基盤強化に関する法律（以下「法」という。）第13条第1項の規定に基づき、別紙1の計画について承認を受けたいので、別紙2と併せて申請します。

（備考）
　1　地方公共団体の長（地域経済牽引事業を行おうとする者に地方公共団体を含むときは、主務大臣。）の求めに応じ、必要な書類を提出するよう努めること。
　2　用紙の大きさは、日本産業規格A4とする。
　3　地域経済牽引事業を行おうとする者が造船法第11条第1項の認定（同法第12条第1項の規定による変更の認定を含む。）又は地球温暖化対策の推進に関する法律第22条の2第3項の認定（同法第22条の3第1項の規定による変更の認定を含む。）を受けた者である場合には、それぞれ、本申請書の記載事項のうち造船法第12条第2項に規定する認定事業基盤強化計画又は地球温暖化対策の推進に関する法律第22条の3第3項第1号に規定する認定地域脱炭素化促進事業計画の記載事項と重複する部分の記入を要しないものとする。

（別紙1）

地域経済牽引事業計画

<u>Ⅰ　必須記載事項</u>

1　地域経済牽引事業の内容及び実施期間
（1）地域経済牽引事業を行うに当たって活用する地域の特性及びその活用戦略
　　（同意基本計画の名称）

　　（活用する地域の特性及びその活用戦略）

（2）地域経済牽引事業を行おうとする者に関する事項

申請者（代表者）
①名称、　　②住所、　　③代表者名、　　④資本金、　　⑤従業員数、　　⑥業種、 ⑦法人番号、⑧決算月、⑨役割（地域経済牽引事業を共同して行おうとする者がある場合）

地域経済牽引事業を共同して行おうとする者
①名称、　　②住所、　　③代表者名、　　④資本金、　　⑤従業員数、　　⑥業種、 ⑦法人番号、⑧決算月、⑨役割

1	
2	

（3）地域経済牽引事業として行う事業の内容
　（事業名）

　（関連する業種）

　（地域経済牽引事業の内容）

　（活用を予定する支援措置）

　（その他）

（4）地域経済牽引事業を行う主な実施場所

（5）地域経済牽引事業の実施期間
　（実施期間）
　　　　　　年　　月　　日　〜　　　　年　　月　　日
　（実施スケジュール）

取組事項	年度	年度	年度	年度	年度
	年　月〜	年　月〜	年　月〜	年　月〜	年　月〜
①					
②					
③					

2　地域経済牽引事業に必要な資金の額及びその調達方法
　　事業者ごとに別表1−1に記載

3　地域経済牽引事業の実施による経済的効果
（1）付加価値創出額
　（見込み）

　（算定根拠）

区分		事業開始前	事業開始後				
		年度	年度	年度	年度	年度	年度
		年　月～	年　月～	年　月～	年　月～	年　月～	年　月～
①売上高							
費用総額	②売上原価						
	③販売費及び一般管理費						
	④計（②＋③）						
⑤給与総額							
⑥租税公課							
⑦付加価値額（①－④＋⑤＋⑥）							

（2）経済的効果
　（見込み）

　（算定根拠）

（注）地方公共団体が基本計画で定める地域経済牽引事業の経済的効果（取引額、売上げ、
　　　雇用者数又は給与総額）を達成する見込みであることを記載すること。

Ⅱ　任意記載事項

1　地域経済牽引事業の用に供する施設に関する事項
　　別表1－2に記載

2　地域経済牽引事業の用に供する施設の用に供する土地の所在、地番、地目及び面積
　　別表1－2に記載

3　特定事業者が法第19条第3項、第28条又は第29条に定められた事業承継等に関する特例を受ける場合の事項
（1）承継等特定事業者及び被承継等特定事業者の名称
　（承継等特定事業者の名称）

　（被承継等特定事業者の名称）

（2）事業承継等の内容及び実施時期
　　（事業承継等の内容）

　　（実施時期）

（3）法第１９条第３項に定められた中小企業信用保険法の特例を受ける場合は、直前の
　　事業年度における以下の事項
　①　純資産の額が零を超えること
　　　純資産合計額＝＿＿＿＿＿＿＿＿＿　円　＞　０

　②　EBITDA 有利子負債倍率が 15 倍以内であること
　　　EBITDA 有利子負債倍率＝＿＿＿＿＿＿＿＿　倍　≦　15

　　〔計算式〕（借入金・社債－現預金）÷（営業利益＋減価償却費）

　　借入金・社債（＿＿＿＿＿＿）円　—　現預金（＿＿＿＿＿＿）円
　　営業利益（＿＿＿＿＿＿）円　＋　減価償却費（＿＿＿＿＿＿）円

4　一般社団法人が法第２３条第１項又は第２項に定められた商標法の特例を受ける場合
　の事項
（1）一般社団法人の名称及び所在地

（2）一般社団法人の構成員たる資格に関する定款の定め

（3）法第２３条第１項又は第２項の規定の適用を受けようとする商標に係る商品又は役務

5　補助金等交付財産の活用に関する事項

6　法第２５条に定められた課税の特例に係る主務大臣の確認を受けようとする場合には、
　地域経済牽引事業の用に供する施設又は設備に関する事項

（経済産業省ホームページより）

【課税の特例確認申請書】

（別添２）法第２５条に規定する主務大臣が定める基準に係る確認申請書

【様式１】

　　　地域経済牽引事業の促進による地域の成長発展の基盤強化に関する法律第二十
　　　五条の規定に基づく地域の成長発展の基盤強化に特に資するものとして主務大
　　　臣が定める基準に係る確認申請書

　　　　　　　　　　　　　　　　　　　　　　　　　年　　月　　日

　　主務大臣　名　殿

　　　　　　　　　　　　　　住　　　　所
　　　　　　　　　　　　　　名　　　　称
　　　　　　　　　　　　　　代表者の氏名

　　承認地域経済牽引事業について、地域経済牽引事業の促進による地域の成長発展の基盤強化に関する法律（以下「法」という。）第２５条の規定に基づく確認を受けたいので申請します。

　　（備考）
　　　１　用紙の大きさは、日本産業規格Ａ４とする。
　　　２　承認を受けた地域経済牽引事業計画を添付すること。

1

1　対象事業者の住所及び名称

対象事業者の住所及び名称	（住所）
	（名称）

※　対象事業者が複数の場合には、事業者毎に欄を作成すること。

2　当該承認地域経済牽引事業に係る計画承認日

（変更承認日：　　　　　　　　　　　　　　　　　）

※　地域経済牽引事業計画の変更の承認を受けた場合は、括弧書きで変更承認日を記載すること。

3　承認地域経済牽引事業の名称

4　承認地域経済牽引事業の実施場所

5　承認地域経済牽引事業の概要

※　製品や役務の概要等を３０行以内で簡潔に記載すること。図表を用いることは可。

6　承認地域経済牽引事業に係る労働生産性の伸び率又は投資収益率（以下のいずれかを記載すること）

投資年度以降の５事業年度の労働生産性の伸び率の平均値　×１００	（％）
投資年度の翌事業年度以降の５事業年度の投資収益率の平均値　×１００	（％）

※　投資年度は、「減価償却資産を事業の用に供した日の属する事業年度」とする。

※　労働生産性の伸び率を記載した場合は、その算定根拠を別紙１－１に記入して提出し、投資収益率を記載した場合は、その算定根拠を別紙１－２に記入して提出すること。

7　承認地域経済牽引事業に係る商品又は役務の売上高

計画承認日から５年後までの期間を含む事業年度において見込まれる当該商品又は役務の売上高伸び率　×１００	（％）

2

過去５事業年度の当該商品又は役務に係る市場の規模の伸び率　×１００	（%）

※　市場規模の伸び率が分かる資料を添付すること。

８　減価償却資産

承認地域経済牽引事業者名（　　　　　　　　　）

種類	資産の内容	数量	予定単価	取得予定価額	取得予定時期

※　「種類」には、法人税法施行令第１３条各号に規定する資産の種類を記入すること。

※　複数の承認地域経済牽引事業者が事業を行う場合には、事業者毎に欄を作成すること。

９　対象事業者が取得する予定の減価償却資産

対象事業者名	
前事業年度の減価償却費	
対象事業者が連結会社以外の場合	（円）
対象事業者が連結会社の場合	（円）
対象事業者が取得する予定の減価償却資産の取得予定価額	（円）

※　減価償却費の根拠となる財務諸表等又は連結財務諸表等を添付すること。

※　対象事業者が複数の場合には、事業者毎に欄を作成すること。

１０　旧計画がある場合に係る事項（該当する場合のみ記載すること。）

旧計画の名称	
旧計画の実施期間	
旧計画における投資年度以降の５事業年度の労働生産性の伸び率の平均値　×１００	（%）
旧計画における投資年度の翌事業年度以降の５事業年度の投資収益率の平均値　×１００	（%）

3

※　旧計画は、「本確認申請に係る対象事業者と同一の者が実施する他の承認地域経済牽引事業計画であって、本確認申請に係る承認地域経済牽引事業計画と同一の都道府県知事又は主務大臣が承認したもの（本確認申請前に当該他の承認地域経済牽引事業計画に係る地域経済牽引事業が法第２５条に基づく主務大臣の確認を受けたものに限る。）」とする。

※　投資年度は、「減価償却資産を事業の用に供した日の属する事業年度」とする。

※　労働生産性の伸び率及び投資収益率の算定根拠を別紙１－１及び別紙１－２に記入して提出すること。

※　上記の労働生産性の伸び率及び投資収益率の算定期間が、５事業年度に満たない場合は、直近事業年度までの間について算定することとする。

● **当該承認地域経済牽引事業に係る計画承認日が平成３１年４月１日以後であるものであって、対象事業が地域の成長発展の基盤強化に著しく資するものに該当するものとして、確認申請を行う場合のみ、以下の１１及び１２を記載すること。**

１１　以下の（１）又は（２）のいずれかを記載すること
（１）対象事業者の付加価値額増加率

対象事業者名	
対象事業者の前事業年度の付加価値額・・・A	（円）
対象事業者の前々事業年度の付加価値額・・・B	（円）
付加価値額増加率・・・（A－B）／B×１００	（％）

※　付加価値額の根拠となる財務諸表等を添付すること。

※　対象事業者が複数の場合には、事業者毎に欄を作成すること。

（２）対象事業者の平均付加価値額および承認地域経済牽引事業に係る付加価値創出額
（当該承認地域経済牽引事業に係る計画承認日が令和５年４月１日以後である場合）

対象事業者名	
対象事業者の前事業年度の付加価値額・・・A	（円）

対象事業者の前々事業年度の付加価値額・・・B	（円）
平均付加価値額・・・（A＋B）／2	（円）
承認地域経済牽引事業に係る付加価値創出額	（円）

※　付加価値額の根拠となる財務諸表等を添付すること。

※　承認地域経済牽引事業計画に記載されている付加価値創出額を記載すること。

※　対象事業者が複数の場合には、事業者毎に欄を作成すること。

１２　承認地域経済牽引事業に係る労働生産性の伸び率及び投資収益率

投資年度以降の５事業年度の労働生産性の伸び率の平均値　×１００	（％）
投資年度の翌事業年度以降の５事業年度の投資収益率の平均値　×１００	（％）

※　投資年度は、「減価償却資産を事業の用に供した日の属する事業年度」とする。

※　労働生産性の伸び率及び投資収益率の算定根拠を別紙１－１及び別紙１－２に記入して提出すること。

5

（経済産業省ホームページより）

＜著者紹介＞

公認会計士・税理士　伊原　健人

　東北大学経済学部卒業、日産自動車株式会社に入社し、経理部配属となり原価計算を担当、その後 TAC 株式会社入社、税理士講座において法人税法及び税法実務講座を担当する講師として活躍。税理士試験に合格後、公認会計士試験にもチャレンジして合格、現在鳳友コンサルティング株式会社代表取締役、鳳友税理士法人代表社員。税務や M&A 案件等、多岐に渡る経営コンサルタント業に従事する一方で、「週刊　税務通信」（税務研究会）などの専門誌・書籍等の執筆、企業研修講師として活躍。著書に「勘定科目逆引きコンパクト辞典」「法人税の実務」「法人税別表 4、5 ㈠㈡書き方完全マスター」（TAC 出版）などがある。

本書の内容に関するご質問は、税務研究会ホームページのお問い合わせフォーム（https://www.zeiken.co.jp/contact/request/）よりお願いいたします。

なお、個別のご相談は受け付けておりません。

本書刊行後に追加・修正事項がある場合は、随時、当社のホームページ（https://www.zeiken.co.jp）にてお知らせいたします。

〈令和5年度版〉
中小企業向け 特例税制・適用検討のポイントと手続き

令和5年9月15日　令和5年度版第1刷印刷
令和5年9月30日　令和5年度版第1刷発行

（著者承認検印省略）

©著者　伊原　健人
発行所　税務研究会出版局
週刊「税務通信」「経営財務」発行所
代表者　山根　毅
〒100-0005
東京都千代田区丸の内1-8-2　鉄鋼ビルディング
https://www.zeiken.co.jp

乱丁・落丁の場合は、お取替え致します。　　印刷・製本　三松堂株式会社
ISBN978-4-7931-2774-8

法人税関係 ——————

《2023 年 8 月 1 日現在》

〔改訂版〕同族会社のための「合併・分割」完全解説

太田 達也 著／A5判／368頁

定価 **2,750** 円

同族会社の合併・分割の税務・会計について、基本的事項から実務レベルの必要事項や留意事項までを事例や図表を豊富に用いて総合的に解説。平成29年の初版発行後の税制改正を踏まえ最新の法令に基づいた加筆修正をし、わかりやすさを向上させるため事例や図表を多数追加した改訂版です。 2022年10月刊行

〔第3版〕みなし配当をめぐる法人税実務

諸星 健司 著／A5判／224頁

定価 **3,080** 円

合併、資本の払戻し、残余財産の分配、自己株式の取得など、みなし配当に関する規定を図表や具体的な事例を用いて系統的に解説した好評書の改訂版です。令和3年3月11日の最高裁の判決に基づき令和4年度税制改正において整備された資本の払戻しに係る所有株式に対応する資本金等の額等の計算方法などを追加。 2022年11月刊行

〔令和4年度改正版〕電子帳簿保存法対応 電子化実践マニュアル

SKJコンサルティング合同会社 編・袖山 喜久造 監修
A5判／472頁

定価 **3,850** 円

単なる電帳法の説明ではなく、税法に準拠した適正な業務の実践的な電子化を解説し、業務処理と記録管理の実施を解説しています。「紙の伝票や帳簿に記帳する基本原則」から「電子的な伝票や帳簿にデータを入力する基本原則」へのスムーズな対応について、経理の最前線で日々コンプライアンスと業務効率化のために格闘されている第一線の方々に是非ご活用いただきたい実務書です。 2022年6月刊行

〔令和5年度版〕法人税申告書 別表四、五(一)のケース・スタディ

成松 洋一 著／B5判／642頁

定価 **3,630** 円

法人税申告書別表四、別表五(一)で申告調整が必要となるケースを具体例に即して説明し、当期と翌期の税務上・決算上の経理処理を示した上で、その記載方法をわかりやすく解説。令和5年度版ではインボイスや保険に関する申告調整事例などを多数追加、305事例で詳しく説明しています。 2023年6月刊行

税務研究会出版局 https://www.zeiken.co.jp/

※ 定価は10%の消費税込みの表示となっております。

法人税（減価償却）関係 ——

《2023年8月1日現在》

〔改訂版〕
実務家のための 減価償却資産等の留意点
～取得、資本的支出・修繕費、除却～

山下 雄次 著／A5判／216頁　　　　　定価 **2,200** 円

減価償却資産の取得から使用時の問題、そして最終的な処分に至るまでのストーリーに応じた課税上のテーマを取り上げ、税務調査で問題になりやすい「取得価額」の決定、「事業供用日」や「資本的支出と修繕費」の判定、「除却」を巡る税務上の留意点、さらに今回の改訂では「取得時」に必須のテーマを追加して基本的な考え方から整理し、多くの事例を用いてわかりやすく解説。　**2022年7月刊行**

即戦力への道
武装 減価償却

あいわ税理士法人 編／A5判／192頁　　　定価 **1,980** 円

減価償却資産の取得価額に関するルールと、取得価額により異なる取扱い、減価償却の方法と計算の仕方、資本的支出と修繕費、特別償却、圧縮記帳、償却資産税の申告など、減価償却にまつわるあらゆる項目を図解でわかりやすく解説。通常は実務でしか得られない知識・経験がこの一冊で習得できます。(※既刊「減価償却ナビ」を改題)　**2021年3月刊行**

〔改訂第9版〕
実例耐用年数総覧

安間 昭雄・坂元 左・廣川 昭廣 共著／A5判／664頁　定価 **5,280** 円

多種多様な資産を取り上げ、その資産の法令上の区分や、耐用年数は何年を適用すべきかといった耐用年数表の使い方について323の質疑応答で解説した好評書。耐用年数の基本事項に加えて、減価償却関係届出書や承認申請書、認定申請書の様式や記載方法も収録。　**2017年4月刊行**

〔改訂新版〕
耐用年数通達逐条解説

坂元 左・廣川 昭廣 共著／A5判／386頁　　　定価 **3,300** 円

耐用年数の基本通達ともいうべき「耐用年数の適用等に関する取扱通達」全文について、その趣旨、狙い、関連事項等を逐条的に解説。本版は、平成28年6月28日付改正通達までを織り込み、経済取引等の変化に伴う事項の修正を行った、7年ぶりの改訂版。　**2016年12月刊行**

税務研究会出版局 https://www.zeiken.co.jp/

※ 定価は10%の消費税込みの表示となっております。

駆け込み完全マスター！売上**1,000**万円以下の
個人事業のための**インボイス制度**

金井 恵美子 著・株式会社インフォマート 編集協力
A5判／160頁

定価 **1,100** 円

令和5年10月1日から始まるインボイス制度。この制度にどう対応していったらよいのかお悩みの、売上1,000万円以下の免税事業者の方に向け、図やQ&Aでわかりやすく解説。免税事業者がインボイス制度に対応するために必要な知識を集めたやさしい解説本です。

2023年7月刊行

〔全訂五版〕ワークシート方式による
公益法人等、国・地方公共団体の消費税

中田 ちず子 著／A5判／640頁

定価 **3,960** 円

消費税の基本的な取扱いを説明した上で、公益法人等、国・地方公共団体に特有の「特定収入に係る仕入税額控除の特例計算」について、具体的な数字によるワークシートを用いて解説。今回の改訂ではインボイス制度について最新の情報を網羅し、経過措置も考慮して対応できるよう内容の充実を図っています。

2023年6月刊行

〔十一訂版〕実務家のための
消費税実例回答集

木村 剛志・中村 茂幸 編／A5判／1136頁

定価 **8,250** 円

実務に役立つ事例を吟味して掲載し、消費税導入に直接携わった編者が的確な回答を行っています。今回の改訂では、前版発行後の平成27年4月以降の改正を織り込み、また、居住用賃貸建物の仕入税額控除や非居住者に対する委託販売等の輸出免税の問題、簡易課税の事業区分に関するものなど、新規事例を約40問追加し、全686問を収録。

2022年6月刊行

〔八訂版〕
国際取引の消費税QA

上杉 秀文 著／A5判／848頁

定価 **4,840** 円

国際取引の消費税を扱う上で知っておきたい項目について、他に類をみない豊富な事例を用いてわかりやすく解説。八訂版においては、インボイス制度での税額控除関係の事例を追加し、503事例を収録しています。

2023年6月刊行

税務研究会出版局 https://www.zeiken.co.jp/

※ 定価は10%の消費税込みの表示となっております。